中国新闻业年度观察报告
（2023）

Annual Report of Chinese Journalism
（2023）

徐桂权　　张志安⊙主编

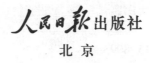出版社

北　京

图书在版编目（CIP）数据

中国新闻业年度观察报告．2023 / 张志安，徐桂权
主编．-- 北京：人民日报出版社，2023.11
ISBN 978-7-5115-8093-1

Ⅰ．①中… Ⅱ．①张… ②徐… Ⅲ．①新闻事业—调
查报告—中国—2023 Ⅳ．① G219.2

中国国家版本馆 CIP 数据核字（2023）第 227310 号

书　　名：中国新闻业年度观察报告（2023）
ZHONGGUO XINWENYE NIANDUGUANCHA BAOGAO（2023）
主　　编：徐桂权　张志安

出 版 人：刘华新
责任编辑：张炜煜　白新月
装帧设计：阮全勇

出版发行：人民日报出版社
社　　址：北京金台西路 2 号
邮政编码：100733
发行热线：（010）65369527　65369512　65369509　65369510
邮购热线：（010）65369530
编辑热线：（010）65369514
网　　址：www.peopledailypress.com
经　　销：新华书店
印　　刷：河北信德印刷有限公司
法律顾问：北京科宇律师事务所 010-83622312

开　　本：710mm×1000mm　　1/16
字　　数：309千字
印　　张：23.75
版　　次：2023年12月第1版
印　　次：2023年12月第1次印刷

书　　号：ISBN 978-7-5115-8093-1
定　　价：56.00元

前 言

　　《中国新闻业年度观察报告》是由中山大学新闻传播学院、中山大学未来媒体研究院主办的新闻传播学学术辑刊，自2014年起由人民日报出版社出版。本报告遵循"专业、原创、可信"的理念，旨在观察中国传媒业一年一度的最新变化、事件、话题和趋势，关注重大问题，把握变化逻辑，进行理论阐释。《中国新闻业年度观察报告（2023）》包括年度专访、年度专题、年度观察、年度调查、研究述评五个部分。

　　第一辑"年度专访"邀请到国际媒介与传播研究学会（IAMCR）现任主席、捷克查理大学特聘教授尼科·卡彭铁尔，从参与、权力、话语与物质关系等角度对数字媒介实践研究分享见解。他认为，快速变化的媒介技术带来了极大的智识挑战，传播研究需要在媒介中心论、社会中心论或现象中心论的路径之间维持平衡，在创造"新"概念的同时，也应注意"旧"概念的当代价值。

　　2014年《关于推动传统媒体和新兴媒体融合发展的指导意见》出台，媒体融合上升至国家战略高度，至今已近十年。第二辑的"年度专题"特以"媒体融合十年"为主题，对媒体融合的历程与现状进行探讨。窦锋昌等的《中国媒体融合十年历程研究》认为，中国媒体融合经过了战略化、扩散化、制度化、生态化四个阶段的发展，实现了从中央到地方、从组织到体制、从技术到内容的转变；在此过程中，技术、政治、市场和管理这四大逻辑贯穿全局，其交融与博弈影响了融合的进程和趋向。张志安等的《平台化突围：媒体客户端开启2.0阶段》从平台化的角度分析媒介融合的历程，指出：媒体平台化1.0阶段，强调内容聚合分发、完成生产流程再造，但媒体

自建的客户端平台还是逐渐暴露出用户数、影响力、活跃度有限的问题。以2023年浙江日报报业集团"潮新闻"客户端上线为标志，媒体平台化开启2.0阶段，这一阶段，媒体自建平台应在数量上做减法、内容上做精品、定位上做升级、技术上做探索、服务上做连接，同时要在嵌入用户数字生活的场景中满足用户的信息与服务需求，以内容供给侧改革助力国家治理现代化。刘颂杰等的《从数量扩张到整合优化：主流媒体"移动化"发展十年变迁》则从"移动化"策略的视角，考察我国主流媒体的融合转型路径：2014年是媒体融合的起步阶段，可称之为移动化发展的"1.0阶段"，这一时期主流媒体纷纷推出自身的客户端，注重打造"媒体矩阵"，但也存在同质化严重、重复建设、成效低等问题；2020年开启了媒体深度融合，可称之为移动化发展的"2.0阶段"，这一时期主流媒体开始整合优化，从依赖第三方平台到自建客户端等平台，重组生产流程，做到了真正的"移动优先"。

该专题的另外四篇文章，包括：陈阳等的《场域视角下的媒体转型：以南方都市报智库转型为例》，认为智库转型为其他媒体提供了多样化的选择和思路，成为当下我国媒体转型的现实路径之一；付麟雅等的《路径、组织与市场：近十年自媒体的"媒体化"趋势分析》，探讨了自媒体在"媒体化"过程中的路径、自媒体为此而生成的组织架构以及所呈现出的商业性特质；胡诗然等的《媒体融合背景下政务新媒体发展创新的十年》，发现在技术因素主导下，党的宣传工作呈现出宣传渠道和传播方式与时俱进、不断创新的发展特点；林功成等的《区县级融媒体研究的现状、热点与展望》，对区县级融媒体研究进行了知识图谱分析，并提出了改进建议。

第三辑是中国新闻业的"年度观察"。这组文章延续了往年的写作思路，既包括中国新闻业总体趋势分析及2022年的重大传媒事件回顾，也包括数据新闻、新闻摄影、视频新闻、公益新闻与公益媒体等具体领域的回顾和分析，着力把握这些领域的最新特点与变化趋势。其中，张志安等的《专业媒体与互联网平台的"常态接合"——2022年中国新闻业年度观察报告》发现：专业媒体与互联网平台从生产到传播各环节的"常态接合"是中国新闻业发展的典型特征，其主要表现在三个方面：新闻生产的平台化、触达技术的智能化、治理理念的生态化；新闻媒体业应当顺势而为，积极建设全媒体传播体系，全面提升数字沟通的能力与效果。

第四辑"年度调查"收录了多篇媒体的调查报告，包括中国广视索福瑞媒介研究（CSM）提供的《2022年电视新闻节目收视回顾》，夏倩芳、仲野的《中国网民的新闻消费习惯与信息茧房状况——不同教育人群的素描和比较》，邓赵诚、龚彦方的《在理想与现实之间：职业锚理论视域下财经记者职业流动分析》等。周葆华、刘恩泽的《新传播形态下中国地县级受众的媒介使用与新闻消费》基于全国性受众抽样问卷调查数据，以地域比较的视野，从媒介使用、网络行为、新闻消费、本地认同感与生活满意度五个维度，描绘中国地县级受众的媒介使用与新闻消费面貌及其影响。研究发现：地县级受众尽管网络普及仍有较大空间，但已日渐呈现出"移动互联网"生态特征；依赖"移动"、关注"视频"与"直播"成为地市级和县级网民行为的重要特征；面对潜力无限、兼具挑战的地市和县级传播生态，媒介深度融合应当立足融入地方治理，通过建设"数字地县"与深耕本地新闻与服务两个路径，提升公众满意度，促进地方认同感。

第五辑是中外新闻业的研究述评。郭靖、方可成的《2022年全球新闻业研究趋势：多重危机与未来想象》基于2022年全球新闻传播学顶级期刊发表的新闻学研究论文，从"危"与"机"两个方面，综述在社会变革和冲突下新闻业的变迁及未来展望。一方面，学者们对传统新闻业的衰退做出多重警示，例如虚假信息滋生、媒介信任下滑、市场份额收窄、数字平台垄断等；另一方面，新技术赋予新闻报道多元性和参与性，也给年轻一代新闻工作者和受众提供了更广阔的平台和方向，而来自全球南方的新案例也进一步丰富了人们的想象空间。徐桂权等的《2022年中国新闻业优秀研究论文评述》从国内权威学术期刊的论文中挑选出32篇新闻业研究优秀论文，分"数字时代新闻观念的再思考""组织视角下的新闻生产研究""技术视角下的新闻业转型与创新研究""新闻从业者的话语与实践""数字用户与新闻消费"五个主题对2022年中国新闻业研究年度观点进行了综述。白红义、马锦辉的《迈向实践的中国特色新闻学》对2022年刊发于CSSCI来源期刊上的新闻学

论文进行了文本细读，提炼出新闻学范式变更的四类"征兆"——走向后人类、走向后现代、走向社会关系网络、走向意识形态，并展示了上述征兆如何体现在理论和实践两个研究维度。文章认为，中国特色新闻学要想真正走向新时代历史唯物主义的实践，就要深刻地从这些"征兆"的内部逻辑对其做出回应。

《中国新闻业年度观察报告》自2014年创办至今，已连续出版十年。我们相信本书对中国新闻业的实践者与研究者都有重要的参考价值。我们也期望，通过我们持续的努力，《中国新闻业年度观察报告》能够凝聚国内新闻研究学者的智慧，观察新闻业、研究新闻业、服务新闻业，成为中国新闻业研究的标杆。

目　录

第三辑　年度观察

第四辑　年度调查

第五辑　研究述评

第一辑

年度专访

在话语—物质关系中探索数字媒介实践

——对话国际媒介与传播研究学会主席尼科·卡彭铁尔教授

公丕钰　陈一鸣　徐桂权　尼科·卡彭铁尔

尼科·卡彭铁尔博士（Dr. Nico Carpentier）目前系捷克查理大学特聘教授，兼任比利时布鲁塞尔自由大学教授，曾任瑞典乌普萨拉大学讲席教授。他于2020年7月当选为新一届国际媒介与传播研究学会（IAMCR）主席（2020—2024）。他曾是欧洲传播研究及教育学会（ECREA）创始人之一，曾担任该学会副主席（2008—2012）。近十年来，他还曾担任ECREA国际博士暑期学校项目的负责人，以及国际媒介与传播研究学会受众研究分会和参与传播研究分会主席。

卡彭铁尔教授的研究领域主要涉及两个方面，均产生了广泛的学术影响：一是参与传播，其代表作有《理解另类媒体》《媒介和参与：一个意识形态与民主斗争的场域》等；二是媒介与话语研究，其代表作有《话语理论与文化分析》《话语—物质结点》《传播与话语理论》等。随着数字技术的快速迭代，公众网络参与空间不断拓展，媒介话语的形式和内容也在持续变化，引发我们重新思考传播中的物质性和实践性之间相互作用的问题。基于此，笔者重点围绕参与、话语、物质性和实践性四个基本概念，并结合当下数字媒介实践，与尼科·卡彭铁尔教授进行了深入对话。他认为"权力"概念是连接参与研究和话语研究的桥梁，参与研究应厘清赋权和权力关系的去中心化，而话语研究致力于通过话语来分析权力过程；此外，话语和物质相互作用构建意义，在本体论层面两者具有相对稳定的关系"结点"，在实践层面两者关系的"聚合"又带有偶然性。因此，他强调快速变化的媒介技术带来了极大的智识

尼科·卡彭铁尔教授   IAMCR会徽

挑战，传播研究需要在媒介中心论、社会中心论或现象中心论的路径之间维持平衡，在创造"新"概念的同时，也应注意"旧"概念的当代价值。

一、话语是参与传播的实践形态

问：您在参与传播和话语研究两个领域都有深入的研究，在上一次的访谈中①，我们详细讨论了参与传播理论的有关议题。数字媒体时代，公众媒介参与空间得以不断拓展，而参与最终是通过各类媒介话语实践来呈现的。因此，这次我们想结合话语、物质性、实践性等概念进一步延伸这个讨论。在您的研究中，"参与"和"话语"两个概念是怎样进行关联的？参与研究和话语研究两者又有什么关系呢？

卡彭铁尔："参与"和"话语"分属不同的研究领域。我常用"家族"作为隐喻以解释它们的关系逻辑。由于它俩属于不同的研究家族，因而用相对应的学术研究谱系来描述它们更为准确。同时，参与研究和话语研究各自

---

① 公丕钰，张晋升，詹扬龙，迟浩男. 参与传播：国家治理研究的新向度——瑞典乌普萨拉大学尼科·卡彭铁尔教授访谈 [J]. 国际新闻界，2018 (07):163-164.

涵盖许多不同的分析方法。在我的研究中，"参与"和"话语"是相互关联的，因为我试图将这两个领域联系起来，并架起两者间的桥梁与对话。如果我们审视参与的过程，就不难发现参与的方式是关于参与的话语论述，以此来思考我们是如何实施参与的。我认为话语建构了参与的基础。在参与问题上存在着一场持续的争论，即从极简主义（Minimalism）到极繁主义（Maximalism）的话语立场。然而，这个争论并不仅仅是实践性的，它还是被想象的思想，属于话语的世界。我的专著《媒介和参与》①一书的副标题就是"一个意识形态与民主斗争的场域"。这并非巧合，是因为我们为不同的参与程度而抗争，这个过程是极具话语性的。

相反，"参与"也对话语研究提出了有意思的问题，促使我们关注话语的生产是被谁赋能或赋权的。换言之，个体都能进行表意实践，但其程度不同，并非所有实践都可转变为话语。由此也提出了一个问题：非人类的行动者、动物，以及物质本身在话语生产中分别扮演了什么样的（参与）角色？在我最近的专著《话语—物质结点》中②，强调了"物质性"（materiality）与"参与"的接合实践。当然，我不认为"参与"仅是一个话语性讨论，这显然是片面的误读。如果把"参与"看作一个浮动的能指，它既是一个有争议的概念，也是一个通过不同的话语获得不同意义的概念。但这套话语理论视角并不是唯一的，还需要更多唯物主义和新物质主义观点去阐释。话语的路径仅仅是帮助我们理解参与是如何运作的视角之一。

当然，"参与"和"话语"也有共通点。尤其涉及权力的研究上，这对于话语研究和参与研究的许多学者非常重要。因为权力是这两个领域的关键要素之一，也是连接这两个领域的主要桥梁。话语研究致力于通过话语来分析权力过程，比如福柯的知识即权力，包括在法语中"pouvoir"（能力）/"savoir"（智识），这两个词中间经常会有一条斜线将其连在一起，甚至它们的拼写也有相同的后缀"voir"。参与研究主要需厘清赋权和权力关系的去中心化。由

① Carpentier N. Media and Participation: A Site of Ideological - Democratic Struggle[M].Bristol: Intellect, 2011.

② Carpentier N. The Discursive-material Knot: Cyprus in Conflict and Community Media Participation[M]. New York:Peter Lang, 2017.

DTA模型的核心是承认话语理论可以用来做经验研究，因为它提供了一系列可以用于质性研究的极有价值的敏化概念，从而更好地帮助我们理解特定的社会现实。敏化概念（sensitizing concept）是理论与实证研究的桥梁。这种方法论概念源于过去关于定性研究的讨论（由符号互动论学者赫伯特·布鲁默发展而来①），使我们能够引入概念来研究社会现实，而不必仅仅囿于理论本身。我们当然需要借助理论指导进行研究，但仅用理论来证实自己的观点并非好的研究。敏化概念作为方法论概念，能够帮助理解特定的机制、逻辑、联系或表达，而不是强加于我们对社会现实的分析中。DTA模型使用了产生于话语理论本身的敏化概念，以及话语本身作为敏化概念。如果使用话语理论分析，你就要关注话语结构，并使用按照话语理论所界定的敏化概念来解释社会现实，诸如话语、链接、霸权、结点等概念。

当然，仅运用这些概念对特定的事件或话语进行经验研究还不够。回到刚才那部电影的例子，研究其英雄主义的话语。我们还需要借助更多敏化的概念来将英雄主义（包括我们研究的任何话语）理论化。在DTA模型中，一些敏化概念还需要借助其他理论来支撑。为了使这些外来的概念与我们的话语理论兼容，需再次通过话语理论对其进行重新解读，使之适用于解释研究的理论框架，即变成能为研究所用的一套敏化概念集。再回到我的参与研究上，我用DTA来研究有关参与的话语，就需要从理论上去理解这些话语。这就需要将"话语"本身作为一个敏化概念，同时将"参与"作为一个敏化概念。为了在DTA分析中将"参与"作为一个敏化概念，我需用话语理论视角重新解读参与研究的相关文献，以便更好地阐明"参与"概念如何在话语理论分析中发挥作用。你还可以在我的《话语—物质结点》一书中找到参与研究相关的文献作为参考，以进一步了解DTA的方法论运用。DTA实际上是一个非常基本的方法论模型，已经被反复地使用和检验过了。不同学科背景的学者成功地运用了DTA模型，并证明了它可以用哲学来支持经验研究，有效地理解了特定的社会现实。

---

① Blumer H. What is Wrong with Social Theory? [J]. American Sociological Review, 1954, 9 (01):3-10.

二、以结点逻辑理解话语与物质的关系

问：近年来，科技、空间、身体等概念越来越受到中国学术界的关注。这些概念与物质性密切相关，而物质性（materiality）是当下中国传播学研究领域的一个热门话题。您如何理解物质性？您又是如何把物质性、参与和话语等概念引入传播研究的？物质性概念的使用对传播研究有何特别意义呢？

卡彭铁尔：与话语研究一样，物质性研究也有许多不同的流派。就像区分物质（the material）和材料（materials）的表述一样，也要区分话语（the discursive）和语料（discourses）的表述。前者的物质和话语指的是整个世界领域，而后者的材料和语料指的是特定的实例。当我谈及"材料"时，所指的包括身体、空间、场所、动物、技术和机器。它是有形的和可观察的世界，换句话说，它是你可以触碰到的东西。而当我讨论"物质"时，指整个物质世界领域，包括深层的结构问题。"语料"和"话语"之间的区别与之相似：世界包含许多关于特定问题的特定语料，而关于世界的整个思想领域和知识领域（复数形式）就是所谓的"话语"。我用这两个概念——物质和材料来捕捉物质的世界。而我的主要观点是，物质和材料都与话语领域相关。话语的世界和物质的世界是紧密相连的，当我试图理解这个世界时不是要把两者分开，而是要理解它们之间如何不断地缠绕交织在一起。比如，你对有关参与的话语感兴趣，我并不是说应该去研究它们的混杂关系（entanglement relationship），但我主张既要看话语，也要看物质，以及这两者是如何相互作用的。这个关于混杂关系的理论称为"话语—物质结点"（the discursive-material knot），也就是用话语赋予物质以意义，但物质实际上有逃避话语化的方法。①因此，我把话语定义为宏观的文本和宏观的语境，这是我们可以理解的知识和框架。用话语赋予物质世界的意义，用话语来了解这

① Carpentier N. The Discursive-material Knot: Cyprus in Conflict and Community Media Participation[M]. New York:Peter Lang, 2017.

便被思考和交流，这正是文本的价值。用一个稍微宽泛的术语——意指实践（signifying practice）来总结这些讨论，人的思想具化在文本中，同时也体现在舞蹈、时尚、纪念碑或纪念物中。①以各种形式将这些思想铭刻下来，而这些形式都是深刻的物质。人们有时会忽略他们拿着的笔、正在用的纸张、正在晾干的墨迹，以及正在打字的电脑键盘，这些都是关于物质的实践。而文本更为复杂，因为它也是意指世界的一部分。从这个意义上说，文本本身就是一个聚合，是意义和物质的结合，永远交织在一起，不可能断开。

问：您在《话语—物质结点》一书中探讨了话语和物质的理论关联重要性，如果要进一步深化这个理论交叉问题的讨论，就不能忽视实践性概念。在谈论物质性时，我们同样需要考虑物质性的实践层面。您是如何理解传播研究中的实践性（practicality）问题的，可否结合您的研究进行回应？

卡彭铁尔：这个问题让我回到本体论和本体之间的区别，也回到了话语和语料、物质和材料之间的区别的思考上。我们需要更广泛地反思什么是话语和物质，以及它们是如何交织在一起的。这是一场极具理论性的重要辩论。同时，我们不应该陷入这种理论辩论不能自拔，而要细看材料、意指实践和语料在特定的聚合中是如何互相影响的。我的研究会尝试用更宏观的理论，以理解社会中特定的实践过程和组合。有趣的是，当观察一个特定的聚合体时，混杂关系的逻辑总是不同的。你会发现，在某些聚合体中，语料并没有起到非常重要的作用。在实践中，聚合体有时是非常物质化的体现，而在其他集合体中，材料却被排除而变得集中在更具话语性的元素上。尽管如此，话语和物质成分总是以特定的组合、层次和平衡存在。当谈论材料时，它可以指人在做特定的事情（工作、学习、睡觉等），也可以指动物和它们的行为。我曾在布拉格动物园对四只狼进行研究，考察动物的身体，以及它们的身体是如何被规训的，特别是动物在围栏里是如何与环境相互适应的。

---

① Carpentier N. Iconoclastic Controversies: A Photographic Inquiry into Antagonistic Nationalism[M]. Intellect: Bristol, UK & Chicago, USA, 2021.

这是一个很有趣的议题，因为它可以揭示正在观察围栏里的动物的我们是谁。①

我就特别地运用话语—物质结点的理论思想和混杂关系的概念来研究这个项目。当分析狼所处的围栏时，我发现那些被用来把狼作为一个物种所代表的多重分类系统变得无处不在。这些系统是话语性的，在一开始不容易注意到这点。而我使用的话语—物质结点的方法，借助了一组敏化概念，让我看到更多，也迫使我回到理论中去改进它。但在本体层次上，话语成分和物质成分的聚合并不总是完美的平衡，因为它们可能非常特殊。经验研究还允许你去思考一个聚合体如何成为更大聚合体的一部分，还包括如何与其他聚合体相连接。在某种程度上，聚合体并不是一个孤立的实体，而是嵌入更广泛的聚合。为了解释这些动态性，我常用俄罗斯套娃（matryoshka doll）作为一个有用的隐喻来理解聚合体。大套娃中有小套娃，小套娃中有更小的套娃，这是典型的俄罗斯物品。这些思考都来源于我一直在做的研究实践，这让我产生更多的理论反思。这些在宏观理论和经验研究之间的互动，着眼于特定的对象、实践和过程，无论对我的研究还是对理论探索都是极为重要的。

参与实践是我一直从话语—物质结点的角度所观察的社会领域。它的关键点是要了解参与的话语性、对人类的参与有何种想法、这些想法如何成为参与动力的一部分，以及参与又何以成为一种物质实践。参与是指人们在某个空间对于某个议题一起决策。参与有深刻的物质性，且是关乎参与的对象和具体实践。比如，在媒体参与的情况下，谁决定由谁来把控麦克风，以及由谁来说话。因此，参与也极具实践性。进一步讲，话语—物质结点总是发生在实践中的，结点被视为聚合，这就包括人类的实践，比如象征实践和身体实践。不管这些实践有何种物质性，最终会通过话语表达出来。当然，实践性还有另一层意义，指在社会中的行动和行为，而非对社会的理论思考。

① Carpentier N. Speech and Discourse: An argument for the acknowledgment of conceptual diversity and specificity [M] // 高贵武，林小榆. 中国主持传播研究：总第 4 辑. 北京：中国传媒大学出版社，2020.

地位，即它总是等待我们人类赋予意义，而且永远不能对人类发言和行动。显然，这需要摆脱物质被动接受意义的观点，而拉图尔和基特勒对于这样的智识运动都发挥了重要的作用。

同时，我们还需要当心走到了反面，将物质视为主导的地位，而将话语置于次之地位，以无视表意的重要性。相反，我主张既对物质的能动性保持敏感，也要看到物质是"话语—物质"接合实践中的一部分。这意味着，对数字进行实践分析时，应当关注身份或主体位置的建构，比如媒体从业者、受众成员、政治家、专家、名人或普通人，也包括AI程序员、用户、营销者和"网红"。还可以继续关注竞争者、环境和非人类的关于动物的话语建构，新闻、事实和真相的概念，新闻生产的规范性框架，以及它们在建构中的持续相互竞争，同时也不能忽视其物质性的作用。这就需要将物质和话语同时确认，因为它们都是"话语—物质"接合的部分实践。

问：更具体来说，您曾经分析过大众传播环境下新闻从业者和受众身份的话语场域特征。新闻业作为一个涵盖多重话语竞争的场域，包括新闻的客观性 vs 主观性、新闻生产的自主性 vs 依附性、媒介控制的把关责任 vs 媒介的开放性、新闻从业者的专业性 vs 受众的参与性。[①]受众的话语场域则包括宏观与微观、主动与被动、公共与私人等维度，涵盖公民、消费者、阐释社群等多重含义。[②]那么，您怎么看待数字媒介环境下新闻业和受众的话语变迁？我们在分析这些变化时是否需要新概念、新模式，乃至理论上的创新？

卡彭铁尔：我再次强调，考虑新的概念、模式和理论需慎重，在此之前，须确认现有的理论是否已经不再有效。例如，你提到我早年关于电视从业者和受众的研究，那么，问题就来了：话语建构、主体位置或霸权等理论概念是否变得不相关和没用了呢？当然，现在已有一些新的身份确立，例如

---

① Carpentier N. The Identity of the Television Audience[M] // Nico Carpentier, Caroline Pauwels & Olga Van Oost, et al. The Ungraspable Audience. Brussels: Grijpbare Publiek, VUB Press, 2004: 93-120.

② Carpentier N. Identity, Contingency and Rigidity. The (counter-) hegemonic Constructions of the Identity of the Media Professional [J]. Journalism, 2005,6 (02):199-219.

"网红"（influencer），但仍需要分析这些新身份的话语建构：他们如何通过日常的（专业的）生活习惯实践其物质化的展演？他们如何继续反对话语斗争？又如何通过"话语—物质"的聚合体来影响其话语和物质要素的接合？

关于新概念的讨论需考虑一组结构性的动因。首先，要处理不同层次的理论抽象之间的张力。当社会环境和条件发生改变时，所谓"低层级理论"可能会变化，因为它们与社会实践紧密连接。但"高层级理论"不大可能即时地、结构性地受社会变化的影响。换言之，话语建构的具体属性可能会发生变化，但我几乎看不到关于我们世界的话语—物质建构的本体论会因短期的社会变化而调整。这并不是反对概念的创新，而是更应看到理论概念如何静观其变。

第二个动因与传播和媒介研究有关，即我们的领域受到"媒介表征"这一概念的极大影响。当使用话语建构的概念时，许多传播和媒介学者会马上使用"媒介表征"，聚焦于特定的社会现象，如何在屏幕和书写的新闻文本中被再现或歪曲。这种将话语建构主义的本体论简化为媒介内容的倾向，把媒介置于话语建构场域的优先位置，而忽视了在话语建构的生产、维系和抵抗方面具有同样重要位置的其他社会场域（如教育、艺术、政治、宗教等）。此外，正如前面所讨论的，物质性也没有被给予充分的重视。如果我们（作为传播和媒介学者）真的想确认话语与物质的接合实践的重要性，就需先承认多元观念世界的重要性，不论它们置身何处，以及它们是如何被生产、维系和抵抗的。基于这个层面来谈，不论在哪个年代，话语和物质的概念都具有高度的适用性。

（公丕钰，天津财经大学人文学院讲师、暨南大学传播与国家治理研究院研究员；陈一鸣，暨南大学新闻与传播学院讲师；徐桂权，中山大学新闻传播学院副教授；尼科·卡彭铁尔，捷克查理大学特聘教授、比利时布鲁塞尔自由大学兼职教授。本文原载于《新闻记者》2023年第5期。）

中国媒体融合十年历程研究

窦锋昌　傅中行　李爱生

【摘要】

2014年，中央指导意见的出台使媒体融合由传统媒体的自救运动正式上升为国家重大战略部署。如今，这场变革已迈过十年关口并仍在继续。本文立足于十年来我国媒体融合实践和政策的演进历程，将其划分为先行者初试融媒之路的战略化阶段、形成典型模式走向相融的扩散化阶段、建立全媒体传播体系的制度化阶段，以及构建媒体生态系统的生态化阶段，总体呈现一个由相加到相融再到深度融合的渐进过程，单一的信息传播系统逐步扩大为媒体生态系统，对社会发展形成广泛而深刻的影响。而在此过程中，技术、政治、市场和管理这四大逻辑贯穿全局，其交融与博弈影响了融合的进程和趋向。

【关键词】

媒体融合；国家政策；产业转型；全媒体

2014年8月18日，中央全面深化改革领导小组第四次会议审议通过《关于推动传统媒体和新兴媒体融合发展的指导意见》（以下简称《指导意见》）。这一政策的推行成为中国媒体融合的里程碑事件，这一年也被称为中国的"媒体融合元年"。以此为起点，中国媒体融合已经走过了十个年头，由此积累了许多宝贵的经验和教训，也越发紧密而深刻地嵌套和渗透在社会发展之中。站在这一历史性节点，本文意在回顾和梳理中国新闻传播业界在这十年间的媒体融合实践，以期厘清当下的历史方位并对未来前路予以展望。

出影响因素和发展逻辑。

二、媒体融合十年历程的四大阶段

（一）战略化：先行者初试融媒之路（2014—2015年）

在大众传媒时代，传统媒体主要凭借"二次售卖"模式获取广告收入维持盈利。而在新兴媒体异军突起后，由于网络媒体的强时效、易获取、成本低等优势，传统媒体的读者市场和广告市场均被蚕食，多家媒体亏损严重乃至决定退出历史舞台。要走出这一生存发展困境，展开媒体融合成为必然选择。20世纪末起，我国传统媒体经历了数字报、手机报、二维码报网互动等一系列转型探索，但总体上没有跳脱出陈旧的刻板思维和路径依赖，媒体转型成果也并不显著。[①]

媒体兼具产业和意识形态的双重属性，随着2014年《指导意见》的发布，产业融合逻辑和政策演进逻辑在此交汇，媒体融合由产业改革方向上升为国家战略，由此获得了合法性，即既得到政策的引领和支持，又受到相应的管制和规范，迈向了由国家牵头的整体布局阶段。

这一阶段的实践以部分头部媒体率先行动为主要特征。2014年起，9家中央媒体的客户端、采编平台、数据中心、播控平台等四大类15个重点项目建设起步，其中人民日报社加快实施新闻客户端、"中央厨房"全媒体平台和数据中心三大媒体融合项目。2015年8月18日，由央视市场研究股份有限公司（CTR）及其子公司索福瑞（CSM）共同成立了"CTR媒体融合研究院"，成为中国第一家专注于媒体融合的研究院。另外，还有上海报业旗下的解放日报和东方早报着力加速客户端建设，以及浙江日报报业集团将单一新闻生产转向提供综合文化服务等。与此同时，各家媒体也在社交平台上积极布局并初具规模，其入驻比例在2015年高达85%。[②]相应地，领跑媒体融合的机构团队也着力尝试打造了多种适应微博、微信社交平台的报道形式，数据新

① 朱江丽，蒋旭峰. 媒体融合逻辑与新型媒体集团构建 [J]. 中国出版，2017，421(20):24-28.
② 北京市新闻工作者协会. 中国媒体融合发展报告 [R]. 北京：社会科学文献出版社，2017.

闻、漫画新闻、H5等可读性强的轻量化作品能够提高读者对严肃题材的接受度和理解力。例如，人民日报的《该交账了！李克强总理在去年两会上的承诺都兑现了吗？》便利用统计图的形式对政府的计划任务量和实际完成情况进行了对比，避免了数据堆砌带来的乏味感。

而在率先开始融合的主力军中，也存在媒体自主可控性低的问题。例如，虽然在这一时期大部分媒体都已经入驻了微博、微信，但这一覆盖率指标的含金量并不算高，在很大程度上依然是"为他人作嫁衣"——媒体发布的内容、运营的方式以及与用户的互动模式都受制于社交媒体平台，缺乏自主可控性，也很难从中盈利。对于多媒体产品的制作，大多数媒体尚未建立起专业的生产团队，也没有规范的采、写、编流程，且从全国范围来看，不同媒体的影响力也存在较大差异。因此，该阶段更偏向于一种"相加"的状态，与深度融合或者真正的全媒体仍存在一定距离。

（二）扩散化：形成典型模式走向相融（2016—2017年）

在国家顶层设计的引导下，媒体融合从第一阶段的局部尝试，逐渐扩大建设范围并且形成了一些基本模式。2016年2月，习近平总书记在党的新闻舆论工作座谈会上提出"融合发展关键在融为一体、合而为一"的要求，为我国媒体融合发展提供了根本遵循。2017年5月，中共中央办公厅、国务院办公厅印发《国家"十三五"时期文化发展改革规划纲要》，提出"形成一批新型主流媒体和主流媒体集团""扶持重点主流媒体创新思路，推动融合发展尽快从相'加'迈向相'融'，形成新型传播模式。支持党报党刊、通讯社、电台电视台建设统一指挥调度的融媒体中心、全媒体采编平台等'中央厨房'，重构新闻采编生产流程，生产全媒体产品"等目标任务和发展规划。媒体融合实践在此阶段不断深化和推广，中央媒体建设持续完善，省市级媒体改革范围扩大，媒体融合逐渐下沉到地方。由此，我国的媒体融合实践以数个龙头媒体为标杆，发展出了移动客户端增强交互体验、"中央厨房"重塑生产流程、规模化集约化融资发展这几种基本模式，并在行业"风向标"的带领之下渐成"燎原"之势。

以大型传媒集团为主要阵地，扩散到省、市主流媒体以及部分县级媒体。

（三）制度化：建立全媒体传播体系（2018—2019年）

2018年8月21日，习近平总书记在全国宣传思想工作会议上发表讲话：要扎实抓好县级融媒体中心建设，更好地引导群众、服务群众。回溯2018年的中国媒体融合实践，县级融媒体中心建设速度超过了以往两个阶段媒体融合实践，仅2018年就先行启动600个县级融媒体中心建设，占到了全国县域单位的近四分之一，这一政策使得数量庞大的县级媒体成为焦点。在此政策驱动下，中央、省、市、县级媒体的一体化局势形成，为打造全媒体传播体系奠定了基础。

2019年1月25日，习近平总书记主持中共中央政治局第十二次集体学习并发表重要讲话，从顶层设计层面明确强调了媒体融合与全媒体传播体系的建设。全媒体传播体系包含着"全程媒体、全息媒体、全员媒体、全效媒体"的目标和理念，这从制度上阐述了媒体在政治引领、产业经济、公益服务等方面的价值，并且正式形成了以中央级、省市级、县级媒体为架构的现代化融媒体系。

至此，从中央覆盖到地方的媒体政策体系得以建立，并使第三阶段的媒体融合实践呈现制度化的特征。所谓制度，指的是组织行动的稳定模式和框架，强调组织与环境的规范、价值、目标。政策作为社会规范的一部分，是制度化的表征之一。[①]在这一阶段，媒体融合的政策不论是数量还是覆盖范围都超越了前两个阶段，并且从中央到地方形成了稳定的结构关系，而不再是此前相对零散、杂乱的试探和模仿。制度化下的媒体融合也不再是各家媒体各自为营的单打独斗，而是呈现统合化、体系化的发展趋势，意味着媒体组织间权力、资源存在更多的竞合张力，体现在多元媒体行动者间的关系之中。因而，在这一阶段，如何处理好不同类型、不同级别媒体间的协同发展，成为重要的发展议题。

---

① 周雪光.组织社会学十讲 [M].北京：社会科学文献出版社，2003.

1.县级融媒体中心建设

2018年，县级融媒体建设取得了较丰富成果，邳州以广电为基础率先一批建立了县级融媒体中心，打造了《有融有度》《政风热线》等融媒体栏目，银杏融媒也开通了"政企号"，整合政务信息资源，吸引了50多家政企单位合作，打造政务信息公开平台和智慧城市项目，形成了具有示范效应的"邳州模式"。①2019年，长兴传媒集团把内部10个部门11个内容平台打通，并且发布县级融媒体中心管理与服务标准化体系，推动县级融媒体建设标准化。尤溪县级融媒体中心也提出"新闻+服务"的战略目标，将传统报纸新闻业务拓展到城市服务，提升经营管理能力，推动县级融媒体纵深发展。

2.全媒体传播体系建立

全媒体是一种利用文字、声音、图像、网络、通信等传播介质全方位传输的传播形态，通过运用多种媒体手段和平台来提升传播效能。在这一阶段，全媒体传播体系进入政策议程而被自上而下地建构，其价值在于统筹多种媒体行动者的关系、价值和优势，实现传播功能的互补。具体来看，全媒体传播体系协调多元媒体行动者之间的关系。

首先，在传统媒体和新兴媒体的关系中，全媒体传播体系打通了新旧媒体传播的渠道。比如2019年全国两会报道中，人民日报除了报纸专版报道，也通过官方微博、人民网推出两会vlog专题，在新媒体端获得了较大阅读量。其次，在中央媒体和地方媒体的关系中，全媒体传播体系推动资源整合和互补。2019年，中央广播电视总台在央视新闻移动网基础上推出"全国县级融媒体智慧平台"，为上百家县级融媒体中心提供技术服务、节目研发，反过来，县级融媒体的采编资源也可以丰富和活跃中央媒体的平台生态建设。再次，在主流媒体和商业平台的关系中，合作网络也在不断形成新的联结方式。2019年，由新华社与阿里巴巴公司共同研发的媒体大脑，联合新华社新媒体中心出品了《一杯茶的工夫读完6年政府工作报告，AI看出了啥奥妙》，取得了较好的传播效果。最后，在大众化媒体和专业媒体的关系中，

---

① 胡正荣，张英培.5G与人工智能时代县级融媒体中心建设的关键点——以江苏邳州为例 [J]. 电视研究，2019, 354(05):4-6.

3.媒体纳入多元治理体系

随着媒体智能化发展，媒体逐渐成为智慧治理平台中的组成部分，和智慧政府云、智慧大脑共同参与国家治理体系现代化。比如2021年，北京广播电视台"北京时间"与"北京市12345"市民热线服务中心打通后台，成为媒体机构和政务部门跨界合作的典型案例。在"北京时间接诉即办"的应用中，用户提交诉求，符合受理标准的诉求经由后台可以纳入政府的督办体系，用户可以通过申请媒体介入跟踪报道来推动问题解决。这类媒体问政平台有效推动了社会治理。此外，媒体智库建设也是近年来媒体参与治理的重要体现，比如南方报业创建的媒体智库矩阵和新京智库等。

三、中国媒体融合演进的驱动力

自2014年以来，媒体融合经历了战略化、扩散化、制度化、生态化等阶段，媒体融合之路困难重重，但是依然在曲折中不断发展。立足于十年的媒体融合经验，只有综合客观地考量和分析媒体融合发展的影响因素，才能更加科学地研判形势和制订计划，继而更好地实现媒体的价值和功能。由此，本文突破单一的分析思路，从技术、政治、市场和管理等多个维度来审视和把握中国十年媒体融合进程。

（一）技术：媒体融合的底层逻辑

技术是推动媒体变革的最底层逻辑。在很大程度上，传统媒体的危机因互联网技术而起，因而也应当顺应这一潮流得到克服和缓解，并在此过程中不断提升其传播效能。过去十年里，从融汇多种视听形式的融媒体新闻到重大主题下的沉浸式直播报道，从实现"一鱼多吃"的"中央厨房"到为政企出谋划策的"智慧大脑"，从智能协作的新闻生产到精准分发的算法推送，都离不开技术的迭代升级对媒体生产力的解放、对用户感官体验的丰富、对海量数据的梳理分析，并赋予了媒体越发多元的角色和身份。因而，在技术的支撑下，媒体才得以完成从单一的信息传播者到社会基础设施的角色蜕变。

不过，技术上的投入与高昂的花销相生相伴，属于需要承担较高风险的决策行为。比如甘肃省白银市融媒体中心建设，技术改造项目投入就约0.18亿元，安徽淮北市淮北日报社的"中央厨房"总投资在0.13亿元左右，动辄千万的技术硬件给转型期间的地方媒体造成了较大负担。因此，一味追求"高大上"的炫酷技术并非明智之举，单一的技术因素也并不是媒体融合发展水平高低的决定性因素。有部分高造价的"中央厨房"并没有真正发挥多少作用，最终沦为仅供参观的打卡点甚至摆设。这也说明只有将技术与媒体的定位和能力等特性相匹配，才能真正为媒体融合赋能，成为媒体突出重围的优势。

（二）政策：媒体融合的纲领性力量

尽管我国传统媒体的转型实践早已有之，但大多存在零散、杂乱的问题，缺乏清晰明确的指导精神；而有的媒体虽然在转型早期就具备了变革意识和融合实力，但囿于条块分割的行政桎梏和制度壁垒，无法施展拳脚。而在2014年之后，国家层面一系列政策文件的出台、重要讲话的发表则为媒体融合指引了方向，并对以往相对陈旧的体制约束进行松绑。而"新型主流媒体""互联网+""县级融媒体中心建设""全媒体传播体系建设"等阶段性目标的确立，发挥了提纲挈领的作用，加速了融合的进程，推动其走向普遍化和规模化，这也成为我国同其他国家媒体融合之间的显著差异。由此，由中央到地方的层层推进让媒体融合变革的开展具有自上而下的特点。

例如，县级融媒体中心的建设工程就是政策引领实践的典型案例。其实，县级媒体融合实践在国家政策出台之前就已开始。2008年，贵州瓮安县将报纸、广播、电视、网站整合为一家媒体；2011年，长兴县委报道组、长兴政府网、长兴宣传信息中心、长兴广播电视台四个单位合并，长兴传媒集团自此成立。但在当时，这些县级媒体改革只是一部分小规模探索。而在2018年8月21日全国宣传思想工作会议后，全国正式掀起建设县级融媒体中心的高潮。① 2018年8月31日，郑州市16个区县同时挂牌成立区县融媒体中心；

---

① 朱春阳.县级融媒体中心建设：经验坐标、发展机遇与路径创新 [J].新闻界，2018(09):21-27.

征，主流媒体的融合实践和传播机制仍然存在短板，比如媒体融合仍然存在如内生性动力不足、数字沟通意识和能力薄弱、部分媒体机构冗杂臃肿、亟须开辟中国特色道路、国际传播能力仍需提升等问题。在"融合"成为共识的当下，赋予媒体融合更深层次的内涵，是主流媒体不可替代的独特使命。未来，媒体融合更需要超越政策逻辑，进一步解决其在主流舆论阵地和市场逻辑中的诸多难题，打造真正具有公信力的主流媒体。

[窦锋昌，复旦大学新闻学院教授；傅中行、李爱生，复旦大学新闻学院博士研究生。本文为国家社科基金一般项目"新时代传统媒体盈利模式转型研究"（18BXW047）的阶段性研究成果。本文原载于《青年记者》2023年第11期。]

平台化突围：媒体客户端开启2.0阶段

张志安　许文嫣

【摘要】

媒体平台化1.0阶段，强调内容聚合分发、完成生产流程再造，但媒体自建的客户端平台还是逐渐暴露出用户数、影响力、活跃度有限的问题。以浙江日报报业集团"潮新闻"客户端上线为标志，媒体平台化开启2.0阶段，这一阶段，媒体自建平台应在数量上做减法、内容上做精品、定位上做升级、技术上做探索、服务上做连接，同时要在嵌入用户数字生活的场景中满足用户的信息与服务需求，以内容供给侧改革助力国家治理现代化。

【关键词】

媒体平台化；媒体融合；1.0阶段；2.0阶段

自2014年媒体融合上升为国家战略以来，移动化成为传统媒体数字化转型过程中普遍选择的路径。一方面，传统媒体大量入驻互联网平台，扮演"内容奶牛"角色，对微博、微信、今日头条等互联网平台形成高度依赖；[①] 另一方面，传统媒体也开始建设自有平台，以客户端为枢纽，从"借船出海"走向"造船出海"，着力提升新闻舆论引导的"四力"。

观察近年来的媒体平台化，主要有三种新动向：第一，市级、县级媒体平台新建，紧跟中央级、省级媒体步伐，如德阳日报社、德阳市广播电视台、德阳市民通数字科技有限公司共同建设运营"德阳新闻"；第二，已建

---

① 张志安，曾励．媒体融合再观察：媒体平台化和平台媒体化 [J]．新闻与写作，2018(08):86-89.

媒体平台孵化子平台，打造垂类优势，如"环球时报健康"应运而生，拥有近20个垂直健康频道；第三，其他形式媒体平台上线，强化移动传播矩阵，如人民日报推出视频客户端"视界"，整合报社内外的视频生产能力与传播资源，激发短视频的正向社会价值。

在媒体平台化发展初期，一个传媒集团下的不同媒体往往建有多个平台，强调内容聚合分发，完成生产流程再造。随着媒体平台数量的增加，流量红利趋于饱和，移动分发的效果受限。媒体自建的客户端平台逐渐暴露出用户数、影响力、活跃度有限的问题。为此，就需要进行整合、升级、提效。2023年2月18日，浙江日报报业集团"潮新闻"客户端正式上线，由"天目新闻""浙江新闻""小时新闻"三端合一而成，开启媒体平台化的2.0阶段。

一、媒体平台化的目标：移动优先、自主可控

根据荷兰学者José van Dijck等的理解，互联网平台一般以数据为支撑，经由算法与界面进行自动运转与组织，通过商业模式驱动的所有权关系得以确立，并由用户服务条款进行规制。如今，人们所熟知的微博、微信等互联网平台已成为公众"数字化生存"不可或缺的必需品和基础设施。[①]

与上述商业公司打造的互联网平台的概念不同的是，传统媒体建设的自有平台并不天然具有数据化、商品化、选择性三个方面的特征。媒体平台化的"平台"与超级互联网平台企业的"平台"有所不同。一般来说，媒体建设的自有平台指的就是人们常用的移动客户端，功能是内容聚合和移动分发，主要特点是"内容池"；而互联网平台是以满足刚需、数据智能、开放连接为特点，少数超级互联网平台正逐步走向基础设施化，因此主要特点是"数据池"。

媒体平台化是传统媒体走向移动互联的一个过程，即接入移动互联的轨

---

① 张志安，冉桢. 互联网平台的运作机制及其对新闻业的影响 [J]. 新闻与写作，2020(03):66-74.

道，在物理意义上将内容聚合到一起，以全新的组织方式和技术手段再造生产流程；拥抱移动互联的思维，实现话语变革与叙事创新。媒体希望在平台化过程中培育私域流量，扩大用户规模，增强网络传播的自主性和可控性，适当摆脱对超级互联网平台的依赖，进而提高新闻舆论引导的"四力"。

习近平总书记在十九届中央政治局第十二次集体学习时的讲话中曾指出："要坚持移动优先策略，建设好自己的移动传播平台，管好用好商业化、社会化的互联网平台，让主流媒体借助移动传播，牢牢占据舆论引导、思想引领、文化传承、服务人民的传播制高点。"建设自主可控的媒体平台，既是我国加快推进媒体深度融合的要求，也是传媒集团积极探索创新发展路径的表现。

二、媒体平台化的问题：难有用户规模及黏性

（一）先天不足的硬伤

2014年，以《关于推动传统媒体和新兴媒体融合发展的指导意见》的发布为标志，媒体融合上升为国家战略。同年，地方报业集团紧随人民日报、新华社等中央级媒体，纷纷推出自建的媒体客户端，如浙江日报报业集团的"浙江新闻"、上海报业集团的"澎湃新闻"、山西日报报业集团的"指尖山西"等。

然而，长期以来，很多传统媒体普遍存在着"重采编、轻经营、无管理、无技术"的问题，[①]"先天不足"的技术研发能力、内容规模难以形成社交刚需成为传统媒体的一道硬伤。不少媒体无力通过持续投入增强自有平台运用，难以靠大量原创精品内容吸引用户，难以在数字化转型中将自有平台做大做强。建成的媒体平台又陷入同质化竞争，而且"一报一端"的思路在集团内被重复利用，难以形成独创风格。而以"今日头条"为代表的互联网平台，却打造了聚合海量资讯、算法推荐主导的运营分发模式，其强大的技

---

① 郭全中. 传统媒体转型的六大核心问题 [J]. 新闻与写作，2019(01):65-68.

术支撑和数据智能，使其获得了数亿用户和超大流量。

媒体融合初期，中国庞大的人口基数带来流量红利，传统媒体的发展前景较为可期。但随着流量红利趋于饱和，媒体自建平台的技术硬伤暴露、用户增速放缓、分发能力见顶等问题开始显现。QuestMobile的调查数据显示，"今日头条"2022年平均月度活跃规模达3.6亿，①而媒体自建平台在推广期靠投入成本，获得数百万乃至千万下载量后，日活跃或月活跃用户通常只有数万或数十万，与互联网平台的用户规模和活跃度差距巨大。

（二）后继乏力的隐忧

随着《国家"十三五"时期文化发展改革规划纲要》《关于加快推进媒体深度融合发展的意见》等一系列文件的印发，以及手机新闻客户端用户实现从2014年4.48亿人到2019年6.95亿人的跃升②，传统媒体自建平台的数量呈现几何式增长。一方面，在经济实力和技术条件允许下，下辖多张报纸的同一报业集团往往会建设多个自有平台，如浙江日报报业集团的"浙江新闻""天目新闻""小时新闻"，上海报业集团的"澎湃新闻""界面新闻""上观新闻""周到上海"等。另一方面，因目标不同或合力不足，辐射范围较小的同一地区往往也会建设多个自有平台，包括立足区域化服务的服务型平台和邀请内容生产者进驻的开放型内容平台两种模式。③

传统媒体对平台化的积极探索，在推动新闻事业全媒体化的同时，也带来不少隐忧，即自建平台的发展泡沫和后继乏力。有的媒体平台同质化程度严重，在集团内部造成资源浪费；有的媒体平台运营处于停摆状态，后劲不足沦为鸡肋；绝大多数媒体平台的活跃用户数据尴尬，分发和触达能力远不及预期。人民网研究院的报告显示，2020年主流媒体（包括报纸、广播电

---

① QuestMobile2022中国移动互联网年度大报告：总用户超12亿、51岁以上占比1/4，五大刺激点开启"移动智能钻石时代"[EB/OL].（2023-02-21）. https://mp.weixin.qq.com/s/A30Al0z7yH7Ow690mKgVcw.

② 艾媒网.媒体行业数据分析：预计2020年中国新闻客户端用户规模为7.24亿人[EB/OL].（2020-08-11）. https://www.iimedia.cn/c1061/73401.html.

③ 张志安，李霭莹.变迁与挑战：媒体平台化与平台媒体化——2018中国新闻业年度观察报告[J].新闻界，2019(01):4-13.

台、电视台）共运营308个自建客户端，每个安卓客户端平均下载量为2858万次，但两极分化严重，最高的下载量达到9415万，最低的只有31.8万。①

综上所述，由于外部的竞争失利和内部的发展不力，媒体自建平台的发展困境已经出现。作为对媒介生态变革的积极回应，媒体平台化开始走进2.0阶段。

三、媒体平台化的突围：在整合升级中迈向2.0阶段

2.0阶段的媒体平台化，首先要做减法，即减少媒体客户端的数量，解决同个集团客户端同质化、重复竞争、仅做内容分发不做社群运营的问题；其次，要做加法，即在特色定位、内容原创、叙事话语、舆论引导力上做显著增量；最后，要做乘法，通过资源、功能和数据整合，以"资讯+服务+连接"为核心，真正提升媒体客户端的用户黏性、传播影响力和舆论引导力。

（一）数量上做减法

走进2.0阶段，媒体自建平台应以减法做加法，减法是对数量做减法，加法是对影响力做加法。数量上做减法，并不只是在物理意义上将多个平台简单整合，而是在资源、用户和功能等层面上共通、共建、共融，从而实现影响力的1+1>2。

2023年2月18日，浙江日报报业集团将旗下的"天目新闻""浙江新闻""小时新闻"三端合一，推出了集聚浙江省101个市县媒体的新闻资源的"潮新闻"新闻客户端。时任浙江省委宣传部部长王纲认为，这标志着在移动互联网主战场上开出浙江"传媒舰队"，从"破冰"向"出海"、从"单兵突进"向"集团作战"跃进。②这一举措具有突出的示范效应。例如，"源新闻"以原丽水日报报业传媒集团"指尖丽水"和原丽水广播电视集团"无

---

① 中国日报中文网.2020媒体融合：主流媒体用户数增长123%[EB/OL].（2021-09-15）. http://cn.chinadaily.com.cn/a/202109/15/WS6141b747a310f4935fbede44.html?ivk_sa=1023197a.

② 一本政经.浙江宣传部长王纲：重大新闻传播平台是什么"新物种"？[EB/OL].（2023-02-18）. https://mp.weixin.qq.com/s/CO1ZX52YYM5ahyDy1ve9cQ.

限丽水"双端合一而成；"新甬派"以原宁波日报报业集团"甬派"和"甬上"双端合一而成；"景迈山"以"掌上普洱"和"普洱广播电视台"双端合一而成；等等。这些整合而成的媒体平台均构建了"新闻+政务+商务"运营模式，资源聚合，功能互补。

媒体平台化成功与否的最终评判标准，并不是一个传媒集团下的平台数量有多少，而是一个平台的影响力有多大。在1.0阶段，随着建设自有平台成本的降低，不少传媒集团已经实现了平台数量的从0到1，从1到多，即"造船"；到2.0阶段，传媒集团应更多思考如何集中力量办大事，推动自建平台真正"出圈"乃至"出海"。

（二）内容上做精品

数字化的新闻生产要求新闻生产环节内置用户意识，用户的关注、点击、转发、点赞等参与行动成为影响新闻生产的重要前提。[1]2.0阶段的媒体平台应主动拥抱用户思维，建立更适应互联网移动传播发展态势的网络叙事话语体系。

这方面，浙江省委宣传部运营的"浙江宣传"微信公众号所探索的网络传播和舆论引导经验值得借鉴。第一，树立新鲜文风。"浙江宣传"自上线以来将"说人话、切热点、有态度"的风格传递给用户，没有说教意味，没有理解障碍。媒体平台应注重提升内容质量与叙事创新，高度适配互联网语境下用户的阅读习惯。第二，涵养文化底蕴。"浙江宣传"展现出传统文化与现代文化有机融合的省域文化气质，也彰显了"精神共同富裕"意义上的省域文明风范。[2]第三，把握社会热点。《嘲讽"小镇做题家"是一个危险信号》《历史不会浓缩于一个晚上》等文章正是因为回应关切、发布及时，才能形成现象级的传播热潮。媒体平台应善于研判网络舆论场的热点，努力做到在关键时刻不失语、不失位。

① 张志安，田浩，谭晓倩.专业媒体与互联网平台的"常态接合"——2022年中国新闻业年度观察报告[J].新闻界，2023(01):39-46.

② 赵月枝，王欣钰."手握笔杆当战士"："浙江宣传"的舆论引领创新实践[J].青年记者，2022(23):60-63.

（三）定位上做升级

媒体自建的客户端平台，不能只局限在新闻定位，而要从用户更垂直、更刚需、更活跃的需求出发，拓展多元化、特色化和差异化的定位。2023年4月18日，浙江广电集团全新推出的重大文化传播平台核心载体"Z视介"正式上线，这既是浙江广电集团在推进媒体深度融合进程中的尝试，也是省级广电媒体加快布局移动业务、推进融媒改革的探索。这次浙江广电集团推出的"Z视介"，没有突出新闻定位，而是聚焦文化传播；没有广撒网主攻各类群体，而是着重聚焦Z世代，与浙江日报报业集团的"潮新闻"客户端形成错位发展。

"Z视介"不仅将整合浙江广电集团旗下各大媒体优质的节目资源，还将集纳浙江卫视强大的明星资源，以及浙江全省丰厚的文化服务资源和青年一代最有兴趣的文化消费资源，打造一款集中面向Z世代的全新文化传播平台。简单来说，这个平台不仅可以给年轻人"看"，也可以给年轻人"玩"，要让Z世代爱看又爱用。在浙江，报业做新闻，广电做文化，不同媒体平台差异互补、形成合力，做到"全省一盘棋"，体现立足区域发展、服务国家战略的大格局。

（四）技术上做探索

如今，媒体平台正在面临智能媒介技术的蓬勃发展。没有先进的技术作为支撑，就没法实现更加移动化、视觉化、智能化①的内容生产，也无法创造更加个性化、更具趣味性的交互式用户体验。为此，不少主流尝试通过与互联网平台、科技公司、通信行业等开展合作以弥补技术研发能力的不足；若条件允许或资源投入充裕，也可以开展智能技术应用研发，以提升自身的技术水平，甚至为行业应用提供解决方案。

2023年1月10日，湖南红网新媒体集团"时刻新闻"焕新升级，打造全新栏目"时刻新闻资讯元宇宙"。该栏目依靠的是"红网新媒体元宇宙传播应

---

① 冉桢，张志安.移动、视觉、智能：媒体深度融合中组织再造的关键 [J].新闻与写作，2021(01):18-24.

用实验室"，由湖南红网新媒体集团有限公司、湖南博物院、长沙天心文化（广告）产业园管委会、湖南大数据交易所、湖南文悟科技有限公司等携手共建，能为"时刻新闻"提供大数据、AI、VR、3D建模等方面的新兴技术支持。这种技术探索，可以大大加强媒体平台的可玩性与便捷性，从而提高用户的关注度和参与度。

近来广受热议的自然语言处理技术，也是媒体平台技术接入和应用的方向之一。截至2023年3月底，已有上百家媒体宣布接入百度"文心一言"，打造内容生态人工智能全系产品及服务，为媒体平台在新闻线索的抓取、文本内容的生成、后台数据的整理、用户画像的描摹等多方面提供助力。

（五）服务上做连接

在1.0阶段内容聚合的基础上，2.0阶段的媒体平台应致力于促成服务聚合。只有将用户的信息需求与生活需求结合起来，将媒体的内容终端与人们"数字化生存"的应用终端打通，媒体平台才能真正成为刚需服务和高频应用。

极少数媒体平台在积极实践"新闻+政务+商务"运营模式过程中，逐步融通了资讯和服务、内容与数据，让用户在服务中看资讯、在资讯中用服务。如长沙广电2019年11月推出的"我的长沙"客户端，作为长沙新型智慧城市的唯一前端入口，以城市超级大脑为数据底座，逐步掌握自主可控平台的主动权。2022年1月起，又推动"我的长沙"打造"城市服务+融媒体"融合平台，截至2022年年底，已汇聚2012项城市服务，平台用户量突破1000万，服务总点击量超过3.8亿次。

未来，媒体平台一方面应与公众深入连接，将其概念具体化，需求具象化，聚合资源为民服务；另一方面应与政府政数局、超级平台或科技企业等广泛连接，探索同步推进媒体深度融合与智慧城市建设的可能性。比如，大众报业集团《大众日报》联合微信和腾讯地图，率先推出全国首份"小修小补便民地图"，筛选出全国200多个城市超50万个修补小店的地理位置和服务信息，让用户得以轻松找到就近的各类修补小店，"让'小修补'里的'大民生'回归数字世界的视野"。在提供专业的内容之余，配套这样的便民服务，才能让用户黏性和平台影响力得到持久保证。

归根结底，媒体深度融合没有标准答案，转型攻坚克难需要超强定力。正如新任中宣部副部长、时任浙江省委宣传部部长王纲在"潮新闻"客户端上线仪式上说的，"其实，对于传统媒体转型而言，我不知道怎么做是对的，但我知道不去做、不去改变一定是错的；我不知道什么样的路径是正确的，但我知道坐而论道、不起而行之一定是不正确的；我不知道驱动变革的最大变量是什么，但我知道拥抱新技术、相信年轻人就有可能抓住机会、决胜未来；我不知道什么是真正的潮头，但我知道习近平总书记对浙江'干在实处、走在前列、勇立潮头'的嘱托是我们必须全力以赴践行的，浙江媒体人必须做新时代的弄潮儿"。

自2022年下半年以来，浙江宣传文化领域的一系列创新举措和大胆改革引发业界关注和全国瞩目：公众号"浙江宣传"破圈传播，摸索出政务传播和舆论引导的新话语；"传播大脑"科技公司成立，在"智慧的传播+传播的智慧"领域大胆推出集约化的数字服务平台；"潮新闻"客户端全新整合"浙江新闻""天目新闻""小时新闻"客户端，"以减法做加法"，开启媒体客户端2.0阶段；浙江广电集团全新升级"中国蓝"客户端，推出重大文化传播平台核心载体"Z视介"，吹响了全国省级广电媒体深度融合的号角……加快改革的背后，是主政者的魄力、管理者的意志和实践者的韧劲。

这是一场"开弓没有回头箭"的变革，知易行难、道阻且长，期待先行者破新局、改革者辟新路、探索者结新果。

（张志安，复旦大学新闻学院教授、复旦大学全球传播全媒体研究院副院长、中国新闻史学会应用新闻传播专委会理事长；许文嫣，复旦大学新闻学院硕士研究生。）

从数量扩张到整合优化：主流媒体"移动化"发展十年变迁

刘颂杰　邓　霞　金　叶

【摘要】

本文从"移动化"策略的视角，考察了我国主流媒体的融合转型路径。2014年是媒体融合的起步阶段，可称之为移动化发展的"1.0阶段"，这一时期主流媒体纷纷推出自身的客户端，注重打造"媒体矩阵"，但也存在同质化严重、重复建设、成效低等问题；2020年开启了媒体深度融合，可称之为移动化发展的"2.0阶段"，这一时期主流媒体开始精兵简政、提升效率。具体而言，在平台建设上，从依赖第三方平台到自建客户端等平台；在融媒体矩阵建设上，进行整合优化"做减法"；在组织架构上，重组生产流程做到真正的"移动优先"；在内容生产上，注重情感化等移动传播特点，异地监督在一定程度上回归；在商业模式上，积极拓展业务边界，但也带来了伦理冲突。本文最后提出，在技术冲击下，主流媒体应当坚持新闻"主体性"。

【关键词】

主流媒体；媒体融合；移动化；数字化转型

2014年被普遍认为是媒体融合的"元年"，这一年出台的《关于推动传统媒体和新兴媒体融合发展的指导意见》，明确提出媒体融合要将"移动优先"作为一种策略。学者彭兰指出，"媒体融合"的本质就是传统媒体在移动化、社交化、智能化三大方向下的新媒体化过程。①宋建武和黄淼同样认为，移动化是媒体融合背景下主流媒体的一种决定性趋势。②

2010年之后，凭借对技术变革的敏锐嗅觉，互联网公司曾主导了新闻资讯"移动化"的发展。相比之下，主流传媒机构显得后知后觉，只能做技术革新的"跟随者"。③进入2014年，在政策、资本的助推以及自身转型的巨大压力之下，主流媒体纷纷推出客户端，改写了之前互联网公司一统天下的局面。从中央到地方，客户端数量快速增长，但同质化、重复建设等问题也非常突出。

2020年，国家出台了《关于加快推进媒体深度融合发展的意见》，主流媒体数字化转型从"初步融合"的1.0阶段过渡到"深度融合"的2.0阶段。主流媒体的移动化策略出现了显著的转向，正如张志安等指出，在数量上做减法、内容上做精品、定位上做升级、技术上做探索、服务上做连接。④

可以说，从2014年到2023年，媒体融合的十年也是媒体移动化发展的十年。主流媒体的移动化策略变迁之路，十年间呈现了从数量扩张到整合优化的明显特征。

一、文献回顾：主流媒体"移动化"变迁及动因分析

（一）"移动化"战略的十年转向

对于专业新闻机构而言，"移动优先"（mobile first）是"数字优先"（digital first）转型策略的进一步升级，指的是将内容与传播等的重点转到移动介质上。国内关于媒体移动化发展的讨论可以追溯至互联网兴起之时。2007年，《中国记者》刊登过一篇标题为《媒体移动化是大趋势》的评论文

---

① 彭兰.移动化、社交化、智能化：传统媒体转型的三大路径 [J].新闻界，2018(01):35-41.
② 宋建武，黄淼.移动化：主流媒体深度融合的数据引擎 [J].传媒，2018, 272(03):11-16.
③ 刘颂杰，张晨露.从"技术跟随者"到"媒体创新者"的尝试——传统媒体"新闻客户端2.0"热潮分析 [J].新闻记者，2016(02):29-39.
④ 张志安，许文嫣.平台化突围：媒体客户端开启2.0阶段 [J].青年记者，2023(09):64-66.

章。①文章提出，无论是传统媒体形态与手机的结合，还是互联网日益丰富的功能与服务，都证明了媒体移动化的必然趋势，并且这种趋势必将对舆论格局与媒体走向产生影响。在这一时期，学界关于移动化的讨论更多聚焦于传统媒体与新媒体的差别，以及对互联网背景下未来媒体变革方向的预测。②

2014年8月18日，中央全面深化改革领导小组第四次会议审议通过了《关于推动传统媒体和新兴媒体融合发展的指导意见》，媒体融合成为国家发展战略目标之一，媒体移动化作为媒体融合的重要一环也因此引起业界、学界广泛关注。2014年，《中国记者》的文章《从"数字优先"到"移动优先"》指出，移动平台已经成为2014年受众花费时间最多的媒体平台，在此背景下，媒体纷纷将原来的"数字优先"战略升级为"移动优先"。③

建设自有客户端是媒体进行移动化转型的标志性战略之一。2014年以人民日报与新华社为代表，南方报业、上海报业等地方级头部媒体紧随其后，主流媒体掀起开设自有客户端的热潮。④在此之后，客户端作为继网站、媒体微博、微信公众号、手机报等形式之后的一种新形式与样态，在主流媒体的移动化转型中得到快速发展。⑤

但媒体移动化的进程并不统一。曾祥敏和董华茜指出，从平台建设成效来看，中央级媒体一马当先，省级次之，市级和区县级媒体明显落后。⑥而从媒体自身来看，各家媒体的建设方向及优势也稍有不同。人民日报客户端于2014年6月上线，至今下载量已超2亿。张晶和钟丹丹认为人民日报客户端采取的是超媒体平台的融合战略，在算法推荐、信息聚合以及融合发布方面都

① 本刊评论员.媒体移动化是大趋势 [J].中国记者，2007,401(04):1.
② 陆小华.最超越想象的变革将基于移动互联——新媒体变革取向漫谈之四 [J].新闻记者，2007,290(04):10-12；潘力.受众移动化到媒体移动化——交通广播的发展空间 [J].中国记者，2007,405(08):73-74；陈昌凤，仇筠茜.移动化：媒介融合的新战略 [J].新闻与写作，2012,333(03):30-33.
③ 从"数字优先"到"移动优先" [J].中国记者，2014(06):128.
④ 刘颂杰，张晨露.从"技术跟随者"到"媒体创新者"的尝试——传统媒体"新闻客户端2.0"热潮分析 [J].新闻记者，2016(02):29-39.
⑤ 黄楚新，王丹.移动化生存：媒体客户端发展路径探析 [J].新闻战线，2015(09):21-23.
⑥ 曾祥敏，董华茜.平台建设与服务创新的维度与向度——基于2022年主流媒体深度融合发展的调研 [J].中国编辑，2023,157-158(Z1):26-31.

有其不同于一般融媒体平台的优势。①孙鹿童从技术应用视角进行分析，发现
"央视频"打破了组织架构的传统壁垒，并且不断根据市场需求调整业务范
畴，提供出一种媒体转型思路。②江菲飞则以新华社为研究对象，发现其在移
动优先视角下进行的移动化转型效果斐然，原因在于新华社重视传播的多端
口性、传播模式的丰富性以及用户的互动性。③

　　2018年，中央广播电视总台成立之后提出了"台网并重、先网后台，移
动优先"的融合发展战略，助推全国各级广电媒体在"移动优先"上迈出实
质性步伐。④2020年9月26日中办、国办印发了《关于加快推进媒体深度融
合发展的意见》，提出"坚持移动优先，坚持科学布局，坚持改革创新，推
动传统媒体和新兴媒体在体制机制、政策措施、流程管理、人才技术等方面
加快融合步伐，尽快建成一批具有强大影响力和竞争力的新型主流媒体"。
如前所述，张志安等较早从平台建设的视角，关注到了主流媒体移动化战略
的转向。张志安指出，在媒体平台化发展初期，一个传媒集团下的不同媒体
往往建有多个平台，强调内容聚合、生产流程再造。随着媒体平台数量的增
加，流量红利趋于饱和，移动分发的效果受限。媒体自建平台逐渐暴露出用
户数、影响力、活跃度有限等问题。为此，就需要进行整合、升级、提效。
典型的案例包括，2023年2月，浙江日报报业集团"潮新闻"客户端正式上
线，由"天目新闻""浙江新闻""小时新闻"三端合一而成。

　　学者关于"移动优先"的讨论更多聚焦于媒体在此战略下的具体操作路
径。胡正荣提到，"移动优先"的内涵在于移动化、视频化、社交化、个性
化以及矩阵化。⑤张春风和王岩（2017）、⑥牛涛（2020）也认为做到"移动

　　①　张晶，钟丹丹.超媒体平台模式：《人民日报》客户端的媒体融合特征[J].新闻界，
2021(02):40-45+56.
　　②　孙鹿童.主流媒体深度转型的突破与坚守——基于"央视频"的个案分析[J].中国记者，2021，
570(06):89-92
　　③　江菲飞.移动优先视角下主流媒体的探索与应用——以新华社客户端为例[J].出版广角，2022，
418(16):93-96.
　　④　王义保.在广电媒体融合语境中对"移动优先"战略的再认识[J].教育传媒研究，2021(04):69-
72.
　　⑤　吕顺景.发达国家"移动优先"战略及启示[J].传媒，2016，223(02):52-55.
　　⑥　张春风，王岩.实施移动优先战略的创新实践与思考[J].新闻战线，2017(22):7-9.

优先"需要理念、体制、平台以及产品的创新。①总体上，对于主流媒体移动化战略中的问题剖析不足。

（二）战略转向动因的初步分析

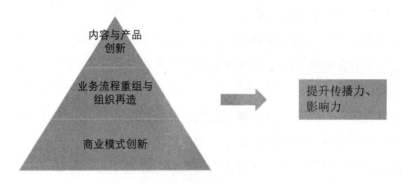

图1 媒体数字化转型分析框架

在媒体探索数字化、移动化转型的金字塔中，内容与产品创新是抓手，体现为外在的显性变化；业务流程重组和组织再造是核心，体现为内在的制度变迁；而商业模式创新则是媒体作为商业机构可持续发展的根基。基于这三个层次的创新实践，转型整体的目标和效果在于传播力和影响力的提升。②

此前在媒体融合的1.0阶段，媒体更加侧重于内容与产品的创新，投入资金大搞炫酷的融媒体"爆款产品"，忽略了在业务流程和组织架构上真正围绕数字化、移动化来进行重构，即便建立了"中央厨房"，也多是一种摆设，而并未真正带动组织架构的融合再造，内容也未形成真正的数字化、移动化文化。正如有的学者所言，这是一种"姿态性融合"。③商业模式上的创新也乏善可陈，多是承接政府项目如媒体代运营业务，另外是依赖政府的财政补贴，并没有能够形成完善的自我造血机制。

而到了媒体深度融合的2.0阶段，越来越多的主流媒体意识到了融合的第

---

① 牛涛.融媒体建设中如何做到"移动优先"[J].中国传媒科技，2020(10):44-45.
② 刘颂杰，曹斯，张纯.英国媒体数字化转型：案例与模式[M].王垂林，张志安主编.广州：南方日报出版社，2017.
③ 尹连根，刘晓燕."姿态性融合"：中国报业转型的实证研究[J].新闻与传播研究，2013(2):14.

二、第三层级的重要性，从而开始精兵简政，提升效率，再造组织架构。可以说，这是对第一阶段数量式快速扩张进行反思的结果，也是在国家经济发展结构转型、增速下降的背景下，财政对主流媒体的资金扶持逐步收紧，更注重资金使用效率的结果。

二、平台建设：从依赖第三方平台到自建平台

媒体融合从1.0时代步入2.0时代的过程中，显著的现象是平台建设的变迁。互联网移动化初期，主流媒体的内容主要借助"两微"等第三方平台进行传播，这是因为主流媒体的自有客户端在初期尚未完全适应互联网的生态逻辑，也缺少第三方平台的巨大"流量池"，从而无法取得较好的传播效果。[①]

而到了媒体融合1.0时代的媒体平台化发展初期，各主流媒体开始以客户端为抓手，从"借船出海"走向"造船出海"，自建平台。但很多媒体的移动化战略定位基本上都是大而全，要打通全国受众市场，一个传媒集团下的不同媒体有多个平台，强调内容聚合、生产流程再造，而缺乏对自身核心竞争力的准确分析和定位。

2014年，北京日报集团出台了《新媒体项目扶持办法》，鼓励倡导探索和发展新媒体项目，形成包括"长安街知事""艺绽"等数十个微信公众号在内的传播集群。其下属的《北京青年报》也不遑多让，除了官方微博、微信外，报社编辑部各部门根据自身特色陆续开设一批微信公众号，包括由"政知见"（原名"政知局"）、"政知圈"、"政知道"组成的以时政报道为主的"政知"系列，以时政评论为主的"团结湖参考"，以调查性报道为主的"北青深一度"，以及以提供教育资讯与服务为主的"教育圆桌"等。

截至2016年，根据人民网研究院研发编制的《2016年中国媒体融合传播指数报告》的数据显示，报纸百强榜中，报媒两微公众号开通率均为100%，

---

① 曾祥敏，杨丽萍. 我国媒体融合发展的十大创新探索 [J]. 传媒，2023,No.391(02):28-31.

并有99%的报媒入驻聚合类客户端。"两微一端+N个子账号"的传播矩阵成为众多主流媒体的标配。

总体而言,为了摆脱对第三方平台的依赖,主流媒体的自建平台呈现以下特征:在数量上,主流媒体自建客户端增长迅速。不仅中央级和省级媒体(报业集团)通常旗下有若干个新闻客户端,随着县级融媒体中心概念的提出,市县级媒体也开始建立自有客户端。比如,在广州日报报业集团内部,就有"新花城""广州日报""大洋""微社区e家通"等几个新闻客户端。区县融媒体中心方面,广州市仅番禺区就有"到黄埔去""掌上番禺"等客户端。在形式上,自有客户端的形式有所丰富。从2018年开始,由地方报业独立建设并运营的纯视频客户端,成为各地报业探索深度融合的新型实践。[1]2019年10月,浙江日报报业集团倾力打造的新闻视频客户端——"天目新闻"正式上线,成为服务长三角一体化的新型平台。2020年9月,南方都市报N视频客户端正式上线,定位是打造"视频版广东发布"。2021年12月31日,由河南日报报业集团旗下大河报打造的豫视频客户端正式上线,旨在让更多优质短视频"唱主角"。在功能上,客户端不再仅仅是原有纸媒的内容"搬运工",而是成为更符合互联网特性的"生态性平台"。2018年10月,北京日报社打造的北京日报客户端上线,定位为"新闻+政务+服务"的新型主流App。次年,该客户端推出了新媒体开放平台"北京号",对接北京市16+1区、各委办局等政务单位和部分驻京机构,提供形式多样、技术先进的内容生产与分发服务,使政务新闻、成就报道、服务信息等实现多介质、多渠道的立体传播。[2]

综上所述,在近十年的移动化发展过程中,主流媒体的移动化正在逐步从借助第三方平台向自建客户端转变。根据人民网研究院发布的《媒体融合传播指数总报告》,2020年广播、电视的自有平台的平均用户总数都已高于

① 崔保国,兰晓玉.话语权重构与闭环化整合:地方报业自建视频新闻客户端的创新探索 [J].传媒观察,2022(09):19-25.
② 北京日报客户端.北京日报客户端北京号2.0版上线,打造北京特色新媒体聚合平台.[EB/OL].(2019-12-10).https://bj.bjd.com.cn/5b165687a010550e5ddc0e6a/contentShare/5b16573ae4b02a9fe2d558f9/AP5def2106e4b0fe93cc1e6510.html.

第三方平台，报纸自有平台的用户总数也在持续增长。

三、融媒体矩阵建设：以减法做加法

媒体融合1.0时代的平台建设主要表现为传统媒体和新兴媒体的融合，标志之一是传统媒体开设了众多客户端、公众号，但是这一时期由于缺乏对扶持资金的合理规划，导致低效、重复建设多。一方面，在经济实力和技术条件允许下，下辖多张报纸的同一报业集团往往会建设多个自有平台；另一方面，因目标不同或合力不足，辐射范围较小的同一地区往往也会建设多个自有平台，包括立足区域化服务的服务型平台和邀请内容生产者进驻的开放型内容平台两种模式。

传统媒体对平台化的积极探索，在推动新闻事业全媒体化的同时，也带来不少隐忧，即自建平台的发展泡沫和后继乏力。有的媒体平台同质化程度严重，在集团内部造成资源浪费；有的媒体平台运营处于停摆状态，后劲不足，沦为鸡肋；绝大多数媒体平台的活跃用户数据尴尬，分发和触达能力远不及预期。人民网研究院的报告显示，2020年主流媒体（包括报纸、广播电台、电视台）共运营308个自建客户端，每个安卓客户端平均下载量为2858万次，但两极分化严重，最高的下载量达到9415万，最低的只有31.8万。用户活跃度也与商业性平台差距巨大。

随着媒体平台数量的增加，流量红利趋于饱和，各自发展资源分散，客户端分发功能已见边界。以广州市为例，其媒体融合发展、数字化和移动化转型已走过了十年历程，成绩卓著。但近年来，尚缺乏在全国范围有较大影响力的新闻客户端或拳头新闻产品。"新花城"用户下载量已达数千万级，但有效用户数及累计活跃用户数不高，相比下载量还有很大的用户运营增长空间。因此，在2.0时代，媒体必须改变策略，重新整合新闻产品的组织架构，面对同质化的账号，需大刀阔斧地进行整合，"在数量上做减法"。但这并不只是在物理意义上将多个平台简单整合，而是在资源、用户和功能等层面上共通、共建、共融，从而"以减法做加法"，实现影响力的

"1+1>2"。①

于是，媒体自建平台开始进入整合、升级、提效的"2.0"阶段。2018年，天津海河传媒成立后停更合并了5个新闻网站和3个新闻客户端。同年，北京日报社宣布合并原有的北京日报新媒体部、北京晚报新媒体部、京郊日报、京报网以及北晚新视觉等新媒体发布端，成立集团融媒体中心，形成统一的新媒体发布端口。2020年，上海市委宣传部、市国资委宣布对上海报业集团、上海东方网股份有限公司实施联合重组，实现上海市主要新媒体资源在同一平台下集聚。2023年，浙江日报报业集团宣布暂时停更现有的浙江新闻、天目新闻、小时新闻三大移动客户端，新推出"潮新闻"客户端，旨在集合全省新闻资源，突出重大新闻传播。浙江也果断关停了一批受众少、影响力弱、连年亏损或经营困难的报纸和频道频率，集中精力做大做强新闻客户端。

四、组织架构与生产流程：从"展演性"的"中央厨房"，到真正的"移动优先"

自2014年媒体融合上升为国家战略以来，各地各级媒体都在加快推进媒体深度融合工作，一度出现不少"中央厨房"式的融媒体平台。这类"中央厨房"在新闻策划上实行统筹，新闻素材打通使用，满足移动端求快、PC端求全、传统媒体求深等不同需求。

2014年12月，广州日报媒体融合中央编辑部（"广州日报融媒体指挥中心"）正式运行，这是全国首个"中央厨房"模式的全媒体采编部门，目前也是规模最大的融媒体采编中心。2015年7月7日，新华社新媒体中心构建的"中央厨房"式新型全媒体采编发空间揭幕。同年，中央人民广播电台按照"中央厨房"理念，汇聚相关资源要素细化分工，逐步实现前端采集共享、中端编辑加工指挥调度、后端发布呈现，形成"一个领导班子、一个指挥系

---

① 张志安，许文嫣．平台化突围：媒体客户端开启2.0阶段 [J].青年记者，2023(09):64-66.

统、一个采编队伍"。① 此外，经济日报、光明日报、中国青年报也相继设立"中央厨房"式的融媒体平台。

"中央厨房"有着统一的物理空间，还配备技术系统、大屏等软硬件，看上去专业、高级。但是在实际新闻生产中同质化现象频出，而且往往在重大报道活动时生机勃发、精品迭出，活动结束后便无新的产出，甚至有的变成仅供人参观的展演性"样板间"。如前文所述，究其原因，是1.0时代的媒体融合更侧重于内容与产品的创新，但忽略了在业务流程和组织架构上真正围绕数字化、移动化来进行重构。此外，由于媒体融合专项资金的使用缺乏独立评估，在"预算软约束"的情况下资金使用效率偏低。

在2.0时代，真正实现移动优先就成了媒体融合改革的目标。"中央厨房"从面子形象工程变为日常运作中的基础设施，在内容出口和传播渠道上，真正做到移动端优先，而不是先传统端，再整合到移动端。2019年，北京日报社整合北京日报、北京晚报采编体系，将两大编辑部打通，实现了每一个生产单元的融媒体化，即每个生产部门都面向日报、晚报、新媒体三个端口进行融媒体内容生产，构建起"横向集约、纵向扁平、前端统合、后端分立、融合生产、分态传播"的新型组织架构体系以适应新媒体环境。②

五、内容生产的调适：情感化趋向及异地监督的回归

（一）适应移动端传播要求，革新内容呈现方式

近年来，在从中央到地方财政的融媒体发展专项资金扶持下，主流媒体成功推出了种种"爆款"内容，引发了社会的强烈关注，获得了不错的传播效果。以人民日报为例，2017年"八一"庆祝建军90周年之际，人民日报新媒体中心推出互动H5《快看呐！这是我的军装照》，借助人脸识别、融合成像等技术制作完成。数据显示，"军装照"H5上线10天，浏览量突破10亿，

---

① 阎晓明. 坚持融合发展 建设新型广播 [J]. 新闻战线，2017(03):11-13.
② 李佳咪. 怎么融合、靠什么融合、为什么融合——专访北京日报报业集团社委会主任委员、社长赵靖云 [J]. 新闻与写作，2021, 445(07):86-88.

独立访客（UV）累计1.55亿人次。该作品也在第28届中国新闻奖首次设立的"媒体融合奖项"中获得一等奖。在这以后，人民日报以改革开放40年为话题的《时光博物馆》、聚焦新中国成立70周年的《复兴大道70号》等作品都获得了广泛的赞誉。此外，人民日报的短视频《谁是站到最后的人》和《老兵》等成为各平台爆款。中央电视总台也凭借自身优势，在短视频等方面推出了不少成功的产品，如《主播说联播》等。

这些"爆款"的成功，是主流媒体为适应移动端传播的新特点，在内容策略上对新闻选题、叙事语言和表达逻辑主动求变的结果。但需要注意的是，不少媒体的融媒体产品在创意和技术上依然存在明显的短板，在生产制作上通过"外包"的方式来推进，并没有形成自身稳定的融媒体内容生产能力。

（二）异地监督的回归

新闻的异地监督功能，指的是一个地区的新闻媒体对发生在外地的人和事的监督报道，多指批评和揭露报道。其中包括消息、调查报道、言论等文体。[①] 1998年11月《中国青年报》开办的《冰点时评》专栏，为我国新闻时评异地监督的开端。在此之后，以《南方都市报》为代表的媒体纷纷开设专版专栏，报道评论异地新闻事件，几乎达到"无台不监督、无报不监督、无记者不监督"的程度。但近年来，异地监督的案例较为少见。

主流媒体的移动化为广大公民积极参与和评论各类社会事件特别是事关群众公共利益的社会事件，提供了舆论空间和公开发表时评、言论的平台。由此催生了一个全民记者、全民时评员不同观点的辩驳时代，引发了我国"新闻时评异地监督热潮"[②]。另一方面，由于"万物皆媒"的时代也同样带来了信息的海量化与碎片化，主流媒体的专业性与深度显得尤为必要，也更加被公众所需要。[③]除此之外，2016年习近平总书记在主持召开党的新闻舆论

---

① 靖鸣，单奕.聂树斌案异地监督的实践与思考 [J]. 新闻爱好者，2016, 468(12):57-60.
② 李新文. 新闻时评异地监督的勃兴及其原因分析 [J]. 视听，2014(11):29-31.
③ 彭兰. 新媒体传播：新图景与新机理 [J]. 新闻与写作，2018(07):5-11.

工作座谈会并发表重要讲话时，强调"舆论监督与正面宣传是统一的。新闻媒体要直面工作中存在的问题，直面社会丑恶现象，激浊扬清、针砭时弊，同时发表批评性报道要事实准确、分析客观"，重申了媒体"舆论监督"的重要性。在上述多重因素的刺激下，主流媒体移动平台上的新闻内容开始从原有的地方服务扩展至全国，异地监督成为各家主流媒体移动平台上的主要新闻内容之一。

2019年，四川木里县森林大火造成30名扑火队员殉职。随后，湖北日报传媒集团旗下的"极目新闻"、云南日报报业集团旗下的"云南网"、上海报业集团下的"澎湃新闻"等多家其他省市级的媒体都在自有平台上进行此次事件的跟踪报道并发表评论，其中"澎湃新闻"的评论作品《马上评｜没有一条生命是为了牺牲而存在》还获得了第30届中国新闻奖二等奖（文字评论）。2022年的"6·10唐山烧烤店打人事件"轰动全国。针对这起带有黑社会性质的恶性打人事件，其他地区的主流媒体全程参与其中。6月10日凌晨，视频在网络平台上曝出，当天下午重庆日报的移动客户端"上游新闻"、河南日报报业下的"大河报"与"顶端新闻"、广东南方报业集团下的"南方都市报"等主流媒体分别派出记者对该烧烤店所属辖区的公安分局、妇联、涉黑涉恶举报中心等相关单位进行采访，及时报道事件的最新进展。随后，云南省春城晚报的新闻客户端"开屏新闻"、成都商报集团旗下客户端"红星新闻"等新媒体客户端也就此事刊登多篇评论文章，表达对此事件的关注。

六、盈利模式：拓展业务边界，但也带来伦理冲突

2014年的新闻客户端建设热潮中，主流媒体移动化发展主要依托母体的内容资源，但又不局限于新闻，大多采用"新闻+服务"的运营模式。2020年9月，中央办公厅、国务院办公厅印发《关于加快推进媒体深度融合发展的意见》，提出"新闻+政务服务商务"的运营新模式，为主流媒体发展指出了一条新路。

"媒体+商务+政务+服务"的边界拓展。 以上海报业集团为例，其在实现主业经营稳中有进的同时，主动对接市场需求，大力推进与政府部门、大型国企、金融机构等的战略合作，提升从品牌影响力到经济效益的转化能力。旗下各媒体分别开展不同服务：解放日报社持续深化媒体品牌全案一站式服务新模式；界面财联社着力为客户提供融资对接、投资者关系、金融服务等企业全生命周期服务。新闻报社海上名医搭建一站式医疗云整合服务平台，链接服务全国近500家三级医院。除此之外，上海报业集团在2023年度工作会议上，表示将持续培育"新动能""新赛道"。"两基金"（瑞力、众源）为集团重点新媒体项目提供融资对接、战略规划、人才储备、上市辅导等全方位服务，体现了市场化专业化价值。"两新华"（新华发行、新华传媒）积极探索"文化+"新业态。"5+5+1+N"书店布局调整顺利推进，持续打造城市文化消费新空间。1927·鲁迅与内山纪念书局深挖红色资源，与1925书局交相辉映，"江南书局·书的庭院"以文化持续赋能城市更新。①

政务媒体代运营的模式兴起。 2021年10月8日，国家发展改革委就《市场准入负面清单（2021年版）》向社会公开征求意见。征求意见稿提到，禁止违规开展新闻传媒相关业务。此后，为规范政务新媒体代运营，确保政务新媒体的政治导向正确和信息发布安全，一些地方政府开始推动不具备新闻采编资质的民间机构退出政务新媒体代运营业务，而其留下的"真空地带"，则成为众多主流机构媒体争夺的焦点。2021年11月，四川观察宣布开放政务新媒体代运营服务。同年12月底，深圳报业集团政务融媒体服务中心、深圳报业政务融媒体运营有限公司成立，通过有机整合全集团政务新媒体代运营服务，实行公司化运营。全集团运营"深圳发布""i深圳"等政府机构新媒体项目总计超过200家，总粉丝数超4000万。2022年，《内蒙古日报》旗下的草原云也宣布进行内蒙古新闻网政务新媒体代运营服务。

然而，经营数据向好的同时带来了媒介伦理冲突，主流媒体业务的混合，使得"编营分离"再次成为媒体机构的一个重要挑战。以新华社为例，

---

① 上海报业集团. 在创新发展中彰显价值 | 上海报业集团 2023 年度工作会议召开 [EB/OL]. (2023-02-16).https://mp.weixin.qq.com/s/l3JXsHrGX8_1r_X3hPkuWA.

自2014年中央巡视之后就再次重点关注报社内存在的"编营不分"问题。2015年，新华社党组按照中央要求，对国内分社实行"两分开"做出部署，规定国内分社采编与经营业务实行管理、业务、队伍、财务、考核"五分开"。与此相配套，出台规范经营工作的"十条禁令"，严禁采编与经营挂钩，严禁向采编人员下达经营任务，严禁经营人员参与采编工作等，为"两分开"划定底线。

七、进一步讨论

基于上述对主流媒体移动化十年变迁的分析，本文进一步提出以下观点，希望与业界学界探讨。

1.**主流媒体不能被"技术决定论""技术至上论"裹挟**。在互联网、社交媒体冲击下，主流媒体的业务模式被颠覆，在内容生产方式、新闻呈现方式等方面接受了互联网的一套规则，片面去迎合流量和受众。这非但不能提升公众媒介素养和社会公共议题认知，还很可能适得其反。比如，标题党倾向、过度的情感化表达、[①]不合理的短视频生产等，对于主流媒体的公信力是一种伤害。

2.**必须坚持主流媒体的新闻主体性**。无论是新闻+政务、新闻+商务还是新闻+服务，都必须以"新闻"为主体。严肃新闻的权威性、公信力是主流媒体的核心竞争力，不可舍本逐末。"内容为王"不是一句口号，而是主流媒体的生存之本。

3.**一款新闻客户端，很难做到宣传和流量两者兼得**。定位不准，反而导致两不靠。在我们现有的传媒发展语境下，比较合理的方式是"两分开式"的发展。比如，一个侧重政务宣传、党务建设的客户端（比如解放日报"上观新闻"），一个侧重新闻报道、贴近受众/用户的客户端（比如"澎湃新闻"）。

---

① 龙强，李艳红.从宣传到霸权：社交媒体时代"新党媒"的传播模式 [J].国际新闻界，2017，39(02):14.

4.合理投入，明确"自建平台"的边界。 最近在国际媒体行业中，曾经名噪一时的BuzzFeed News、Vox media、The Huffington Post等互联网媒体运营失败，而纽约时报、金融时报等相对顺利地实现转型，一方面说明严肃媒体的价值，不可盲目偏信"新媒体"万能；另一方面也说明了无论是什么媒体，完全依赖互联网平台是不可靠的，必须有自己的平台（网站和App）。目前国内很多主流媒体几乎不在PC端、网站投入太多精力，事实上社会核心人群工作时段还需要大量的PC端使用时间。

但自建平台不是不计成本去重建生态。互联网是一个生态系统，需要持续巨量的社会资本投入和社会协作，财政资金不能也不应该试图帮助主流媒体重建互联网基础设施，最近很多主流媒体项目的失败也说明了这一点。主流媒体应与互联网平台建立合理的协作关系。

［刘颂杰，中山大学新闻传播学院副教授；邓霞、金叶，中山大学新闻传播学院硕士研究生。本文系广东省哲学社会科学规划2023年度一般项目"广东省传媒产业扶持政策及成效研究"（GD23CXW03）的研究成果。］

场域视角下的媒体转型：以南方都市报智库转型为例

陈　阳　李宛真

【摘要】

本文采用场域理论，以移动互联网时代南方都市报转型做智库为个案，考察其转型的背景、过程及影响。文章认为，在各种可能的转型路径中，南方都市报结合自身资源，选择了一条跟新闻属性渐行渐远的道路。与专业智库机构相比，南方都市报转型做智库，发挥了其自身特色。它不再追求普罗大众的需求，转向社会精英人群；放弃以量取胜的流量思维，追求优质智库内容；追求去媒介化，深度参与社会治理。我们很难现在就对南方都市报智库转型做出评价，然而，这一转型为其他媒体提供了多样化的选择和思路，成为当下我国媒体转型的现实路径之一。

【关键词】

转型；智库；场域

移动互联网时代，传统新闻媒体的转型道路充满了多样性。无论怎样转型、转向何方，媒体的探索道路都值得关注。从20世纪90年代直到21世纪初，南方都市报的市场化转型在国内都是首屈一指的。进入移动互联网时代，旧的盈利模式被破坏，新的盈利模式尚未建立，南方都市报面临着沉重的经济压力，不得不为了适应技术革新和读者阅读习惯的变化而改变。作为一家地方性媒体，它所选择的转型道路不同于中央媒体，也不同于党报，从2016至2017年起，南方都市报转型做智库，慢慢摸索自己的道路。

本文以布尔迪厄的场域理论为理论背景，考察南方都市报智库转型的背景、过程和后果。场域理论用于分析媒体转型的优势在于，场域之间的关系并非一成不变的，而是时刻处于变动之中，只有把媒介场置于政治场、经济场、文化场等其他场域的关系之中，我们才能理解媒介场的变化。[①]本文的研究资料，基本来自新闻报道、媒体从业人员的公开讲述、会议材料、研究性文章等公开材料。

一、传统媒体为何转向智库？

（一）创新之路的突破：走向智库化转型

每逢新的传播方式兴起，传媒业可能就要面临一波更新迭代。在传统媒体日渐式微的情形下，传统媒体不得不摸索着走上转型之路。从已有的媒体转型案例来看，传统媒体转型的侧重点更多在于新闻生产，包括如何适应新媒体时代做出受众喜闻乐见的新闻产品；如何让优秀的新闻产品落地，到达社会网络的每个角落，获取最大流量和影响力。有研究者从新闻产品生产和分发的角度提出移动化、社交化、智能化是传统媒体转型的三条路径，这三大方向也体现了当下传统媒体通过"媒介融合"进行转型的新媒体化过程。[②]其中移动化指媒体产品迁移的基本方向，无论是产品形式、产品结构还是产品思维都需要进行转换，超越自身的媒体客户端，充分利用多种分发平台，此外，移动化也意味着对短视频等网络形式的侧重；社交化指的是一方面要改变媒体往日严肃冰冷的形象，进行语态创新，另一方面还应注重互动性和参与性；智能化指的是利用技术驱动内容生产的革命，例如利用数据分析进行选题策划和传播。

然而，这几条转型路径中也存在诸多困境。目前，以手机为代表的移动终端已经成为人与外部世界建立连接的最重要信息通路，代替了原先以传统

---

① ［美］罗德尼·本森，［法］艾瑞克·内维尔.布尔迪厄与新闻场域[M].张斌，译.杭州：浙江大学出版社，2017:201.

② 彭兰.移动化、社交化、智能化：传统媒体转型的三大路径[J].新闻界，2018(01):35-41.

媒介为主的信息获取方式。现在社会信息传播的"最后一公里"渠道是人际关系渠道，这导致传统媒体在既有社会传播渠道的"失灵"。虽然许多传统媒体逐渐开通了客户端、微博、微信公众号等平台渠道，但这种"+互联网"模式并不是在生产方式、影响力构成上的创新，而是简单加法。①

如果仅仅是与新媒体在移动端进行内容竞争，传统媒体的优势略显不足。总体而言，从传统媒体融合转型的绩效评估来看，教训多于经验，传统媒体更易受制于传统思维和路径依赖。②孟瑶认为媒体融合未取得预期成效的原因在于尚未打破固有模式，国内传统媒体的管理基本是在事业单位内进行的，与互联网媒体具有根本性差异，有些媒体仍然将重心放在传统业务上，对新媒体的融合流于形式。③

虽然单从新闻采写的业务能力上来说，传统媒体相比新媒体可能有些优势，但这种优势也在逐渐缩小。因此传统媒体在新闻生产、分发业务的规模和影响力上赶超新媒体的可能性较小。郭全中提出新媒体在内容上已经成为真正的主流媒体，在财经、文体和娱乐方面，新媒体自行制作的内容占总内容比例超过70%，甚至有很多传统媒体依据新媒体进行报道，而且新媒体也已经成为舆论热点产生的主阵地，广告收入也处于飞速增长的状态。④传统媒体对新媒体发展规律缺乏科学认识，一味秉持"内容为王"理念，即使采取"全媒体记者"的转型方式也行不通，并非所有人都能成为"通才"。

在这样的背景下，媒体智库化或许是媒体转型的另一条可行路径，将业务重心由原来的新闻生产向智库生产转移，在规避新闻生产及分发途径上的劣势的同时，能够充分发挥自己与社会资源、政府官方链接的优势，以及制作优质深度内容的专业能力，转而将工作重心放在为社会提供公共性服务上。

其实，国外一些媒体更早地意识到了自身所具备的智库属性。耿磊梳理

---

① 喻国明，弋利佳，梁霄.破解"渠道失灵"的传媒困局："关系法则"详解——兼论传统媒体转型的路径与关键 [J].现代传播（中国传媒大学学报），2015(11): 1-4.
② 李彪."互联网＋"时代传统媒体融合转型的做点 [J].编辑之友，2015(11): 51-55.
③ 孟瑶.传统媒体融合新媒体的转型发展之路 [J].传媒论坛，2020(03):48-49.
④ 郭全中.传统媒体的新媒体转型：误区、问题与可能的路径 [J].新闻记者，2012(07):14-19.

国外媒体智库时主要将其分为三种类型：第一类是智库型媒体，常年关注某些垂直领域，掌握该领域一手资料并积累了丰富的专家资源和行业数据，在业务性质和成果上呈现出智库的特点；第二类是运营相对独立的研究机构，依托媒体资源组建；第三类是媒体内部的研究开发部门，主要为媒体自身发展服务。国外媒体智库具备两方面特征：一是很多实力较强的媒体都从事智库性质的分析工作；二是媒体对于这些分析成果倾向于公开以扩大自身影响力，因此国外媒体呈现出泛智库化趋势。[①]

无论如何，不管是强调构建媒体型智库还是强调媒体的"智库属性"，探索智库化转型都为传统媒体的转型提供了一种新的可能性。智库生产不仅能为媒体创造经济收入，更是打造品牌影响力的有力支撑，这是区别于以数量取胜的新媒体的一个突破口，尤其是在资源和人脉积累上，仅有少数新媒体能与传统媒体相匹敌。

（二）中央媒体与地方媒体的智库化转型

国内媒体智库化转型的具体情境相比国外还是有所不同的。一方面，我国传统媒体的新闻及内容生产从制度层面来说并不完全是独立运作，因此在面临是政策解释宣传还是客观研究这一问题上，媒体智库和隶属于行政机构的官方智库面临同样的尴尬。[②]另一方面，中央媒体与地方媒体的智库建设也必定面临不同的情况，中央媒体智库在脑力资源方面具有其他媒体不可比拟的优势，其所掌握的人才资源很大一部分也是来自传统智库的专家、团队，其针对的问题也是立足于国家紧要的大政方针，实际解决问题的能力并未得到新的需求刺激，只是针对有限的问题，增添了更多的智库解决供给，与传统智库形成竞争关系。

而地方媒体的智库发展则面临相反的局面，智库建设中出现了人才缺失和资金不足的情况。地方媒体智库化转型的另一个挑战是让传统新闻从业人员转变为智库人才。以媒体原有的培训体系可能难以实现智库人才的自主

① 耿磊. 国外媒体智库现状 [J]. 新闻战线, 2018 (03): 45-47.
② 郑雨茜, 安琪, 于园园. 媒体智库化转型的困境与问题 [J]. 青年记者, 2020 (14): 106-107.

培养，这将进一步制约他们的智库化转型之路。因此，在地方媒体的智库生产中，与中央媒体智库在根本上不同的一点是智库研究人员的配比。央媒智库的专家型人才资源丰富，从内容性质上说，与传统智库没有太大差别，或者可以说，央媒智库更像是在媒体的架构之下重新搭建了一个传统智库，从事智库生产的仍然是原来那批专家学者。而地方媒体的智库建设大多数基于本报记者的转型，从记者直接转岗到研究员工作，他们并未经过系统的学术化培训，智库生产的经验是从报告调研、分析、撰写过程中一步步摸索而来的。

总的来说，中央媒体智库具有其他地方传统媒体不可比拟的优势，在人才资源、资金和平台影响力等方面都不输传统智库，具有不可复制的特殊性；而地方媒体在人才资源和资金上都处于劣势地位，在转型过程中处境更显艰难，但也因此，改革的决心和力度往往更大。中央媒体的智库转型经验对于传统媒体的转型来说可能更具借鉴性。身处其中的传统新闻从业者将迎来什么样的工作机遇和身份转变，是否能摆脱传统的新闻生产思路，能否提供一套可复制推广的经验做法，这些问题都值得进一步探讨。

二、传统媒体如何做智库？

（一）参与城市治理：一种智库化转型的可能路径

南方都市报是较早进行智库化转型的地方媒体之一。早在2016年，当时的南都报系党委书记、总裁任天阳在南都20周年庆活动上首次向外界阐释"换一种方式"战略[①]，开始尝试挖掘数据资源的潜力，但这同时意味着报社要放弃一部分传统的新闻生产内容。到2018年成立南都大数据研究院之时，南方都市报的智库生产已基本迈入正轨，此时已推出数据新闻、榜单报告、民意调查、鉴定测评等多样化数据产品[②]，为智库生产积累了一定经验和资

---

① 南方周末.南都20周年庆：换一种方式定义南都 [N/OL].(2016-12-29). http://www.infzm.com/contents/121909/.

② 席莉莉.都市媒体智库化转型路径研究 [D].广州：暨南大学，2019.

源。对于这一转型思路，2019年的"智媒赋能治理高峰论坛"上，当时的南都报系党委书记梅志清表达了这几年促使报社转型的内在逻辑："当前，技术正如此真切地、深刻地改变并将继续迅猛地改变媒体的生存逻辑，没有一家媒体可以包打天下、无处不在。"

为了适应这种全新的生产思路，报社对传统的编辑部门进行了改革，以组建"工作室"的方式让记者和编辑协同作业，共同发掘和包装数据产品，这种"一条龙服务"的工作模式为智库化转型早早打下了基础。[①]或者说，南方都市报在人事管理制度上进行的改革打破了科层制，趋于扁平化管理，以团队作业的形式来组成不同的专题小组（垂直领域），这种组织架构更适合从事智库生产。

从组织架构来看，2018年成立的南都大数据研究院内部分设产品部、技术部、民调中心、商业数据部、数据项目运营部，其中产品部负责智库内容生产，技术部提供底层的技术支撑以及包装服务，运营部负责产品的市场运营。[②]南方都市报将多位资深新闻记者和编辑直接转入"研究员"序列从事智库生产。2018年年底，南都曾宣布要推动全员课题化，20%的采编做公共新闻、80%的采编转向新闻与研究并重，让成熟的采编团队就地转型为课题研究小组，形成"一套人马，两种职能"，也就是说，南都大数据研究院的课题中心与原有南都采访中心的人员架构基本是重合的，只是在新的采访中心内部形成了多个专项课题组。与此同时，报社的工作考核方式也发生了变化，实行"采编生产+课题研究"双重考核制度。发展到2019年，南都又提出将废除计件制薪酬体系，在大数据研究院之外的部门也全面推广全新的岗位序列、能力层级、区间年薪制。[③]

2019年，南方都市报在智库内容生产中的收入过亿元；2020年，南方都市报营收近5亿元，利润连续3年增长，接近历史最好时期。其中，《广州

① 汪金刚.南方都市报智库化转型研究 [J].新闻与写作，2020 (09):100-104.
② 王海军，王卫国.强化双轮驱动 构筑五大序列——南方都市报智媒转型的机制创新和考核管理 [J].中国记者，2020 (02): 98-100.
③ 杜一娜.南都：将废除计件制薪酬体系，适度放弃同题竞争 [N].中国新闻出版广电报，2019-12-11.

城市治理榜》是南都智库生产较为典型和成功的案例，该报告诞生于大数据研究院成立之前，可以说是在智库方向上率先进行尝试的"先锋队"之一，从2014年至今，每年发布一次。2019年，《广州城市治理榜》还获得了首届"中国城市治理创新奖"优胜奖，是入选案例中唯一来自媒体的案例。

南方都市报这类地方传统媒体要向智库化转型，必定要放弃部分原来的主要受众，转而投向受众面窄、精英化、为社会治理或咨询服务的深度内容。2019年12月"南都智库产品发布周"系列活动期间，南方都市报举办了"智媒赋能治理高峰论坛"，从这一命题可以看到报社对于自身定位的重新思考，媒体的未来发展方向可能是为城市提供精细化服务，参与到社会治理共同体建设中来。时任南都报系党委书记、总裁梅志清在论坛上谈到对于机构媒体未来发展的六个判断："资讯生产传播优势在弱化；算法要由主流价值观驾驭；大众媒体也需要垂直生产；协同治理功能是新增长极；精准用户私域流量是蓝海；技术赋能是充分必要条件。"①从中可以窥见南方都市报的智库化转型究竟意味着什么。

南方都市报在智库化转型过程中深度参与到城市治理的各个环节，也从侧面印证了其在社会功能上实现的转变。周培源提到"治理"一词主要涉及治理活动的三个基本概念，即国家治理、政府治理和社会治理。②其中，社会治理是媒体可以深度参与并发挥重要社会功能的环节，在政府、组织机构和社会公众等核心主体之间协调关系，实现协同化治理；还可通过媒体融合渗透精准传播，实现精细化治理，以及发挥媒体专业精神，推动科学化治理。从地方媒体的角度来说，参与到区域性社会治理的机会也比较多。张康之认为，在多元社会治理力量并存的条件下，政府的管理者角色受到了挑战，原先单一的管理者与被管理者的简单线性关系变成了复杂的网络关系。③主体多元化条件下的社会治理，实际上再次重置了关系网络的社会资本，传统媒体在这个关系网络中有机会找到落脚点，重新找回话语权，而智库转型是一个

---

① 新京报. "智媒赋能治理"高峰论坛举行 南都智媒转型2.0版面 [N/OL]. (2019-12-07).https://baijiahao.baidu.com/s?id=1652268615812381484&wfr=spider&for=pc.

② 周培源. 从社会治理到国家治理：主流媒体的角色功能变化 [J]. 青年记者, 2020(27):41-43.

③ 张康之. 论主体多元化条件下的社会治理 [J]. 中国人民大学学报, 2014 (02): 2-13.

很好的契机。

尽管南方都市报的智库化探索才刚刚开始，但从目前的发展来看，这条转型路径确实为南都带来了初步的成功，也得到了社会的一些认可。同样是在2019年，南都大数据研究院入选了"2019应用新闻传播十大创新案例"，评审委员会的评议是：主流都市报融合转型存在普遍挑战和困难，建设"中国最好的报纸"的《南方都市报》，靠数据业务的整合运营走出了一条都市报融合转型的新模式。[①]不过，将转型的侧重点放在智库生产上，并不代表完全放弃了新闻生产；相反，在"抛弃"了以量取胜的思路后，南都更加强调新闻生产必须产出"优质内容"。梅志清就表示过，"我们的智库产品是对公共内容产品链条的延伸。好的新闻产品不一定是好的智库产品，但好的智库产品一定可以产生出好的新闻产品"[②]。也就是说，走智库化转型之路同样能催生出优秀的新闻产品，保留住最根本的媒体属性。

（二）南方都市报智库产品案例研究：参与城市治理案例——《广州城市治理榜》

2014年，南方都市报首次推出《广州城市治理榜》，根据设置的指标体系，利用公共数据、政府数据和民意调查数据，以第三方视角从多个角度评价广州政府治理能力和水平。如今，《广州城市治理榜》已经走过七个年头，经过迭代升级也成为南方都市报的代表性智库产品。当地政府部门在工作决策和提升治理能力的过程中会参考这份智库成果。随着榜单影响力的扩大，还有不少部门会注重自身在榜单上的排名，主动找差距、补短板，力求在明年的榜单上表现得更好。[③]

2019年6月，《广州城市治理榜》入围首届中国城市治理创新奖，也是全国唯一入围的媒体项目。深度参与《广州城市治理榜》的一位课题负责人表

① 南方都市报.2019应用新闻传播十大创新案例揭晓，南都大数据研究院入选！[N/OL].(2019-11-30).https://news.southcn.com/node_54a44f01a2/b0526a2b06.shtml.

② 新京报."智媒赋能治理"高峰论坛举行 南都智媒转型2.0版面[N/OL].(2019-12-07).https://baijiahao.baidu.com/s?id=1652268615812381484&wfr=spider&for=pc.

③ 黄超,刘岸然.内容乃营销之基——南方都市报"新闻+政务服务商务"运营探索[J].青年记者,2021(04):16-17.

示，媒体智库参与城市治理的亮点在于我们搭建的是协同共治平台，通过榜单评价、论坛对话、案例评选，让公众平等参与城市治理，"比如，我们让群众票选十大民生实事，让市民参与广州桥下空间改造设计，这些都实实在在推动广州在共建共治共享的社会治理新格局上走在全国前列"。①

随着社会各界对这份榜单越来越重视，越来越多的政府部门、行业协会和企业等愿意与南都进行合作，为其提供经核实的官方数据。此外，南都也会根据每年广州关注的重大社会议题和政策变化趋势来调整榜单内容。例如从2018年开始，《广州城市治理榜》与水务局开展合作引入广州水务数据，增设子榜单"河长榜"。②这一举动顺应了当年对河湖治理保护的重视，截至2018年6月底，全国31个省（自治区、直辖市）已全面建立河长制，打通了河长制"最后一公里"。③"河长榜"这一榜单的设立可以说是恰逢其时。2020年《广州城市治理榜》又新增数字经济和城市活力评价维度，这次新增设的子榜单与广州城市发展战略的调整紧密相关。2020年，广东省发展改革委公布《广州人工智能与数字经济试验区建设总体方案》，提出建设广州人工智能和数字经济试验区，正式将人工智能与数字经济升格为城市发展的双引擎之一。可以说，榜单的各个指标是根据城市的总体发展战略和社会治理重点议题来设置的，报社将原来所具备的新闻敏锐度运用起来，准确把握了参与社会治理的重点议程。但也因为紧跟"时事热点"，南都的智库生产相比传统智库来说可能操作节奏更快，生产周期更短，发布频率更高。

虽然《广州城市治理榜》是一份自发生产的、旨在提供公共性服务的智库产品，但其间做的实地调研和落地发布活动等环节却给南都搭建起了完备的资源网络，吸引了潜在"客户"的同时也扩大了媒体自身影响力。例如2017年《广州城市治理榜》中广州市越秀区位列榜单第一名，这份榜单引起了越秀区的关注，之后越秀区政府邀请该课题组为越秀区定制研究报告，这

---

① 引自南方都市报记者、研究员赵安然的自述。赵安然.我在南都做研究 [J]. 南方传媒研究，2020 (02): 140-147.

② 汪金刚.南方都市报智库化转型研究 [J]. 新闻与写作，2020 (09): 100-104.

③ 新华社.我国全面建立河长制 [N/OL].(2018-07-17).http://www.gov.cn/xinwen/2018-07/17/content_5307207.htm#1.

是课题组接到的第一份"报告订单"。最终，课题组以实地调研和问卷调查的方式完成了报告，越秀区还采纳了报告中的部分建议。①这一事例恰好说明了媒体在以一种创新的方式参与到社会治理之中。这一报告的牵头人、南方报业2019年度记者赵安然说："（这份报告）向政府给出更多真实的、群众的声音，暴露真实存在的问题，因此，报告给出的建议也是最有力、有用的，成为越秀区改善公共服务的抓手，变成了区长在区政府常务工作会议上的17条工作部署，并且一一落地，促进了旧楼加装电梯、校内课后托管、居家养老等民生问题的解决，《越秀区人类发展报告》是南方都市报首个真正意义上的课题报告，让南都人尝到了做研究的成就感。"②

由记者和编辑等直接转岗过来的研究员在智库研究的专业性上比不上权威的学者专家，因此从外部召集而来的"临时专家团"是南都智库生产中非常重要的人才资源。这些资源一般由资深记者在日常采访中建立稳定联系，或者通过线下调研活动建立合作关系，由此组成智库报告的智囊团。营商环境榜是《广州城市治理榜》的子榜单之一，该榜单的出炉是因为最近几年国家对于深化"放管服"改革优化营商环境的重视。2020年，广州希望被世界银行列入评价中国营商环境的样本城市，在营商环境建设方面下了大力气。③南都正是借助了营商环境榜这个平台，通过采访、调研等方式将政府、企业、相关的研究机构和专家都调动了起来，转化为南都的人才资源库，并由此在营商环境领域深耕下去，将"营商环境"这一课题从《广州城市治理榜》拓展到更广阔的天地，形成一项常规性的研究课题。④

此外，南都搭建较成功且制度化运营下来的专家平台还有"南都教育联盟"，该联盟成立于2017年，是在省教育厅的支持指导下，由南方都市报与

---

① 内容来自南方报业2019年度记者专题。尹来.是一个"爱"做记者的人[N].南方传媒研究，2020 (02):148-149.

② 引自南方都市报记者、研究员赵安然的自述。赵安然.我在南都做研究[J].南方传媒研究，2020 (02): 140-147.

③ 南方都市报.有望列入世界银行评价，广州营商环境4月将迎"大考"[N/OL].(2020-03-10). https://news.southcn.com/node_54a44f01a2/11a8f734cc.shtml.

④ 内容来自南方报业2019年度记者专题。尹来.是一个"爱"做记者的人[N].南方传媒研究，2020 (02):148-149.

各教育局、各高校、中小学校、相关教育学会、企业共同组建而成。①通过这一平台，南都能够更方便地联系专家，产出深度报道，或者邀请专家参与搭建教育评价指数，联手发布各类教育行业的研究报告。

三、结论和讨论

在《布尔迪厄与新闻场域》中译本的序言中，本森和内维尔提出，将场域理论应用于媒体研究，无论是中国还是其他国家，都面临一些共同问题：在何种程度和方式上政治、经济和文化权力的形式是对立或联盟的？在何种程度和方式上新闻记者的实践（正式或非正式的）会折射出在持续寻求自主过程中的外部压力？在何种程度和方式上生产和消费新闻内容的多元方式与植根于阶级、教育、职业、地区或其他类别的社会分层平行或相似？②本章尝试以南方都市报转型做智库为个案，跟上述问题进行对话。

本森曾经指出，媒介场域理论有三个方面的问题。首先，布尔迪厄在具体场域研究中偏重客观结构，对主观功能关注较少；其次，场域理论认为生产者和受众之间存在着同源关系，强调信息由特定的生产者为特定的受众生产，意义即使不总是被完全同意，也是能被理解的。然而在媒介实践中，意义的解码是多元的，且涵盖较多受众类别；最后，场域理论的相对主义色彩较浓，边界具有模糊性，不同研究者对场域的界定各有不同，不具普遍性，且现实中权力的类型多样，却在理论中被还原为单一经济资本，忽视了其他合法权力对新闻媒介的影响。③

（一）媒介场的他律化与创造性遵从

布尔迪厄认为，在商业化压力之下，媒介场的自主性越来越低，不断被

---

① 南方都市报．南都又有大动作！南都教育联盟重磅起航，一系列权威大数据发布，你的母校上榜没 [N/OL].(2017-04-21).https://www.sohu.com/a/135591432_177402.
② [美]罗德尼·本森，[法]艾瑞克·内维尔．布尔迪厄与新闻场域 [M].张斌，译．杭州：浙江大学出版社，2017:10-11.
③ 张斌．场域理论与媒介研究——一个新研究范式的学术史考察 [J].新闻与传播研究，2016(12):38-52.

他律化，不断被自身最他律的一极所控制。①由此，"知识分子在与这种规则的互动中形成了一种特殊的惯习，可称为'创造性遵从主义'（creative conformism）"。严格而保守地遵从意识形态标准是获得"政治正确性"资本的首要前提，但在资本竞争中，简单凭借"盲从"或"效忠"策略未必能够获取优势地位，"个体要在场域中提升自己的地位仍然需要积极介入，仍然需要具备高度的敏感性、创造性、智慧和战略……最具创造性的遵从主义者获得了更多的资本而享有最高的特权；被动型的遵从者默默无闻；而那些'非遵从主义者'或者创造性失误的遵从主义者，则成为场域竞争的牺牲品"。②张志安以传统媒体时代南方都市报为个案，认为其媒介场域的生产策略恰好体现出这种"创造性遵从主义"的典型特征：将来自政治控制的、无法突破的安全底线，"内化"为新闻生产的基本规则，但并不以"盲从"或"效忠"的姿态来获取政治资本，而是以"敏感性、创造性、智慧和战略"来争夺经济资本与政治资本。这种"创造性遵从主义"正是南都媒介场域历史建构过程中典型的生产惯习。③

进入移动互联网时代，当受众接触南方都市报的终端从报纸转向手机，当赢家通吃的平台取代了垂直分布的媒体时，人才和资源纷纷流失，南方都市报面临着转型压力。跟其他权力机构相比，媒体机构的权威性、经济收入从何而来？转型前后，媒介在场域中的位置、与其他权力场的关系有何变化？这始终是媒体转型的核心问题。

媒介场域是他律性较强而自主性较弱的场域，其与政治场之间相对紧密的联系为南方都市报这类传统媒体的转型提供了机遇。在互联网时代，传统媒体与新媒体在受众数量及舆论影响力的争夺中逐渐落于下风，盈利能力下降，因此传统媒体所能获得的经济资本也在逐步减少。为了扭转这一颓势，南都不断尝试新的突破口。作为地方传统媒体，南都既有的优势是仍然掌握

① [美]罗德尼·本森，[法]艾瑞克·内维尔.布尔迪厄与新闻场域[M].张斌，译.杭州：浙江大学出版社，2017:45.
② 转引自张志安.新闻场域的历史建构及其生产惯习——以南方都市报为个案的研究[J].新闻大学，2010(04):48-55.
③ 张志安.新闻场域的历史建构及其生产惯习——以南方都市报为个案的研究[J].新闻大学，2010(04):48-55.

一定的社会资本，包括多年积累的人脉资源和在当地搭建的关系网，那么如何借助既有的社会资本来争夺其他资本？作为一家省级报业集团下属的市场化媒体，相比主报（南方日报）来说，南方都市报承担的政治宣传任务相对较少，因此南都在创刊之后的十余年发展历程中，采取的是"不即不离"的关系原则，使其始终与权力场保持相对距离。①然而在近几年的转型战略中，南都有意"拉近"与政治场的距离来寻求转型契机。从南都的智库转型方向来看，深度参与城市治理的策略即意味着政治服务功能的进一步加强。

从这一点来说，南方都市报自2018年以来的智库转型，跟它在20世纪90年代的市场化转型一样，都是在跟政治场、经济场、文化场等其他场域的互动关系之中，确立自己合适位置的后果。在90年代以来的市场化转型中，南方都市报能够从全国媒体中脱颖而出，那么，当下的智库转型，南方都市报也被寄予厚望。移动互联网时代，南方都市报的转型策略和实际活动遵从了自己在既定媒介场域里的位置。它没有突破更没有试图挑战既定政治底线，它的智库活动也基本吻合一家省级媒体的定位，平行（省级）或向下兼顾（市区级）各个政府职能部门的活动。南方都市报的智库转型转而强化了我国媒体垂直化的权威体系，并把自己纳入相应的基层政府职能部门的活动之中，不仅保证了一定的经济收益，也重新建构了自己的政治地位。在我国，政治场是媒介场他律极的重要影响力量，媒体体现了政府意志，也是国家对社会实施控制的场域。

除了遵从的一面，南方都市报的智库化转型亦有其独特性和创造性，不同于一般的新闻生产或智库生产。在此前有提及，地方媒体的智库建设不同于中央媒体，地方媒体并没有足够的资金支持来重新引进一批专业的智库人才，他们考虑的是如何让报社现有的新闻从业人员在具体工作实践中实现效用最大化，因此不仅要推动报社转型，更要推动全员转型。正因为南都采用了原班人马从事智库生产和研究工作，新闻场域的生产惯习同样延续到了智库生产的流程之中，形成一派"独特景象"。

---

① 张志安.新闻场域的历史建构及其生产惯习——以南方都市报为个案的研究 [J]. 新闻大学，2010(04):48-55.

无论是南都整体的智库建设要求，还是记者转向智库研究的具体实践，都不曾脱离新闻生产的逻辑。南都虽然走向了智库化转型，但仍然重视新闻生产，其采取的策略是智库与新闻生产"双轮驱动"，形成新闻与智库互相反哺的生产格局。以南都深圳新闻中心出品的《马上办》栏目为例，该新闻栏目于2015年10月创办，旨在搭建政府与群众之间的沟通平台，帮助解决当地的民生热点、难点问题。随后，该栏目内容升级并建立较为完善的评价体系，根据政府部门的办事效率、效果、民意反馈公开打分。[①]该栏目就是智库与新闻生产双轮驱动的典型产品，这种操作逻辑催生出"智库型报道""调研式采访"等新名词。

南都有多个智库产品的内容与新闻报道内容之间都存在密切联系，两者可以互相转化。一份数据内容可以反复挖掘使用，达到资源利用的最大化。新闻报道的数据可以收集起来做智库报告，智库报告的阶段性成果也可以写成新闻报道，但无论是新闻报道还是智库报告的公开发布，都是为了扩大媒体本身的影响力。从最终的传播效果来看，这种"新闻+智库"的做法获得了一定成功，2016年6月，时任深圳市委书记马兴瑞致信点赞了《马上办》栏目，信中评价《马上办》"既盯住了民生热点难点问题，又盯住了党委、政府部门履职尽责情况，形成了从发现问题、解决问题到效果评价的良性循环"[②]。2018年5月，《马上办》栏目还入选了广东省新闻媒体优秀品牌栏目。[③]

此外，从记者转型当"研究员"的早期心路历程中也能看到一些传统采访报道经验的痕迹，并且，这些实现转型的"研究员"成功地将新闻报道经验融入智库生产之中。参与《广州城市治理榜》的一位资深记者在自述中说道："'营商环境'这四个字高大上，内涵更深不可测，我该怎么做？总要有个抓手吧，那还是从榜单测评做起、从调研报道做起，至少能把广州营商

①　南方都市报. 南都"马上办"获评广东新闻奖 [N/OL].(2021-08-14).https://xw.qq.com/cmsid/20210728A0E7W100.

②　南方都市报. 南都深圳大事记 [N/OL].(2020-06-29).http://epaper.oeeee.com/epaper/H/html/2020-06/29/content_18247.htm.

③　南方都市报. 南都深圳大事记 [N/OL].(2020-06-29).http://epaper.oeeee.com/epaper/H/html/2020-06/29/content_18247.htm.

环境现状的'老底摸清'。"①从这些心理描述中可以看到记者起初对研究领域的认识不足，凭借自身多年的采访报道经验操作选题，之后才渐渐与研究机构、专家建立起了联系，形成了可操作的指标体系。

（二）智库化转型的未来

在互联网时代，公众对媒介传播的依赖性实质上在逐渐提高，公众获取信息的主要途径仍然是媒介传播，只是不拘泥于传统媒体，新媒体在信息流通和互动中占有重要地位。在新媒体时代，政府和企业以常规工作信息和正面成就信息为主的宣传所能取得的效果，和其设想之间存在差距，主流媒体的大力气宣传往往化作对社会影响甚微的"飞沫"，这是因为受众在新媒体时代中获取信息更为主动，质疑精神更强，需要平等对话的空间。这一方面颠覆了政府控制媒体来操控社会舆论的管理方式，另一方面打破了传统的以政府为核心的一元管理格局。②此外，新媒体的蓬勃发展也产生了一些消极影响，如碎片化信息泛滥，利用网络大肆宣传不利于政府的非理性言论；信息茧房的效应加剧群体极化。③

在社会治理面临复杂挑战的今天，正因为新媒体与传统媒体在内容生产和制度体制上呈现出一定的差异性，才为传统媒体的智库化转型提供了一定的发展空间，从对"速度"的追求转为对"深度"的追求，试图以深度优质内容重新找回被削弱的话语影响力。④当然，以地方媒体为代表的媒体型智库与传统意义上的智库存在一定的差异，尤其是在发布的产品形态方面，媒体型智库显得更加丰富。例如由南都首席编辑黄海珊牵头的粤港澳大湾区工作室，除了发布智库观察报告外，还基于已有内容资源打造了音频产品"湾区财富3分钟"，以及收费会员服务"湾姐朋友圈"；南都鉴定评测课题组则推出了"南都优选"小程序、南都质量公开课等衍生产品，进一步拓展了智库

① 引自南方都市报记者、研究员赵安然的自述。赵安然.我在南都做研究 [J]. 南方传媒研究，2020 (02): 140-147.

② 黄河、王芳菲.新媒体如何影响社会管理——兼论新媒体在社会管理中的角色与功能 [J]. 国际新闻界，2013 (01): 100-109.

③ 段连敏.新媒体政治传播功能研究 [D]. 大连：辽宁师范大学，2019.

④ 席莉莉.都市媒体智库化转型路径研究 [D]. 广州：暨南大学，2019.

成果的运用场景。①也许正是因为媒体在策划报道、宣发渠道上的专业优势，才使得智库产品的效用达到了最大化。相比其他智库来说，媒体在传播力和连接力上更占优势。因此，考虑到其智库生产在内容、性质、意义上都和传统智库有所不同，未来可能需要对此类媒体型智库给出新的解读及定义。

媒体智库化转型过程中呈现出的另一特点就是打破了"唯流量论"，智库生产的考核模式既摆脱了过去的计件薪酬制，也不再受制于在互联网时代下各家媒体拼命追逐流量的大环境。由于采编人员通常兼具"记者+研究员"的双重身份，他们既可以通过高流量的新闻报道获得报酬奖励，也可以通过出品一份优秀的智库报告来获得社会的认可。媒体智库生产的重心在于参与社会治理和社会行动，以参与者的身份发挥影响力。因此，对于课题研究人员来说，如果这个报告成果能够精准影响到政策制定者或者行业决策者，才真正体现了这份智库报告的价值和意义。对于参与智库化转型的新闻从业人员来说，他们有一套更全面、均衡的综合评价体系，但也从另一方面表明，这套评价体系对他们的能力提出了更高的要求。

媒体拥有跟社会资源、政府部门长期打交道的经验，社会资本丰富，擅长制作优质深度内容，长期以来，我国媒体也承担了社会责任感和为公众服务的职能，因此，转型做智库，对南方都市报来说，门槛并不高，在各种可能的转型路径中，南方都市报结合自身资源，选择了一条跟新闻属性渐行渐远的道路。与专业智库机构相比，南方都市报转型做智库，发挥了其自身特色。它不再追求普罗大众的需求，转向社会精英人群；放弃以量取胜的流量思维，追求优质智库内容；追求去媒介化，深度参与社会治理。我们很难现在就对南方都市报智库转型做出评价，然而，这一转型为其他媒体提供了多样化的选择和思路，成为当下我国媒体转型的现实路径之一。

（陈阳，中国人民大学新闻学院副教授；李宛真，中国人民大学新闻学院博士研究生。）

---

① 王海军，王卫国. 强化双轮驱动 构筑五大序列——南方都市报智媒转型的机制创新和考核管理 [J]. 中国记者，2020 (02): 98-100.

路径、组织与市场：近十年自媒体的"媒体化"趋势分析

付麟雅　龚彦方

【摘要】

近十年，自媒体的发展超越了传统精英主义范式，将公民从被动的"消费者"变为主动的"参与者"，并演化出职业化的自媒体。本文从新闻生产机制的路径依赖出发，梳理出自媒体"媒体化"进程中议程反向、内容策展及关系重组的特质。在此基础上，自媒体经由资本、市场及权力的交互作用完成了组织化架构"再中心化"，这种重构透露着自媒体的竞争性选择，既在双边市场的逻辑下保有并创新着原有盈利模式，也增加了场景以成为互联网的"底层商业逻辑"。

【关键词】

自媒体；组织架构；媒介化；商业模式

"自媒体"最早出现在美国新闻学会媒体中心关于"We Media"的研究报告中，Bowman与Willis将"自媒体"引入类媒体概念的范畴，并在前言部分将"We Media"界定为普通市民通过数字科技连接全球知识体系，提供并分享他们真实看法、自身新闻的途径。[①]随后，Dan Gillmor以"the people"等集合概念进一步将"We Media"置于民主理论的话语构形中。[②]

---

① Bowman Chris S .We Media: How audience are shaping the future of news and information[J]. VA:The Media Center at the American Press Institude,2003.

② Dan Gillmor. We the media: The rise of citizen journalists[J]. National Civic Review,2004,93(03).

作为舶来品，中国自媒体从博客发端，兴起于微博、微信等社交平台，现又繁荣于抖音、快手等短视频平台。本文通过梳理近十年来的研究文献，以期发现自媒体在"媒体化"过程中的路径、自媒体为此而生成的组织架构以及所呈现出来的商业性特质。由此，本文通过研究近十年自媒体的媒体化实践，尝试讨论三个研究问题：从新闻生产机制的路径依赖出发，自媒体的"媒体化"过程有何特质？在移动互联网创设的传受情境下，自媒体的组织化架构是如何形成的？在互联网媒体信息市场中，自媒体的"媒体盈利"模式又有哪些创新？

一、破坏式创新：自媒体"媒体化"进程的三大特质

著名经济学家熊彼得（Schumpeter）将"创新"视作一种不断破坏旧有、创造新生的动力机制，即"创造性破坏"（creative destruction）。从更为清晰的角度来看，克里斯坦森在其书中进而提到破坏式创新，详细阐述新兴事物最初如何被主流所忽视，又如何快速成长，最终挤走原先事物而变成流行。[①]在技术赋权下，自媒体作为新兴媒体力量不断朝着"媒体化"的方向发展，这本质上也是对传统新闻生产模式的一种破坏式创新："破坏"是自媒体不再满足于传统媒体程式化的报道文体，因而既打破了原有话语体系，又蚕食了既有机构的用户，建立了全新的认知论权威；[②]"创新"则是自媒体通过自身的新闻生产实践，延展了原有的内容边界，以分流的形式满足不同用户的消费需求，从而重塑了信息传播生态。[③]

---

① [美]克莱顿·克里斯坦森，[美]迈克尔·雷纳.创新者的解答[M].李瑜偲，林伟，郑欢，译.北京：中信出版社，2013.
② 常江，杨惠涵.告别客观性：介入性与数字新闻专业性[J].全球传媒学刊，2023,10(01):148-159；王辰瑶，范英杰.打破新闻：从颠覆式创新理论看BuzzFeed的颠覆性[J].现代传播，2016,38(12):35-39.
③ 张志安，汤敏.新新闻生态系统：中国新闻业的新行动者与结构重塑[J].新闻与写作，2018(03):56-65.

（一）自媒体议题设置的反向性

在麦库姆斯和肖所界定的大众媒介"议程设置"研究中，学者们认为是大众媒介在直接影响民众"想什么"和"怎么想"。随着自媒体进入公众视野，韩国学者Kim和Lee对"议程设置"再次进行阐释，并认为受众在网络上讨论的话题不再受传统媒体所牵制，公民个体通过网络平台能够实现自下而上的议题设置，此种关系属性使得受众能够有选择地"走出来并参与其中"（out and about）[①]。

在此基础上，国外学者开始注意Twitter、Facebook等自媒体平台，[②]并发现反向议程设置在公民政治参与中更为集中和凸显。[③]此外，Vargo等人在对美国总统大选期间的自媒体监测中发现，自媒体不仅能够更真实地反映民意形成反向议程设置，这些议题也能够影响传统媒体的报道。[④]同样，国内近十年反向议程设置及相关舆情事件，也进一步验证了周葆华提到的舆论研究的两条"河流"：第一个角度以单一时间的特定事件为截面，通过测量民意而观察自媒体所呈现的"大众意见"；第二个角度则认为这些议题的产生与发展是动态的社会化过程，该视角能够有效地补充前者因分散而导致的聚合力不足的局限性。[⑤]在后者的理论基础上，王晗啸等人以非介入的数据收集方式整合了2018年的80个微博舆情事件，并按照财经、社会、娱乐等8个主题进行分类，发现在特定主题内自媒体的议程设置发挥着不可忽视的作用，且政务微博、自媒体以及传统媒体的议题存在相互关联性。[⑥]这意味着新闻议题设置主体的多元，促使议题在信息传播中呈现双向、多向甚至交叉的可能性。

---

① Sung-Tae Kim,Young-Hwan Lee. New Functions of Internet Mediated Agenda-Setting : Agenda-Rippling and Reversed Agenda-Setting[J]. Korean Journal of Journalism & Communication Studies,2006,50(03).

② James G. Webster,Thomas B. Ksiazek. The Dynamics of Audience Fragmentation: Public Attention in an Age of Digital Media[J]. Journal of Communication,2012,62(01).

③ Gilardi Fabrizio,Gessler Theresa,Kubli Maël,Müller Stefan. Social Media and Political Agenda Setting[J]. Political Communication,2022,39(01).

④ Vargo C J , Guo L , Mccombs M ,et al.Network Issue Agendas on Twitter During the 2012 U.S. Presidential Election[J].Journal of Communication, 2014, 64(02):296-316.

⑤ 周葆华.网络舆论过程与动态演化：基于计算传播研究的分析 [J].西北师大学报（社会科学版），2019,56(01):37-46.

⑥ 王晗啸,于德山.微博平台媒介间议程设置研究——基于2018年舆情热点事件分析 [J].新闻大学，2020(06):82-96+125.

毋庸置疑，自媒体已成为多元新闻行动者网络的重要组成部分，其通过反向的议程设置不仅完成了新闻生产的去媒体化和去专业化，推动新闻生产从职业行为向文化行为的转变，[①]更标志着媒介权力的真正下放，实现对规范性控制的打破。

（二）自媒体内容策展的协作性

互联网权力下放使得信息从稀缺走向爆炸，相似且冗杂的内容促使消费者开始产生倦怠情绪，并催生了他们对相对开放、系统的信息秩序的渴望。[②]在新闻机构不断出让控制权的同时，自媒体也化身"内容池"的策展人，基于自身已有的认知和经验对"内容池"里的热门信息进行研判，并以"策展"（curation）的方式将具有真实意义的信息进行梳理和呈现，进而展开"现场感知—选择呈现—整合展示"的内容策展。[③]

由此可以说"策展"是一种大范围的公民社会参与，自媒体通过相互联结，创造出公众共通的内容与意义，从而实现知识和思想的共享。正如保罗·莱文森所言，公民在互联网上发布信息的同时，自身也会成为互联网的信息内容，成为关注与被关注的信息节点互动的环节。[④]不同于专业新闻机构"策展新闻"所追求的效果最大化和有选择性，自媒体的"策展"并非完成的结果状态，更需要无数自媒体对特定新闻事件进行多角度的"缝补"，由此，"协同合作"就成了自媒体新闻生产的独特的亮点。正如Bruns A.提到的"协作性新闻策展"（collaborative news curation），即真实、优质内容的聚合以及相互联结的弱关系，自媒体的参与程度直接影响着策展内容的完整

---

① 蔡润芳，汤乐盈."竞争性选择"：两种形式下商业自媒体的专业理念"重构"——基于对"当下频道"的田野调查研究[J].新闻记者，2021(11):28-40.

② 邓建国.筛选与呈现：信息疲劳背景下的移动内容传播新趋势——以雅虎新闻摘要与NYT Now为例的分析[J].新闻记者，2015(06):16-24.

③ Lui D. Public Curation and Private Collection: The Production of Knowledge on Pinterest.com[J]. Critical Studies in Media Communication,2015,32(02);仇筠茜.新闻策展："微媒体"环境下突发新闻报道及伦理分析——以美国马拉松爆炸案报道为例[J].国际新闻界，2013,35(09):123-130.

④ [美]保罗·莱文森.新新媒介[M].何道宽，译.上海：复旦大学出版社，2014:293.

度。①例如，在河南暴雨期间，在上海读书的河南籍大学生Manto于7月19日晚创建了《待救援人员信息》，这份"救命文档"仅一天时间便更新了270多个版本，访问量超过250万次，充分发挥了异时、异地的行动者的能力，完成了线上动态协同创作与线下核查信息的闭环。这份共享文档便是"协同性新闻策展"的直接体现，文档中任何单一信息都可以成为专业机构所设置的独立新闻，但这种聚合的方式不仅为救援提供了真实信息，也创造了更加接近真实世界的"即时仿真图景"，完成了颠覆传统的信源革命。②

在平台可供性视域下，由自媒体搭建起的"信息长廊"能够展示出协同化的策展模式，并在短短几分钟内传播、互动、质疑和核查，以公开的方式完成了交叉验证，为新闻真实性做了最现实的担保。

（三）自媒体重构"新闻与社会的关系"

舒德森曾指出，媒体作为一种文化，已经从专业主义转出，文化的潜台词则是个性主观的彰显，以及大规模的业余化。如何理解互联网环境的媒介逻辑及其文化偏向，这些问题指向作为社会文化的新闻面临何种内在转变。③

在聚焦"自媒体"相关研究时，"新闻专业主义"常常成为伴随词，国内学者普遍认为，自媒体的出现挑战并重构着"新闻专业价值"，并直指自媒体独特的"介入性"替代传统新闻业所坚守的"客观性"。④吴飞也提到"新闻专业主义"的实质受到社会对新闻活动的基本诉求和新闻行业内部运行的共同影响，仅依靠客观新闻机构提供的第三方阐述视角已经难以满足大众的信息需求。⑤正是在这种背景下，由自媒体所主导的信息分享行为以"知识分享"和"主观导向"的特色为社会多元化特征提供了更多张力：一方面，在提升全民科学素养的政策推动下，以知识"断点"的方式形成强有力

---

① Bruns A. Gatekeeping, gatewatching, real-time feedback: new challenges for Journalism[J]. Brazilian Journalism Research,2011,7(02).
② 徐笛，许芯蕾，陈铭.数字新闻生产协同网络：如何生成、如何联结[J].新闻与写作，2022(03):15-23.
③ 常江，杨惠涵.告别客观性：介入性与数字新闻专业性[J].全球传媒学刊，2023,10(01):148-159.
④ 潘忠党，陆晔.走向公共：新闻专业主义再出发[J].国际新闻界，2017,39(10):91-124.
⑤ 吴飞.新媒体革了新闻专业主义的命？——公民新闻运动与专业新闻人的责任[J].新闻记者，2013(03):11-19.

的知识图谱供给给大众，横跨各大专业领域帮助知识共享、谣言化解以及认知提升①；另一方面则是基于不同缘趣圈层，实现了互联网场域的重新"部落化"。②

在上述反思的基础上，围绕"新闻与社会关系"的讨论也在解释自媒体的"介入性"：一是从传统新闻从业者角度审视自媒体介入事实的"合法性"，近几年，"解困新闻学"（solution-based journalism）逐渐替代传统的"冲突新闻学"（conflict-based journalism），媒体开始放弃"第三方"的身份不断嵌入公民生活成为"引导者"③，自媒体对特定事件的价值倾向同样可以被看作一种类似的协商路径；二是在"客观性"遭到挑战时，"透明性"可以成为替代概念，此时的自媒体不仅仅是新闻采集的内容提供者，更是新闻事实的外部监督者④；三是通过主张自媒体充分参与新闻生产，从而以公民新闻形式去实践参与式民主，以此形成新型新闻消费文化。⑤

二、去中心化下的自媒体组织化架构

在上文我们探讨了自媒体时代"新闻与社会的关系"的再界定，也看到自媒体从初期的散兵游勇、中期的协同创作，发展到如今专业化水平不断提高。这也代表着一大批自媒体正朝着专业化、职业化的趋势发展，从而形成一种新的规范性控制。由此新一轮资本组合、市场分割以及权力分配开始显现，并形成再中心化。

---

① 喻国明，刘彧晗.从信息竞争到认知竞争：策略性传播范式全新转型——基于元传播视角的研究 [J].现代传播（中国传媒大学学报），2023,45(02):128-134.
② 师曾志，李堃，仁增卓玛."重新部落化"——新媒介赋权下的数字乡村建设 [J].新闻与写作，2019(09):5-11.
③ 于泓洋.让媒体解困的"解困新闻学"——基于美国"解困新闻学网络"报道内容的分析 [J].新闻记者，2016(01):50-55.
④ 夏倩芳，王艳.从"客观性"到"透明性"：新闻专业权威演进的历史与逻辑 [J].南京社会科学，2016(07):97-109.
⑤ 龚彦方，王琼慧.从参与到互惠：互联网媒介域新闻创新的路径探索 [J].现代传播（中国传媒大学学报），2018,40(10):52-57.

（一）内容生产机制"专业化垂直"

"垂直专业化"（Vertical Specializing）这一概念最早出现于约20世纪80年代，经济学家们将"垂直专业化"界定为各个国家只在某个连续的特殊阶段进行专业化生产，以此来实现贸易增长和品质提升。①同样，在各媒体竞合关系所提供的话语形构中，自媒体若想快速斩获并留存一大批用户，就需要迎合内容消费者标签化和集群化的特点，进而在特定领域内生产专业性的信息和内容。②

学者们普遍认为，以往的知识生产和传播是精英化的，尤其是工业革命之后，自觉按分工原则建构了分科式的知识体系，但在"微粒社会"中，个体之间的连接能力打破了以往的格局，也标志着"专业化分布式"媒介内容生产方式的到来。③方卿等人通过汇总国内四大自媒体平台，发现自媒体在近几年纷纷走上了垂直专业化的道路，这也使得平台和自媒体获得了稳定的流量并完成变现。④除了对平台的汇总以外，学者们还专注于各大垂直领域的头部自媒体账号，发现其内容生产者有两种：一种是曾经被大型媒体公司所"释放"出来的专业新闻人才，这类自媒体账号往往更愿意挖掘内容的深度；⑤另一种则是各行各业的专业人士，他们既有本行业的专业知识，也具有信息转码能力，他们如同知识中介（knowledge intermediaries）一般促进跨越专业边界的知识信息流通和扩散。⑥在处于竞争比较充分的信息环境中，当技术、社会资源和传播平台等"外生比较优势"天生不明显的前提下，自媒体的"虚拟编辑部"比较完整地呈现了当代新闻传播信息"施为性"传播过程

---

① Hummels D,Ishii J,Yi K. The nature and growth of vertical specialization in world trade[J]. Journal of International Economics,2001,54(01).

② 王晓红，董鑫.垂直媒体的内容生产模式及启示——以 Vox Media 为例 [J]. 青年记者，2018(10):44-46.

③ 邓建国．"专业化分布式"新闻生产时代的到来？——自媒体的挑战与机遇 [J]. 新闻记者，2013(08):22-29；龚彦方.基于"内生比较优势"的专业化重构：当代新闻生产机制研究——来自某自媒体"虚拟编辑部"的田野调查 [J]. 现代传播（中国传媒大学学报），2016,38(12):62-66.

④ 方卿，占莉娟.垂直领域知识付费崛起的原因及发展策略 [J]. 现代出版，2019(02):16-20.

⑤ 邓建国．"专业化分布式"新闻生产时代的到来？——自媒体的挑战与机遇 [J]. 新闻记者，2013(08):22-29.

⑥ Schlierf K,Meyer M. Situating knowledge intermediation: Insights from science shops and knowledge brokers[J]. Science & Public Policy,2013,40(04).

和"交互性"传递过程，初步形成了自身的"内生比较优势"①。

（二）"制""播"分离：传播平台化策略

张洁等人在界定互联网媒体的新模式时提到，在平台媒体的组织化结构中，自媒体其实承担着内容供应商的角色，而平台的价值则是将这些内容信息进行呈现和传播，以此形成"制播分离"的结构形式。②尽管找准垂直领域并确保内容质量可以保证后期流量的增长曲线趋于平稳，但不容忽视的是，自媒体在"制播分离"的环境下，为了确保自己"走出去"，就需要兼顾不同的运营思路。

在近几年的"数字劳工"课题研究中，学者们就指出自媒体与平台的关系更倾向于以"算法"和"扶持"来联结，即双向的运营思路：一方面，自媒体需要以"标签"的形式不断贴合潮流和热点，以期获得平台的青睐；另一方面，平台为了留存大量的免费内容生产者，也时常推出"扶持"计划。③从更细致的角度来看，自媒体还面临着多重困境。一是平台审核机制，与自建渠道不同，自媒体大多依托网络平台分发内容，而平台采取"机器+算法"的审核机制从而实现"把关"，但现有平台的审核技术、机制和责任归属等并不健全，这会在一定程度上促使自媒体需要根据对象属性不断调整自身的行为规范。二是分发价值，具体指不同级别的内容配备不同的运营策略，以实现内容价值和分发价值的效果最大化。这里表面的运营对象是粉丝受众，其实底层思路还是希望能够被平台认可并加以推荐的。三是情绪传播的双刃性，蔡润芳等人认为，大众对自媒体的耐心并不多，自媒体不仅需要迎合网络情绪"蹭热点"，也很容易深陷非理性话语场域中成为众矢之的。

从上述研究中可以看出，自媒体不仅需要采取运营策略将潜在用户变成目标受众，也需要与平台建立起友好的关系，确保既要符合平台审核逻辑，

---

① 龚彦方.基于"内生比较优势"的专业化重构：当代新闻生产机制研究——来自某自媒体"虚拟编辑部"的田野调查[J].现代传播（中国传媒大学学报），2016,38(12):62-66.
② 张洁,凌超.传媒产业新模式——"自媒体"的经济学分析[J].产业经济评论，2015(05):56-65.
③ 吴鼎铭.网络"受众"的劳工化：传播政治经济学视角下网络"受众"的产业地位研究[J].国际新闻界，2017,39(06):124-137.

又要贴合平台所提供的流量，以此来快速地进入流量池中。

（三）边界模糊：去科层化下的新闻组织创新

数字新闻业的到来模糊了新闻工作的边界，也被认为是新闻发展所面临的最大危机，但在市场自发调配下，新闻工作劳动结构逐渐转向以"协作式生产"和"弹性用工"为特征的后工业社会。[①]也就是说，曾被认为规模化采集、科层制运作以及组织化管理的新闻业正在不断被消解。

在内置森严的科层制体制下，传统媒体因"职责同构"的制度困境以及"横向交流"的成本压力，往往在自上而下的传播体系中更能大展拳脚。而自媒体则更适合于自下而上、平行扩散的传播模式，由此在一定程度上能够克服科层制的传播困境，有效降低传播的层级，从而实现"去科层化"。[②]一方面自媒体能够让分散的人们迅速组织实现"协作式生产"，对某一特定的事情提供素材、发起动员，这种模糊的组织边界能够绕过中间层，实现自下而上的直接传递，反而提高了自媒体的资源配置和运行的效率；另一方面，自媒体的劳动关系也更具有临时性，在"弹性用工"的推动下，自媒体常采用外包的形式，以项目签约自由职业人的方式盘活网络社会资源，减少团队管理和人工维护的成本，促成内容生产更为专业，即寻找专业的人做专业的事。[③]自媒体组织通过创新而产生了"平等互惠"的参与式生产机制，包括"去制度化"的制度设计以及业余者的"主体性"参与，这种互惠共生的关系促生了新闻社群的实践理性；合约的选择自由提供了合理的制度安排；参与者的后果评价令创新获得了合法性支撑，自媒体的组织创新显示在互联网媒介域中，"新闻专业性"并非简单被瓦解或替代，而是趋向建构更具包容性的"新闻专业文化"。[④]

在自媒体的组织逻辑中，多元主体的竞争与广泛的信息采编促使其不得

---

① Standing G .The Precariat: The New Dangerous Class[M].London:Bloomsbury,2011.

② [英] 安德鲁·查德威克 . 互联网政治学：国家、公民与新传播技术 [M]. 任孟山，译 . 北京：华夏出版社，2010.

③ 夏倩芳，李婧 . 媒体从业者的劳动权困境及其形塑机制 [J]. 学术研究，2017(04):43-55+177.

④ 龚彦方，王琼慧 . 从参与到互惠：互联网媒介域新闻创新的路径探索 [J]. 现代传播（中国传媒大学学报），2018,40(10):52-57.

不选择成本更低廉的组织形式，也正是借助互联网的离心和分散作用，自媒体才能不断演化出"项目制""扁平化"等组织化特性。

三、自媒体的市场逻辑：包括但不限于"媒体化"

互联网场域中的内容生产更接近于自由市场经济，因而对自媒体的"媒体化"趋势的研究置于"后工业、创业与非典型工作"的语境中，[①]关注双边市场的工具理性：消费者在多元选择的信息环境中，对自媒体要求从内容效用延伸到服务；广告商则觊觎自媒体所联结的用户，希望挖掘其潜在商业价值，这两者共同为自媒体提供源源不断的盈利思路。

（一）媒体经济与O2O的复合模式

新闻业和平台经济在"二次售卖"上有着天然的相关性，在20世纪60年代，麦克卢汉曾提出媒体连接了消费者和广告商，从而提出"二次售卖"的概念。此后，皮卡德以"二元产品市场"理论进一步阐释了"二次售卖"的理论，并认为媒介生产内容产品赢得受众，而服务市场将这些受众的注意力资源打包出售给了广告商。[②]近几年国内外所研究的"注意力经济""眼球经济""影响力经济"等都基于对"二次售卖"的本质认识出发。

从这个角度来看，大多数自媒体的商业模式其实是建立在免费信息上的合理垄断，自媒体提供了一次售卖的内容价值，而用户则让渡了二次售卖的流量价值。在这种模式下，自媒体可以发挥自身的渠道属性，并不直接生产商品，而是以品牌背书的身份为广告主提供引流服务，常见盈利模式包括广告植入、软广以及链接嵌入等多重形式。

除了常见的盈利方式，学者们也关注到了自媒体线上营销带动线下消费的O2O模式。龙思思认为，大多数头部自媒体本身就是某个垂直领域的意见

————————

① Deuze M,Witschge T. Beyond journalism: Theorizing the transformation of journalism[J]. Journalism,2018,19(02).

② [美]罗伯特·G·皮卡德.媒介经济学[M].赵丽颖，译.北京：中国人民大学出版社，2005.

领袖，这就可以与该垂直领域的商业机构形成联动，从而完成从线上广告到线下邀约的变现。[①]由于自媒体内容营销与消费者品牌人格感知有着内在关联性，自媒体在具备一定的粉丝基础后，即使跳出原有垂直领域，也能与各大品牌之间形成跨界联动，如出席活动、品牌代言甚至是参与节目录制。[②]

自媒体不仅是信息的载体，也在信息传播的过程中凝结出独有的品牌价值，实现用户价值向自媒体品牌价值的流转。但仍需注意的是，不加甄别地承接广告将会反噬自媒体的品牌影响力，自媒体应多方考虑流量配置、用户消费习惯等方面，避免过度营销。

（二）半开放或全开放的社群经济模式

在互联网商业模式驱动下，自媒体的垂直化属性促使其率先尝试半开放或全开放的社群经济模式，在社群提供了以"缘趣""圈层"为连接的新型聚合后，用户的消费需求逐渐显现出来，突出表现为以知识内容为导向的精准化、定制化服务。

这种由社群所带来的强关系属性引导自媒体开启了付费制度，本文按照付费获取的内容属性将社群经济分为三类：一是以内容为导向的会员付费，尽管不少学者提出了用户对内容免费模式的思维惯性，但在信息超载（information overload）的当下，信息成为一种新型拥挤现象（crowding）使得用户希望通过内容付费的方式解决注意力匮乏的问题；[③]二是以知识为导向的课程付费，此类付费制度更多与平台合作，如喜马拉雅推出的"大师课"、知乎Live的付费专栏以及直播讲座，此时的消费者不仅包括共同"缘趣"的用户，也有潜在的自媒体的创作者、运营者；三是以电商为导向的服务消费，此类模式已跳出自媒体垂直内容，与不同品牌方合作形成新型延伸业务，进而搭建自媒体、社群与品牌方之间的"品牌社群"，以"逻辑思维"为例，其与各大品牌方建立的合作关系，构建了"自媒体—社群—产

---

① 龙思思.自媒体营销价值与盈利模式分析——以微信公众号为例 [J].当代传播, 2017(02):84-87.
② 贺爱忠，蔡玲，高杰.品牌自媒体内容营销对消费者品牌态度的影响研究 [J].管理学报，2016,13(10):1534-1545.
③ Thomas H. Davenport,John C. Beck. The Attention economy[J]. Ubiquity,2001,2001(May).

业"的价值链。①

实证研究还发现，社群经济的关键并不在于社群人数的多少，而在于社群影响力，包括消费者的情感驱动、社群的背书以及自媒体的个人魅力等内容。未来的社群经济并不一定需要以用户体量来完成规模效应，而应该注重搭建社群内部的社会关系网络。

（三）自媒体作为互联网的"底层商业逻辑"

自媒体的场景孵化主要来自"商业主义"的不断演化和革新，在分食传统产业的商业利益后，自媒体也必须不断寻找新的盈利模式。近几年，直播带货便成为自媒体的新型盈利增长点。直播带货主要指以视频直播的方式推介商品，并实现线上即时的交易行为。不同于明星代言的阶级隔阂感，在全民狂欢的直播带货媒介景观中，自媒体以草根性的身份占据着直播带货的大量市场份额，这种自媒体间"弱连接"和社群"强黏性"的属性，能够将长尾效应发挥到极致。②

近几年在直播带货领域，强化头部效应是平台普遍认可的盈利方式。郭全中等人在对各大平台直播带货进行对比后，提出各大平台头部主播的孵化模式有着相似的底层逻辑，主要将主播个人私域流量转化为直播带货公域交易。③从零售的本质出发，王宝义认为依托这种头部效应有着天然的流量优势，不仅能够展现成本优势，头部自媒体还具备"种草效应"，有效促使C2B（个人需求直达供应商）、C2M（个人需求直达制造商）的实现。④

但被忽视的是，自媒体能发展为某一领域的头部还在少数，从现实角度来看，不少小有名气的自媒体也与以快手为代表的平台建立了合作关系，致力于挖掘下沉市场的消费需求。据2022年快手财报显示，直播业务收入由2021年同期的88亿元增加13.7%至2022年第四季度的100亿元，而其中不乏新

---

① 吴超，饶佳艺，乔晗，等.基于社群经济的自媒体商业模式创新——"逻辑思维"案例 [J].管理评论，2017,29(04):255-263.
② 沈宝钢.直播带货商业模式探析及其规范化发展 [J].理论月刊，2020(10):59-66.
③ 郭全中，刘文琦.电商平台与短视频平台直播带货的比较研究 [J].传媒，2022(09):49-52.
④ 王宝义.直播电商的本质、逻辑与趋势展望 [J].中国流通经济，2021,35(04):48-57.

鲜的面孔。在直播带货作为电商发展新风口的同时，下沉市场中不仅有等待被挖掘的大众，也有因被主流市场忽视而取得盈利的自媒体。

四、结语

短短十年左右，自媒体从社交媒体的本源性属性演变成集社交性、商业性、社会性与媒体性于一体的互联网产物。尤其值得关注的是，在经历过"收编"与"靠拢"之后，自媒体与传统新闻机构共同"编织"着内容传播网络，形塑着一种以用户为导向、以点击率为驱动的软性新闻业。也就是说，自媒体在迭代的同时，也迈向了与传统媒体形成鲜明差异的"互联网媒体化"的历程，我们能够窥见自媒体对传统新闻生产的传承，但更多地也对后者形成了挑战与颠覆。

作为透视现代社会发展的一种新闻生产方式，自媒体的多面性、释惑性接替了传统媒体的局限性、瞭望性。原本是局外的观察者开始介入事件的发展中，公众不再以"缩影"的群像身份出现在信息传播中，而是通过自媒体将传播的个人主义发挥到最大。在价值理性耦合了工具理性之后，以网络为元结构的自媒体时代促使新闻生产不再神秘，自媒体"媒体化"的趋势也逐步重塑着人们接受和理解信息的能力。

（付麟雅，中山大学新闻传播学院2020级新闻与传播专业硕士研究生；龚彦方，中山大学新闻传播学院副教授。）

媒体融合背景下政务新媒体发展创新的十年

胡诗然　张志安

【摘要】

本文以政务新媒体为主要分析对象，对过去十年媒体融合背景下党和政府在互联网和新媒体平台上的宣传工作进行了梳理和总结。首先，我们根据不同时期政务新媒体的发展状况、趋势以及党和政府相关政策和意见指导，将过去十年政务新媒体的发展分为三个阶段：2012—2015年，兴起与快速发展阶段；2016—2018年，深度融合发展阶段；2019年至今，健康有序发展阶段。其次，本文分析了不同因素主导下党的宣传工作呈现的变化及特点。在政治、经济、技术等多重因素主导下，党的宣传工作从过去较为单一的宣传功能发展到政务新媒体的集宣传、服务、治理为一体的多功能属性，党和政府的宣传工作增加了多元化的软宣传；在技术因素主导下，党的宣传工作呈现出宣传渠道和传播方式与时俱进、不断创新的发展特点。

【关键词】

新媒体宣传；政务新媒体；政策；发展阶段；发展特点

新媒体和数字技术的不断发展极大地改变了人们信息消费的方式和习惯。面对海量的信息，人们有了更多的主动权去进行个性化的信息选择和消费，不像传统媒体时代，人们接收讯息的方式相对被动和单一。[①]与此同时，

---

① 张涛甫.传播格局转型与新宣传[J].现代传播（中国传媒大学学报），2017,39(07):1-6.

信息技术的更迭也为当权者的管理和控制带来了极大的挑战。[1]一方面，由于网络信息的海量性和多元性，那些原本就对政治不感兴趣的人进一步减少了对政治信息的关注，[2]从而加大了党和政府对公众进行政治宣传和舆论引导的难度；另一方面，由于网络信息鱼龙混杂，含有大量虚假信息、非理性信息，甚至是有害信息，容易损害公众的切身利益，或者带来非理性的群体行为或信息安全风险，从而加大了党和政府维护社会稳定和国家长治久安的治理难度。[3]

在这样的背景下，党和政府顺应时代潮流，积极面对信息技术带来的挑战，出台了一系列政策和措施，要求各级主流媒体不断推进媒体融合，要求各级党政机关加快更新宣传技术、手段和方式，以加强对公共舆论和社会稳定的有效管理和控制。本文将对中国近十年的新媒体宣传工作的发展和演进进行梳理和分析，主要从政策理念、发展趋势、影响动力、表现与特点等方面展开分析，帮助人们更好地了解近十年中国新媒体政治传播的发展、变化与特点。

一、政务新媒体的发展趋势：兴起与快速发展、深度融合发展、健康有序发展

2009年8月，新浪微博推出内测版，成为国内第一家微博网站，吸引了大量用户的使用和关注。2010年，腾讯、网易、搜狐等网络纷纷开通微博服务。2010年也被称为微博元年。微博由于既具有信息公开发布的功能，又具有一定的社交属性，很快成为一个重要的信息集散地。2011年，各地政府为了更好地引导舆论、加强治理，纷纷入驻微博，开设官方政务微博账号，进行政务信息发布。据统计，截至2011年11月初，通过新浪微博认证的各领域

---

① Benoit L, Holbert R. Political Communication [M]//C. Berger, M. Roloff , D. Ewoldsen,et al. The Handbook of Communication Science. CA:Sage, 2010:437-452.
② Baumgartner C, Morris J. MyFaceTube Politics: Social Networking Web Sites and Political Engagement of Young Adults[J]. Social Science Computer Review, 2010, 28: 24–44.
③ 何杰，朱美玲，胥月，等. 网络社会安全风险评估与治理研究——一项基于指标体系和安全数据的区域比较研究 [J]. 情报杂志, 2019, 38(01):8.

政府机构及官员微博约2万家，且增长速度持续攀升。2011年也被称为政务微博元年。①

政务微博开启了中国政务新媒体发展的新时代，中国政府以开放、创新的姿态迎接新媒体和数字技术带来的机遇和挑战，不断更新自身的宣传和治理的理念、途径和方式等，同时也审时度势，在利用新技术提升宣传和治理水平的同时，不断加强政务新媒体使用和管理的规范，使得政务新媒体稳步、健康、有序地发展。本文通过梳理近十年政务新媒体的发展状况，以及党和国家领导人有关宣传工作的重要讲话及相关政策内容，将我国近十年的新媒体宣传工作分为以下三个阶段：2012—2015年，政务新媒体兴起与快速发展阶段；2016—2018年，政务新媒体深度融合发展阶段；2019年至今，政务新媒体健康有序发展阶段。

（一）政务新媒体兴起与快速发展阶段（2012—2015年）

2012年，新浪政务微博的认证数量持续上升。2012年11月的政务微博数量比上年同期增长了41932个，增长率高达231%，总数突破6万个。并且，政务微博保持较高的发文量和活跃度，平均每个账号的发博数量超过500条，中央部委微博与地方微博都在蓬勃发展中。②2013年年底，新浪认证的政务微博数量突破10万大关；到2014年年底，新浪政务微博数量突破13万个。③截至2015年年底，新浪平台认证的政务微博超过15万个，其发博量达2.5亿，阅读量达到1117亿。④与此同时，各级政府也推出政务微信，为公众提供更便捷的微服务。与泛传播、浅社交、弱关联的政务微博不同，微信精传播、深社

---

① 毛高杰.政务微博的"热"与"冷"——以人民微博为例 [J]. 采写编，2012(03):2.

② 刘鹏飞.人民网舆情监测室发布《2012年新浪政务微博报告》[EB/OL].(2012-12-03). https://baike.baidu.com/reference/142470/8e12TiO5N_5qp65SXooAcEDpUflQvgrBCzdplnn3SYWtCwNzgI1lPKZQRA6S38xRe1xR4-mx46PlQXrsUP6Ou3oNZA6vAtGyM-qcYN3yneQli_wy8VoOhdA.

③ 人民网.《2014政务指数报告》发布 提出政务指数发展趋势 [EB/OL].(2015-01-27). https://baike.baidu.com/reference/16693127/fca6_jZu8aSJ5oo_fCxAQwaNZInFVqjEuXWu_N-VADsIn7ov8bwaJaXrZkRfE5nt8hu1_o6gbWAGWn1I_7hDu8AkvhfdFgKF9DVx2OAY0gNxwEXWFfPd2RT4.

④ 国家互联网信息办公室.2015年政务微博影响力百强榜发布 公安系统微博账号占优 [EB/OL].(2016-01-21). http://www.cac.gov.cn/2016/01/21/c_1117853030.htm?from=singlemessage.

交、强关联的特点使得政务微信借助订阅号、服务号等功能更精准、更便捷地提供政务服务和信息传播。①由此可见，以政务微博和政务微信为代表的政务新媒体在2012年到2015年间发展迅猛，极大地改变了人们获取政治信息、获得政务服务的途径和方式。

政务新媒体的兴起与快速发展态势也离不开党和政府相关政策的指导和大力支持。2013年8月19日，习近平总书记在全国宣传思想工作会议上强调了做好网上舆论工作的重要性，要将其作为宣传思想工作的重中之重。一方面，互联网已经成为人们获取信息的重要场所，应当努力建设好新兴舆论阵地，加大对网络上正面宣传和舆论引导的投入和扶持力度，有效占领网络舆论阵地。同时，要注重网络宣传信息的质量，增加宣传的吸引力和有效性；另一方面，互联网也是网民问政、参与政治表达和讨论、获取政府服务的新平台，是社会治理的重要领域，各级党政机关应知网懂网，提高运用新媒体手段执政的能力和水平。②

2014年8月18日，中央全面深化改革领导小组第四次会议审议通过了《关于推动传统媒体和新兴媒体融合发展的指导意见》，"媒体融合"正式上升为国家战略，力求打造一批具有强大影响力和竞争力的主流媒体。③在这样的政策背景下，中央媒体和地方媒体积极投入到媒体融合和转型的浪潮中，建立新媒体中心，入驻社交媒体平台，开发移动客户端，加强与新媒体的融合、合作。例如，2014年7月22日，上海报业集团主办的澎湃新闻App上线，为网民提供优质、原创新闻为主的全媒体新闻资讯服务，成为传统媒体向新媒体全面转型的先行者。④澎湃新闻上线两年，下载量突破5000万，很快发展为党在互联网上非常重要的舆论引导力量。⑤

---

① 人民网.中国政务微博达到27.7万个 政务微信注重"微服务"[EB/OL].(2015-9-28). http://world.people.com.cn/n/2015/0928/c1002-27640808.html.

② 葛慧君.让网络空间真正清朗起来[EB/OL].(2013-11-27). https://news.12371.cn/2013/11/27/ARTI1385520672177130.shtml.

③ 国家互联网信息办公室.让党的声音传得更开、更广、更深入[EB/OL].(2019-8-18). http://www.cac.gov.cn/2019-08/18/c_1124889630.htm.

④ 第一财经.澎湃新闻完成B轮融资，上文投独家战略投资4亿[EB/OL].(2022-8-8). https://www.yicai.com/news/101498742.html.

⑤ 王秋艳.地方主流新闻类App的传播现状与发展对策探析[J].今传媒，2019(03):4.

综上，2012—2015年，党和政府顺应时代潮流，积极利用互联网和新媒体技术发展新的政治宣传手段和方式，推进主流媒体融合与转型，拓展新的舆论宣传阵地，创新政府服务和社会治理的新渠道。政务新媒体和新型主流媒体在此期间得到井喷式发展，为人们获取新闻信息、政务服务、网络问政等提供了极大的便利。与此同时，党和政府也审时度势、制定相关政策指导和规范各级党政机关的网络宣传实践和主流媒体的融合与转型，鼓励各级政府和主流媒体积极建立新媒体账号，提升新媒体宣传的能力和水平，加强网络舆论引导和网络治理。有关政策的制定又进一步激励了党的新媒体宣传事业和网络宣传能力的稳步发展和提升。

（二）政务新媒体深度融合发展阶段（2016—2018年）

2016年至2018年，政务新媒体仍然保持稳步增长的态势。同时，政务新媒体在宣传理念、话语表达、传播内容和形式等方面又有了进一步的创新和发展。例如，有些政务微博会创新性地利用生活化的叙事、人格化的形象、萌化的语言、短视频的生动呈现来吸引人们的关注，拉近与网民的距离，也因此收获很多网友的关注和喜爱。[①]此外，伴随着新的媒体技术的出现，各级党政机关也在不断拓展新媒体宣传的版图，大力发展政务头条号和政务抖音号。截至2016年12月，今日头条的政务头条号总量近3.5万个，且在这一年内共发布了240万篇图文和视频，阅读量突破82亿次，平均每小时就有一篇"10万+"的爆款政务文章诞生。到2017年12月，政务头条号突破7万个。[②]2018年4月，中央政法委官方网站中国长安网开通抖音平台官方账号，这是首个实名认证的政务抖音号。同年5月，国资委新闻中心也开设了抖音号"国资小新"，在该账号发布的第一支视频里，国资委新闻中心主任亲自出镜"严肃卖萌"。这样新潮的传播和表达方式很快引起了网民的关注和点赞，不到12

---

① 尹家美，王稼之.新媒体环境下政务微博的内容创新——以中国气象频道官方微博宣传片为例[J].传媒，2018(10):2.

② 人民网.年阅读量82亿 今日头条解读政务传播的人工智能时代[EB/OL].(2017-01-13). http://media.people.com.cn/n1/2017/0113/c14677-29021547.html.

小时该视频播放量破200万，并获得超11万点赞、15万粉丝关注。①截至2018年12月，抖音平台共有5724个政务号，共发布了25.8万个短视频，累计获赞43亿。抖音成为政务信息发布和宣传的新平台。②

政务新媒体的深度融合不仅体现在党和政府更熟练地使用新媒体、深入掌握新媒体信息传播的技巧和规律，以及不断拓展的新媒体宣传平台上，更体现在党和政府对政务新媒体的发展更具体、更深入的指导和要求上。2016年2月19日，习近平总书记在党的新闻舆论工作座谈会上明确了新形势下党的新闻舆论工作"九大创新"的要求——"创新理念、内容、体裁、形式、方法、手段、业态、体制、机制，增强针对性和实效性。要适应分众化、差异化传播趋势，加快构建舆论引导新格局"③。此外，"新闻舆论工作者要提高业务能力，勤学习、多锻炼，努力成为全媒型、专家型人才。要转作风改文风，俯下身、沉下心、察实情、说实话、动真情，努力推出有思想、有温度、有品质的作品"④。不难看出，新时期党的宣传工作的指导思想相较于之前，更加具体明确，不仅提出从九个不同的方面增强党的新媒体宣传工作的创新性，更提出了作风和文风上的要求，体现了党和政府对网络传播规律的把握更精准、对人才和作品的要求更全面和细致。

2018年8月，习近平总书记在全国宣传思想工作会议上进一步强调"要加强传播手段和话语方式创新，让党的创新理论'飞入寻常百姓家'"，"要扎实抓好县级融媒体中心建设，更好引导群众、服务群众"。⑤党和政府在新形势下对宣传思想工作的要求又进一步加深了传统媒体向新媒体融合和转型，包括新闻采编联动、整合多元传播等。人民日报"中央厨房"项目于

① 中新经纬.国资委新闻中心与抖音战略合作 首批25家央企集体入驻[EB/OL].(2018-06-05). https://baijiahao.baidu.com/s?id=1602415402874503302&wfr=spider&for=pc.
② 央广网.抖音发布2018大数据报告 北京成2018年度"抖音之城"[EB/OL].(2019-01-29). https://baijiahao.baidu.com/s?id=1623994603784819496&wfr=spider&for=pc.
③ 学习强国.赢得网络舆论引导主动权需把握好时度效[EB/OL].(2021-03-10). https://www.xuexi.cn/lgpage/detail/index.html?id=6676577352670151122.
④ 海外网.做好宣传思想工作，习近平提出要因势而谋应势而动顺势而为[EB/OL].(2018-08-22). https://baijiahao.baidu.com/s?id=1609457632593037685&wfr=spider&for=pc.
⑤ 理论网.县级融媒体中心建设：打通服务群众的"最后一公里"[EB/OL].(2023-03-27). https://paper.cntheory.com/html/2023-03/27/nw.D110000xxsb_20230327_1-A5.htm.

2015年2月正式启动，2017年全国两会期间全面运行，设立了总编辑调度中心，统筹采编技术力量，"报、网、端、微"一体联动、各自发挥特长和优势，进行多元传播，满足不同受众的需求，取得了很好的传播效果，实现了主流媒体的深度融合和转型升级，也带动了其他各级媒体集团的深度融合与创新发展。此外，2017年8月，人民日报社牵头搭建"全国党媒公共平台"，进一步加强了全国党媒、政务新媒体等部门的融合与合作，为党新时期的宣传事业赋能。[①]

综上所述，经过前期的蓬勃发展，政务新媒体在2016至2018年进入深度融合阶段，具体体现在党和政府更熟练地使用新媒体、深入掌握新媒体信息传播的技巧和规律、不断拓展新媒体宣传平台，以及传统媒体向新媒体深度融合与一体化多元传播。该阶段党和政府在指导思想和政策上对政务新媒体的发展提出更具体、更深入的指导和要求，包括对理念、文风、手段、体制等方面的创新，融媒体人才队伍建设，县级融媒体的发展等，体现了党和政府对新媒体宣传规律和技巧更深入的把握和运用。

（三）政务新媒体健康有序发展阶段（2019年至今）

2019年以来，一方面，主流媒体和政务新媒体继续深化新媒体融合发展进程。更多的主流媒体入驻抖音等网络新媒体平台，发布大量短视频，其内容贴近民生与社会热点、宣传正能量、弘扬主旋律，并采用故事化和情感叙事，引起了广泛共鸣，有助于加强舆论引导作用。[②]同时，媒体融合也不断向纵深发展，中央、省、市、县四级主流媒体和党政机构融合发展布局逐步趋于完善，其资源配置越来越集中、优化，减少了内部的同质化竞争，已经发展出一批在互联网和新媒体平台上具有社会影响力、舆论号召力、市场竞争力的新型主流媒体，政务新媒体的新闻、宣传、政务服务和治理的功能也逐渐得到强化。[③]例如，2022年5月，浙江省委宣传部打造的微信公众号"浙

① 王昕彤. 移动社交平台党媒政治话语传播调适研究 [D]. 大连：大连理工大学，2019.
② 徐嫣，裴一帆，陈飞. 主流媒体抖音号运营策略分析 [J]. 传媒观察，2019(12):42-47.
③ 秦明涛. 新时期县级融媒体中心新闻宣传创新要素分析 [J]. 新媒体研究，2020,6(02):103-104.

江宣传"上线，它由浙江省委宣传部统筹领导，地方各级宣传部联动起来为其供稿，稿源丰富，品质优良，体现了政务新媒体资源集中和优化生产的趋势，其推送的稿件中约74%的稿件阅读量达到10万+，取得了很好的传播效果。①另一方面，随着新媒体平台的政务服务和基础设施功能的不断凸显，②以及部分政务新媒体为了吸引流量出现一些不恰当的网络传播行为，例如不合时宜的卖萌、过度营销、过度娱乐化、雷人雷语等，③党和政府也加大了对互联网和新媒体平台的治理，包括清朗网络舆论环境、保护网民个人隐私信息、加强国家数据安全与监管等。④

2018年年底，国务院办公厅发布《关于推进政务新媒体健康有序发展的意见》。到2019年，地方政府也根据该意见推出了针对地方政务新媒体健康有序发展的实施意见，例如，广东省人民政府办公室于2019年4月推出相关意见通知。中央和地方政府的相关意见都强调了在充分发挥政务新媒体推进政务公开、优化政务服务、凝聚社会共识、创新社会治理等方面的重要作用的同时，要加强对政务新媒体的集约整合和统一平台管理。具体来说，广东省政府鼓励各地、各部门进驻"南方+"客户端开设"南方号"，进驻党报、党台的新媒体平台，充分发挥主流舆论阵地的特长和优势，构建具有影响力的政务新媒体矩阵。此外，意见强调了对网络安全和保密审查制度的重视，加强对政务新媒体舆情的监测防护，加强对其传播内容的审核与管理，原则上不得发布个人观点、情绪化言论、商业广告、违反国家法律法规的各类信息，严把政治关、法律关、保密关、文字关。意见还对政务新媒体的政策解读功能、通俗生动的表达方式、优化政务服务、增加互动质量等方面提出新

---

① 一本政经．张志安：火了一整年，"浙江宣传"给媒体施了什么压？[EB/OL].(2023-05-29). https://mp.weixin.qq.com/s/vwUwmG4mvjUdDgXPkcePEw.

② Plantin C., De Seta G. WeChat as infrastructure: The techno-nationalist shaping of Chinese digital platforms[J]. Chinese Journal of Communication, 12(03), 257-273.

③ 鲁钇山．新媒体需要更加"专业"的"卖萌"[J].青年记者,2017(22):36；周怡靓．圈层壁垒下"二次元"政治传播的失灵与调适[J].青年记者，2020,No.680(24):26-27.

④ 国家互联网信息办公室．关于《网络数据安全管理条例（征求意见稿）》公开征求意见的通知[EB/OL].(2021-11-14). http://www.cac.gov.cn/2021/11/14/c_1638501991577898.htm.

的、更具体的要求。①

总的来说，自2019年起，党和政府一方面鼓励主流媒体和政务新媒体继续深度融合发展，另一方面也从政策上全面落实对政务新媒体的集约整合、统一标准化管理，在提供其政府服务性的同时，也更加强调了其政治性、安全性和规范性。在这样的政策指引下，政务新媒体逐步进入健康有序的稳步发展阶段。

二、从政治、市场与技术的视角分析新媒体宣传更新的特点

宣传工作和媒体产业的发展总是会受到意识形态、经济、社会、科技等多方面因素的影响。②本文除了梳理和分析政务新媒体过去十年的发展历程和政策理念，还分析了在中国目前的政治因素、传播效果因素和新媒体技术因素这三种不同影响因素的驱动下，中国政务新媒体的宣传工作产生了哪些新的趋势和特点。

（一）政治导向：宣传、服务与治理的多功能性

传统媒体时代，党政机关及主流媒体的传播方式多以"一对多"的单向传播为主，其宣传的功能性还比较单一。互联网和新媒体技术的发展极大地丰富了人们获取信息的渠道，为政府和公民的互动交流、公众参与政治活动以及政府向公众提供政务服务提供了多元化的、便捷的渠道，也为政府加强社会治理、提高治理能力、推进开放政府等提供了更科学的依据和更多可能性。③

党和政府一直都很重视在意识形态工作上的领导权，思想宣传和舆论引导工作一直被重视和强调。传统媒体时代，中国的政治权力结构主导传播

———————

① 中华人民共和国中央人民政府网.国务院办公厅关于推进政务新媒体健康有序发展的意见[EB/OL].(2018-12-07).http://www.gov.cn/zhengce/zhengceku/2018-12/27/content_5352666.htm.

② Zhang X. The Transformation of Political Communication in China: From Propaganda to Hegemony[M]. Singapore World Scientific, 2011; 尹连根.博弈性融合——政务微信传播实践的场域视角[J].国际新闻界，2020, 42(02):21.

③ 孟天广，郑思尧.信息、传播与影响：网络治理中的政务新媒体——结合大数据与小数据分析的探索[J].公共行政评论，2017(01):24.

布局，对传播资源的生产和分配有全面的主导权和掌控权。后来，改革开放释放了部分传播权力，允许媒体有一定的表达空间和市场化的自主权，但传播布局总体上依然是自上而下、相对严格和封闭的。互联网和新媒体技术的发展为公众的发声、主动获取多元信息等提供了通道，带来了打破自上而下的传播格局的可能性，但同时也带来了更多的不稳定性与治理风险。在这样的背景下，党和政府主动进军互联网和新媒体领域，运用新的传播平台和技术，强化互联网思维，加强对互联网和新媒体领域的意识形态规范、舆论引导和思想宣传等方面的工作。①习近平总书记也一直强调通过网络走群众路线的新宣传理念，要求党政机关的领导干部多上网了解民意、回应网民关切、提高宣传的针对性和有效性。②由此可见，意识形态领域的宣传工作即使在新媒体时代仍然是党和政府非常重视的工作。

除了宣传工作，"互联网+政务服务"也是党和政府在互联网和新媒体上大力推进的工作之一。微博、微信等新媒体平台因为拥有大量用户，且具有用户黏性高、社交和信息服务功能完善等特点，被政府有效利用来开展新媒体的政务服务。例如，人们可以通过官方微信公众号、小程序等渠道进行网上政务信息查询、服务预约、材料提交与审核、政策解读等多种服务。现在，很多政务服务都可以通过线上或者线上线下相结合的方式来完成，让人们通过指尖操作就能享受便捷的政务服务，减少线下跑腿，节省时间精力。③新媒体政务服务的开展又进一步加强了新媒体平台的用户黏性，增加了用户数量，使得一些政务新媒体平台成为人们日常生活中不可或缺的重要部分。新媒体平台用户的海量性、服务的多样性，以及其在社会生活中的不可或缺性，使得其逐渐从平台发展为"基础设施"。④近些年来，党和政府也从政策上规范和强调政府的移动服务能力建设，提高官网和政务新媒体的政务公

---

① 张涛甫．传播格局转型与新宣传 [J]．现代传播（中国传媒大学学报），2017, 39(07):1-6; 龙强、李艳红．从宣传到霸权：社交媒体时代"新党媒"的传播模式 [J]．国际新闻界，2017, 39(02):14; 尹连根．博弈性融合——政务微信传播实践的场域视角 [J]．国际新闻界，2020, 42(02):21.

② 中华人民共和国中央人民政府网．国务院办公厅印发《关于全面推进政务公开工作的意见》[EB/OL].(2016-02-17). http://www.gov.cn/xinwen/2016-02/17/content_5042791.htm.

③ 刘芳，王胜利．政务新媒体的受众参与及社会影响 [J]．传媒，2019(19):53-55.

④ Plantin C., De Seta G. WeChat as infrastructure: The techno-nationalist shaping of Chinese digital platforms[J]. Chinese Journal of Communication, 12(3), 257-273.

开、政务服务的能力和水平。

此外，互联网治理也是政务新媒体发展的另一个重要方向。2013年党的十八届三中全会提出"推进国家治理体系和治理能力现代化"的目标，2019年党的十九届四中全会进一步将"推进国家治理体系和治理能力现代化"作为党的一项重大战略任务。一方面，网络的开放性、匿名性、及时性的特点为网民参与公共事务提供了低风险、低成本、更便捷的方式，为公众网络问政、网络监督等提供了新的渠道，这将推动政务新媒体的开放性，提升其回应性，强化对其行为的考核与监督；①另一方面，大数据传播技术既为互联网治理提供了更科学的依据和手段，又带来极大的安全挑战，这要求政务新媒体做好自身的规范和管理工作、严格内容的审核发布制度、建立健全安全管理制度和应急预案、加强日常监管和教育培训等，②提升其在网络舆论治理、用户个人隐私保护、国家机密信息保护等方面的治理能力和水平。

（二）效果导向：宣传的多样性

由于新媒体时代人们信息的选择权大大增加、个性化需求更能得到满足、注意力愈发分散，党和政府在互联网和新媒体领域很难获得绝对的影响力和控制力。为了重新获得其在互联网和新媒体领域的影响力和控制力，提高其传播效果，党和政府学习并运用互联网模式和思维、使用市场营销的策略和技巧、创新传播和表达的方式，努力贴近网民、吸引网民，以此来增强传播效果。

具体来说，有些党政宣传部门成立了专门的新媒体中心负责新媒体的信息生产、发布和维护，除了重大事件的信息发布需要上级领导审核外，新媒体中心对日常社交媒体的内容有自主决定权。其员工多为85后、90后年轻人，分为微博组、微信组、视频组等不同工作组，组织管理和布局相对扁平化。此外，他们会精心策划或参加一些新媒体事件，建立"人格化"卡通形

---

① 孟天广，郑思尧. 信息、传播与影响：网络治理中的政务新媒体——结合大数据与小数据分析的探索 [J]. 公共行政评论，2017(01):24.

② 中华人民共和国中央人民政府网. 国务院办公厅关于推进政务新媒体健康有序发展的意见 [EB/OL].(2018-12-27). http://www.gov.cn/zhengce/zhengceku/2018-12/27/content_5352666.htm.

象，赋予其体贴、幽默、可爱等个性特征，熟练使用网络流行语和青年亚文化元素，如卖萌、自嘲、粉丝打榜、流行音乐等，设计非常有吸引力的标题，发布与网民切身利益息息相关的生活类、服务类、经济类、政策解析等多元化的信息，甚至是设计一些戏剧性的故事情节或者利用情感化的叙事来吸引网民的关注并获得他们的喜爱，以减少与青年网民的距离感，塑造一种亲民的网红形象。①以"浙江宣传"为例，它的传播内容和表达方式会关照到不同人群，进行更细分化的传播：面向文化水平更高、专业素养更强的人群，"浙江宣传"会推出时事评论类文章来深度分析网络热点现象，或推出宣传规律类文章剖析政务新媒体传播规律，这类文章干货和知识量更丰富，更能吸引专业度和文化水平更高的读者；同时，它也推出浙江风物、生活类文章，来吸引更广泛的网民和读者，尤其是对文章专业度和知识性要求不高的读者。普遍性与专业性兼具使得"浙江宣传"能吸引大量不同层次网民的关注，继而取得不错的传播效果。表达方式上，"浙江宣传"也采用通俗有韵律的语言，采用主题分明的叙述，增加阅读的趣味性，让网民能更轻松地读懂内容。②

此外，党和政府对政务新媒体的管理和考核也会考虑其传播效果和影响力等因素。例如，政务新媒体的阅读量、点赞数、转发数、评论数等会综合形成一份政务新媒体影响力指数，这个指数有时候会纳入对政务新媒体的考核标准中。影响力排名靠后的政务新媒体会有增加阅读量、点赞数等方面的压力，继而会在传播和表达方式、新媒体事件策划、标题的运用技巧等方面花更多心思去构思和设计，也会更加重视与网民的互动，以及网民的反馈意

---

① 涂凌波.从"一体化"宣传到"混合型"传播——以中国共青团网络政治传播活动变迁为中心的讨论 [J]. 新闻大学，2019(11):38-54+122-123; 尹家美，王稼之. 新媒体环境下政务微博的内容创新——以中国气象频道官方微博宣传片为例 [J]. 传媒，2018(10):2; 刘芳，王胜利. 政务新媒体的受众参与及社会影响 [J]. 传媒,2019(19):53-55; Wong J, et al. "Let's Go, Baby Forklift！": Fandom Governance and the Political Power of Cuteness in China[J]. Social Media+ Society, 2021, 7(02); Zou S. Restyling Propaganda: Popularized Party Press and the Making of Soft Propaganda in China[J]. Information, Communication & Society, 2023, 26(01), 201-217; Lu Y, Pan J. Capturing Clicks: How the Chinese Government Uses Clickbait to Compete for Visibility[J]. Political Communication, 2021, 38(1-2), 23-54.

② 一本政经.张志安：火了一整年，"浙江宣传"给媒体施了什么压? [EB/OL].(2023-05-29). https://mp.weixin.qq.com/s/vwUwmG4mvjUdDgXPkcePEw.

见等。部分政府宣传部门还会专门邀请腾讯等社交媒体公司的媒体运营和管理方面的专家，对其工作人员进行社交媒体管理和公共关系等方面的培训，以增加相关技能。①

综上，政务新媒体对传播效果和影响力方面的追求和考量，使得其在宣传工作的管理上越来越借鉴互联网和新媒体公司的思维和方法，表达方式和技巧上越来越流行化，具有很高的创新性，传播内容上也越来越接地气、生动，具有较高的服务性。总的来说，党和政府的宣传工作已经不再墨守成规，只采用强硬的、命令式的硬宣传方式，其更注重传播策略和技巧的软宣传的倾向越来越明显，且宣传的表现越来越多元。②

（三）技术导向：宣传渠道和传播方式的与时俱进

信息传播技术的不断更新对党和政府的宣传工作带来的影响更为明显，从党和政府不断升级和拓宽的传播渠道、表现方式、传播布局等方面体现出来。最早，互联网刚出现的时候，党和政府拓展传播渠道的途径主要是建立官方网站。后来社交媒体的出现，又促使党和政府入驻社交媒体平台，建立官方账号，并随着公众号和小程序等功能的推出，党和政府也相继推出官方微信公众号、小程序等服务。同时，也建立自己的App。今日头条、短视频平台的出现驱使党和政府建立自己的头条号和抖音官方账号。③并且，随着网络信息传播技术的不断发展与创新，党和政府也会跟随网民的脚步，去网民聚集的地方建立自己的传播阵地，最大限度地发挥其宣传的影响力和控制力。不仅如此，传播技术的更新也促使党和政府不断创新其表现方式，从以文字配图片的传播形式，到对动图、表情包等的熟练使用，再到制作和传播短视频、卡通形象等，不断提高其传播的表现力和生动性，增加传播的吸引

---

① 姜红，陈坤．"有意义"怎样"有意思"——政治社会化过程中的共青团微新闻生产 [J]．中国地质大学学报（社会科学版），2016,16(06):106-113; Lu Y, Pan J. Capturing Clicks: How the Chinese Government Uses Clickbait to Compete for Visibility[J]. Political Communication, 2021, 38(1-2), 23-54.

② Zou S. Restyling Propaganda: Popularized Party Press and the Making of Soft Propaganda in China[J]. Information, Communication & Society, 2023, 26(01), 201-217.

③ 刘芳，王胜利．政务新媒体的受众参与及社会影响 [J]．传媒，2019(19):53-55.

力。[1]在传播力量的布局方面，也从单打独斗到整合资源传播、建立中央厨房式融合传播体系、建立新媒体传播矩阵，最大限度节约传播资源、提升传播效果。[2]由此可见，在信息传播技术不断升级发展的背景下，党和政府的宣传渠道和传播方式也在与时俱进地不断创新和发展中。

三、结语

（一）政务新媒体的发展趋势与特点

首先，本文以政务新媒体为主要分析对象，对过去十年媒体融合的背景下党和政府在互联网和新媒体平台上的宣传工作进行了梳理和总结。我们根据不同时期政务新媒体的发展状况和趋势，以及党和政府相关政策和意见指导，将过去十年政务新媒体的发展分为三个阶段：2012—2015年，党和政府出台了一系列鼓励网络宣传和政务新媒体的发展、倡导媒体融合的政策和意见，政务新媒体进入雨后春笋般的蓬勃发展阶段；2016—2018年，党和政府对政务新媒体工作提出包括宣传理念、内容、体裁、人才培养等多方面、更具体深入的指导和要求，政务新媒体进入深度融合发展阶段；2019年至今，政务新媒体继续深化融合发展的进程，同时党和政府倡导优化资源配置、减少同质化竞争、推进政务新媒体健康有序发展，政务新媒体进入健康有序发展阶段。

其次，本文分析了不同动因影响下政务新媒体呈现的变化及特点。在政治方面，为了更好地树立意识形态领导权、提供政务服务，以及维护安全和清朗的网络环境，党的宣传工作从过去较为单一的宣传功能发展到政务新媒体的集宣传、服务、治理为一体的多功能属性及特征；在传播效果方面，为了吸引更多网民的关注、获得他们的喜爱和支持，党和政府的宣传工作一改过去严肃的硬宣传模式，政务新媒体主动学习互联网运营和管理手段，利用

① 尹家美，王稼之.新媒体环境下政务微博的内容创新——以中国气象频道官方微博宣传片为例[J].传媒，2018(10):2.
② 秦明涛.新时期县级融媒体中心新闻宣传创新要素分析[J].新媒体研究，2020,6(02):103-104.

青年亚文化、标题党等传播技巧，出现了多种多样的软宣传方式；在技术方面，党的宣传工作利用不断进步的互联网和新媒体技术平台拓宽自己的宣传阵地、升级自己的传播形式、优化整合传播资源、建立新媒体传播矩阵，呈现出与时俱进、不断创新的发展特点。

本文的研究价值体现在以下几个方面：1.本文对过去十年中国新媒体宣传工作发展进程的梳理，将帮助人们更清晰地看到政务新媒体在过去十年中发展的脉络、主要特点和趋势，也将帮助人们更好地认识到党和国家不同时期的政策和意见的侧重有所不同，会根据实践的发展进行相应的调整，并对政务新媒体传播实践发展有着重要的指导意义；2.据我们所知，本文是首个尝试对过去十年政务新媒体发展进程进行阶段性划分，并对不同阶段的发展状况和政策侧重点进行分析、归纳和总结的研究；3.虽然过去有不少研究都总结归纳了政务新媒体发展和传播的特点，①但本文通过梳理不同因素主导下政务新媒体宣传发展的趋势和特点，不仅使得其特点的梳理更有系统性，还能帮助人们更好地理解宣传工作产生变化的主要动因，具有一定的创新性和研究价值。

（二）反思与讨论

本文中，无论是对过去十年政务新媒体发展阶段的划分，还是从不同导向来分析政务新媒体的变化特点，其不同阶段之间或不同导向之间都不是相互割裂、相互独立的，而是互相交融、互相联系的。具体来说，2012—2015年，政务新媒体兴起与快速发展时期，就已经出现媒体融合发展的态势，但由于政务新媒体兴起与快速发展的趋势更为突出，且相关政策的出台促进其蓬勃发展，本文便更强调其兴起与快速发展的状态和趋势；2016—2018年，政务新媒体进入稳步发展和深度融合阶段，同时部分政务新媒体也开始反思其发展中的问题，如过度卖萌、不够专业等，但这一阶段的健康有序发展并

---

① 邵晓杰，马梅.“紫光阁”微博的政务传播分析 [J]. 青年记者，2019(21):2; 涂凌波. 从“一体化”宣传到“混合型”传播——以中国共青团网络政治传播活动变迁为中心的讨论 [J]. 新闻大学，2019(11):38-54+122-123.

未形成大规模特点，且政策导向更侧重于深度融合，因此，本文更强调其深度融合的状态和趋势；2019年至今，政务新媒体发展趋于平缓、继续深度融合发展，同时政策和实践上更突出健康有序发展的态势和特点，因此，本文将其归纳为健康有序发展阶段。

同样的道理，本文依据不同的影响动因对政务新媒体变化特征进行归纳，这些特征的出现也不是仅仅受到某一种因素的影响，而是受到多方面影响综合产生的结果。本文突出了其中主要的影响因素，并将这些特征归纳为主导因素影响产生的结果。例如，党的宣传工作从单一的宣传功能发展为宣传、服务、治理相融合的多功能，其中主导的影响因素是为了更好地实现意识形态领导权、更好地实施服务和管理的政治因素，但同时也离不开媒介技术的发展提供的便利性等因素的影响。其他特点的形成动因也同样如此，具有一定的交融性。因此，本文依据不同主导因素归纳政务新媒体发展变化的特点，其目的是便于人们认识和理解其变化特点产生的主导因素是什么，而不是唯一因素是什么。

本文的研究不足在于，由于篇幅的限制，本文集中关注和分析了过去十年政务新媒体在政策理念、发展趋势、影响动力、表现与特点等方面的表现，对过去十年传统媒体上党的宣传工作的表现并未涉及，今后的研究可以加大对这方面的关注，以便更全面地展现过去十年党的宣传工作的主要特征和趋势。

（胡诗然，中山大学新闻传播学院博士后；张志安，复旦大学新闻学院教授、复旦大学全球传播全媒体研究院副院长、中国新闻史学会应用新闻传播专委会理事长。）

区县级融媒体研究的现状、热点与展望

林功成　徐慧聪

【摘要】

本文以CiteSpace可视化软件作为分析工具，对2018年1月至2023年5月国内研究者以区县级融媒体发展为主题的有关论文进行了知识图谱分析。研究回顾了中央有关区县级融媒体的政策文件，并从发文量变化、作者及其合作网络、高被引文章等方面对有关区县级融媒体的论文进行了分析，以便对区县级融媒体研究的总体状况进行概括。同时，本研究也采用了关键词及主题聚类分析等手段，发现：现有研究多以文献分析和案例研究为主，缺乏从全局角度的总体描述；研究视角较为单一，缺乏多学科的分析方法；同时，也较为缺乏对区县级融媒体的建设成效的科学评估。最后，研究提出了若干建议。

【关键词】

媒体融合；区县级融媒体；CiteSpace；知识图谱

习近平总书记于2018年8月在全国宣传思想工作会议上强调，"要扎实抓好县级融媒体中心建设，更好引导群众、服务群众"。中宣部据此做出部署，2018年先行启动600个县级融媒体中心建设，努力将其建成主流舆论阵地、综合服务平台和社区信息枢纽，2020年年底基本实现县级融媒体中心在全国的全覆盖。根据这一方案，主流媒体融合的重心由强调以人民日报社等大型传媒集团为代表的融媒体模式转向以区县级融媒体中心为建设主体的新一轮媒体融合行动。和中央级媒体的融合相比，区县级媒体的融媒体中心应如何建设？既有媒体融合发展的经验如何在区县级层面实现有效的创新扩散？这些问题随即成为新闻传播学研究的热点议题。截至目前，区县级融媒体已经走过了五年，相关实务工作和学术研究已取得哪些进展？本文试图回答这一问题。

一、区县级融媒体建设的发展回顾

2018年8月，习近平总书记在全国宣传思想工作会议上第一次提出"县级融媒体中心建设"的命题。同年11月，中央全面深化改革委员会审议通过《关于加强县级融媒体中心建设的意见》。当年，北京市先后有15家区级融媒体中心陆续挂牌，江西、湖南、四川、河南、江苏、浙江、山东、河北、陕西、云南、宁夏等地区县级融媒体中心也紧锣密鼓地筹建起来。在600个县级融媒体中心建设目标的驱动下，2018年全国的区县级融媒体中心建设呈现全面铺开的态势。

2019年1月，习近平总书记在中共中央政治局第十二次集体学习时强调，"要加快推动媒体融合发展，使主流媒体具有强大传播力、引导力、影响力、公信力"，"实现宣传效果的最大化和最优化"并"做大、做强主流舆论"。[1]同年1—4月，《县级融媒体中心省级技术平台规范要求》，以及《县级融媒体中心建设规范》《县级融媒体中心网络安全规范》《县级融媒体中心运行维护规范》《县级融媒体中心监测监管规范》发布，形成1个核心文件、4个配套规范的建设标准体系。[2]各地的区县级融媒体建设，不仅需要向全覆盖的目标迈进，也需要依据建设标准进行技术规范。就数量而言，上海、湖北、广东、贵州、吉林等地于2019年年底基本实现区县级融媒体中心全覆盖。

2020年9月，中办、国办发布《关于加快推进媒体深度融合发展的意见》，强调要将新兴技术与融媒体建设结合、促进主流媒体增加创新点，加

---

① 求是网.关于媒体融合发展，习近平总书记这样说 [EB/OL].(2019-03-16)[2023-06-30].http://www.qstheory.cn/2019/03/16/c_1124242592.htm.

② 张君昌.我国县级融媒体中心建设现状调查及路径思考 [EB/OL].(2020-01-09)[2023-06-30].http://media.people.com.cn/n1/2020/0109/c40628-31541201.html.

强对融媒体建设的督促、验收和考察。同年11月，广电总局发布《关于加快推进广播电视媒体深度融合发展的意见》，对融媒体中心建设的速度、功能性、协同性提出要求，同时在平台搭建、技术应用、人才培养、管理创新等方面提出了细化意见。根据要求，区县级融媒体建设需要在继续推进数量增长和技术规范的同时，加速自身功能性设想的落地实践。各地区县级融媒体在过去两年的工作基础上，开始着重强调加速深度融合、配合政策推进的工作任务。

2021年以来，各地区县级融媒体的建设工作基本完成，并逐步确立了自身风格和表达形式，在功能运转上迈入正轨。此后的政策方向主要集中在鼓励区县级融媒体在乡村振兴进程中发挥更大的作用，区县级融媒体在政策议程中的地位有所下降。2021年7月，广电总局发布《关于开展智慧广电服务乡村振兴专项行动的通知》，强调要做好智慧广电的乡村帮扶工作。2022年2月，《中共中央　国务院关于做好2022年全面推进乡村振兴重点工作的意见》发布，对县级融媒体中心在分众宣传、内容生产、技术赋能等方面都提出了要求，表达了对县级融媒体中心助力乡村建设的期望。2023年2月，《中共中央　国务院关于做好2023年全面推进乡村振兴重点工作的意见》发布，强调县级融媒体建设要配合乡村精神文明创建工作。同月，中宣部、广电总局发布《市级融媒体中心接口规范》，明确了市级融媒体与省级融媒体、县级融媒体之间接口的技术规范，促进省、市、县三级融媒体合作互通。

二、区县级融媒体建设的相关研究回顾

伴随着中央政府对区县级融媒体建设的强调，学界迅速做出反应，相关研究成为热点议题。本文的研究数据来自中国期刊网上的核心期刊，检索关键词为"区县级融媒体""区级融媒体""县级融媒体"，时间范围选取2018年1月至2023年5月。在此次研究中，为确保数据更为可靠和权威，期刊来源为CSSCI和北大核心期刊，共得到检索结果2024篇，人工剔除与主题无关的检索结果，保留了1540篇有效文献作为最终数据。

（一）年度文献数量统计

在区县级融媒体建设初期，学术界对区县级融媒体建设的新业态表现出即时反应。2019年，随着各地区县级融媒体中心建设逐渐步入正轨，主要核心期刊区县级融媒体研究年度发文量大幅增长并于2021年达到顶峰（见图1）。不过，随着区县级融媒体的成熟，相关学术研究也出现了下降趋势。值得注意的是，本文采样时间截至2023年5月，2023年1—5月主要核心期刊区县级融媒体发文量共计24篇，由于时间单位不同，该数据与全年发文量不具有可比性。

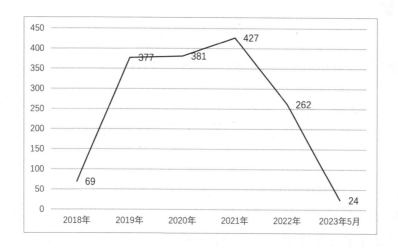

图1　2018—2023年主要核心期刊区县级融媒体研究年度发文量变化趋势

（二）主要发文学者及合作网络分析

利用CiteSpace 软件，我们绘制了作者共现图谱（见图2），图谱中共生成 236个节点，79条连线，网络密度0.0028。其中，发文量排名前十位的作者分别为黄楚新（46篇）、胡正荣（17篇）、曾祥敏（14篇）、谢新洲（11篇）、郭全中（11篇）、刘建华（9篇）、鲁艳敏（8篇）、许可（8篇）、郑保卫（8篇）、沙垚（7篇）。通过对2018—2023年主要核心期刊区县级融媒体研究作者共现图谱的分析，可以清晰地看出作者之间合作网络密度较低（低于0.1的有效中介性），没有形成明显的合作网络。

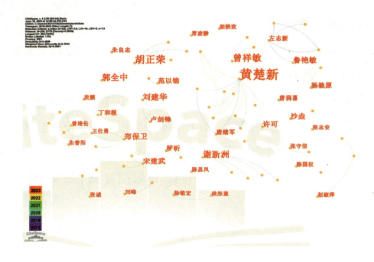

图2　2018—2023年主要核心期刊区县级融媒体研究作者共现图谱

（三）高被引文献分析

引用率高的文献能够反映学界在区县级融媒体的研究领域中所关注的核心要点。表1呈现了引用量排名前十的高被引文献。从统计结果来看，被引次数最多的是朱春阳在2018年发表的《县级融媒体中心建设：经验坐标、发展机遇与路径创新》。其次是谢新洲、朱垚颖、宋琢谢于2019年发表的《县级媒体融合的现状、路径与问题研究——基于全国问卷调查和四县融媒体中心实地调研》。余下8篇文献的被引次数较为接近，基本在100次左右。

在这10篇高被引文献中，朱春阳①、谢新洲等②、陈国权③④等的研究都是基于区县级融媒体发展现状的分析，重点在于提出问题并探讨改革方案。李

①　朱春阳 . 县级融媒体中心建设：经验坐标、发展机遇与路径创新 [J]. 新闻界，2018(09):21-27.
②　谢新洲，朱垚颖，宋琢谢 . 县级媒体融合的现状、路径与问题研究——基于全国问卷调查和四县融媒体中心实地调研 [J]. 新闻记者，2019,433(03):56-71.
③　陈国权 . 中国县级融媒体中心改革发展报告 [J]. 现代传播（中国传媒大学学报），2019,41(04):15-23.
④　陈国权，付莎莎 . 传播力建设的最后一公里——县级融媒体中心建设路径 [J]. 新闻与写作，2018,413(11):24-27.

彪①、朱春阳等②、郭全中③的研究着重总结、对比当前区县级融媒体发展模式并展望未来的发展方向。喻国明等④、滕朋⑤分别从可供性视角和社会治理框架、传播空间特征等方面对区县级融媒体现状进行了评价。刘楠等⑥的研究探讨了农民自媒体与区县级融媒体融合从而助力乡村振兴的可能性。由此可见，高被引文献中探讨融媒体建设的问题和解决方案的研究占了较大比例，余下小部分文献探讨的是区县级融媒体的运作方式及其在具体任务情境下所发挥的作用。

表1　区县级融媒体高被引文献（前十位）

序号	篇名	作者	来源期刊	发表时间	被引次数
1	《县级融媒体中心建设：经验坐标、发展机遇与路径创新》	朱春阳	《新闻界》	2018-09-10	315次
2	《县级媒体融合的现状、路径与问题研究——基于全国问卷调查和四县融媒体中心实地调研》	谢新洲 朱垚颖 宋琢谢	《新闻记者》	2019-03-05	226次
3	《中国县级融媒体中心改革发展报告》	陈国权	《现代传播》	2019-04-15	168次
4	《媒体可供性视角下"四全媒体"产业格局与增长空间》	喻国明 赵睿	《学术界》	2019-07-15	143次

---

① 李彪.县级融媒体中心建设：发展模式、关键环节与路径选择 [J].编辑之友，2019,271(03):44-49.

② 朱春阳，曾培伦."单兵扩散"与"云端共联"：县级融媒体中心建设的基本路径比较分析 [J].新闻与写作，2018,414(12):25-31.

③ 郭全中.县级融媒体中心建设的进展、难点与对策 [J].新闻爱好者，2019,499(07):14-19.

④ 喻国明，赵睿.媒体可供性视角下"四全媒体"产业格局与增长空间 [J].学术界，2019,254(07):37-44.

⑤ 滕朋.社会治理、传播空间与县级融媒体中心建设路径 [J].当代传播，2019,205(02):48-50.

⑥ 刘楠，周小普.自我、异化与行动者网络：农民自媒体视觉生产的文化主体性 [J].现代传播（中国传媒大学学报），2019,41(07):105-111.

续表

序号	篇名	作者	来源期刊	发表时间	被引次数
5	《县级融媒体中心建设：发展模式、关键环节与路径选择》	李彪	《编辑之友》	2019-03-05	133次
6	《传播力建设的最后一公里——县级融媒体中心建设路径》	陈国权 付莎莎	《新闻与写作》	2018-11-05	129次
7	《"单兵扩散"与"云端共联"：县级融媒体中心建设的基本路径比较分析》	朱春阳 曾培伦	《新闻与写作》	2018-12-05	126次
8	《自我、异化与行动者网络：农民自媒体视觉生产的文化主体性》	刘楠 周小普	《现代传播》	2019-07-15	119次
9	《县级融媒体中心建设的进展、难点与对策》	郭全中	《新闻爱好者》	2019-07-20	104次
10	《社会治理、传播空间与县级融媒体中心建设路径》	滕朋	《当代传播》	2019-03-15	97次

（四）关键词与主题分析

1.关键词与主题分析

关键词反映了文献的核心内容，通过关键词共现能够对2018—2023年主要核心期刊区县级融媒体研究的热点和动向有更清晰的认识。就此，我们在CiteSpace中进行设置：在Pruning模块勾选Pruning sliced networks和Minimum Spaning Tree，裁剪数据后将阈值设置为Threshold>5，最终生成关键词共现图谱（见图3）。在关键词共现图谱中，节点越大，即表示关键词出现的频次越高；节点的年轮层次与左下角的时间相对应，年轮层次越多，则代表该关键词被引用的时间跨度越大。

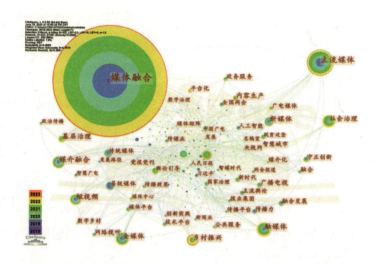

图3　2018—2023年主要核心期刊区县级融媒体研究关键词共现图谱

　　早期研究主要对特定地区的区县级融媒体中心的改革建设路径进行探索，①并从中提炼出不同种类的发展路径，从而研判区县级融媒体中心建设的现状并为将来的建设提供建议。②后续研究主要集中在基于发展最新态势和实际案例探究各地区县级融媒体建设所面临的困境和难题，并从实际案例出发讨论新一轮深度融合趋势下区县级融媒体建设的可能出路。③与此同时，关注新兴技术应用与区县级融媒体建设之间关系的研究数量在稳步上升。④关注区县级融媒体助力政务服务、基层治理和乡村振兴的研究在2020年以后也有较

　　① 崔承浩，王小溪.北京昌平融媒体中心建设探索 [J].中国广播电视学刊，2018,332 (11):11-13；张忠."融合三问"：太仓日报融媒体中心建设的逻辑思考 [J].新闻与写作，2018,413 (11):80-83.
　　② 陈国权，付莎莎.传播力建设的最后一公里——县级融媒体中心建设路径 [J].新闻与写作，2018,413 (11):24-27；谢新洲，柏小林.全国县级新媒体发展调查分析 [J].出版发行研究，2018,325(12):5-11；田丽，石林，朱垚颖.县级融媒体中心"全省部署"和"县级探索"建设模式对比——以 A 省 Q 县和 B 省 Y 县为例 [J].出版发行研究，2018,325(12):12-17；朱春阳，曾培伦."单兵扩散"与"云端共联"：县级融媒体中心建设的基本路径比较分析 [J].新闻与写作，2018 (12):25-31.
　　③ 沙垚.重建基层：县级融媒体中心实践的平台化和组织化 [J].当代传播，2020,210(01):30-33.张宏邦，刘威，王佳倩，等.整合与协同：县级融媒体的现实困境及本土化推进路径 [J].西安交通大学学报（社会科学版），2020,40(03):132-140；丁和根.县级融媒体中心核心功能的实践路径与保障条件探析 [J].南京师大学报（社会科学版），2020,230(04):130-139.
　　④ 赵茹，谭宇菲.中国融媒体"微生态"：县级融媒体建构的转型与实现路径 [J].编辑之友，2020,290(10):62-66；马龙，雷盛廷.5G 时代如何创新推动县级融媒体中心建设 [J].人民论坛·学术前沿，2020,186(02):92-95.

大涨幅。①

2. 关键词的主题聚类分析

在上述关键词共现图谱的基础上，我们绘制了关键词聚类图谱，设置聚类显示数量k=15，进一步调整图谱使其更加美观，最终生成2018—2023年主要核心期刊区县级融媒体研究关键词聚类图谱（见图4）。15个主题聚类分别为：#0乡村振兴、#1媒体融合、#2广播电视、#3基层媒体、#4融合、#5全国两会、#6传统媒体、#7媒介化、#8习近平、#9国家治理、#10基层治理、#11全媒体、#12内容生产、#13主题报道、#14短视频。在CiteSpace中，作为评判图谱绘制效果的依据，Q值（模块值）为0.6598，S值（平均轮廓值）为0.8652，说明聚类的结果是显著的。

图4　2018—2023年主要核心期刊区县级融媒体研究关键词聚类图谱

---

① 曾润喜，杨璨．重建本地用户连接融入基层社会治理：县级融媒体发展路径研究 [J]．新闻与写作，2021,443(05):22-28；李文冰，吴莎琪．社会治理视阈下县级融媒体中心建设：功能定位与实践逻辑 [J]．现代传播（中国传媒大学学报），2021,43(05):42-45；丁和根，陈袁博．数字新媒介助推乡村文化振兴：传播渠道拓展与效能提升 [J]．中国编辑，2021,143(11):4-10；张雪霖．媒介融合背景下乡村"大喇叭"的重建及其机制研究 [J]．新闻与传播评论，2021,74(02):87-97；田维钢，刘倩．县级融媒体中心赋能乡村振兴的动力、逻辑、路径——基于行动者网络理论视野的分析 [J]．中国出版，2023,547(02):3-7.

每个主题聚类下都包含许多子课题，连线代表着不同子课题之间的关系，从15个主题聚类的分布位置可以看出聚类之间相互联系。#0乡村振兴聚类下包含"融媒体""脱贫攻坚""舆论引导"等关键词，#1媒体融合聚类下包含"媒体融合发展""中央厨房""乡村振兴""媒介融合"等关键词，#2广播电视聚类下包含"网络视听""智慧广电""政务公开"等关键词，#3基层媒体聚类下包含"媒体融合""技术平台""主题宣传"等关键词，#4融合聚类下包含"广电媒体""服务"等关键词，#5全国两会聚类下包含"主流媒体""智能媒体""守正创新"等关键词，#6传统媒体聚类下包含"媒介融合""县级媒体""新兴媒体"等关键词，#7媒介化聚类下包含"社会治理""信息公开""网络社会"等关键词，#8习近平聚类下包含"使命任务""媒体中心"等关键词，#9国家治理聚类下包含"主流舆论""数字媒介"等关键词，#10基层治理聚类下包含"广播""治理效能""乡村传播"等关键词，#11全媒体聚类下包含"总编室""四全媒体"等关键词，#12内容生产聚类下包含"乡村文化""平台化""文化振兴"等关键词，#13主题报道聚类下包含"政务服务""民生服务""广电新媒体"等关键词，#14短视频聚类下包含"景观重塑""非虚构写作"等关键词。这些关键词反映了不同阶段研究所关注的热点议题。

3.高频词与主题分析

在排名前二十位的高频关键词中（见表2），除却"融合"等不能体现研究热点的词，可以发现学术界主要关注以下问题并产出相关学术观点：

第一，通过案例讨论，总结各地区县级融媒体的运作方式及成效。区县级融媒体的运作方式可以用外部的、整体性的视角和内部的、功能性的视角来解读。李彪认为，区县级融媒体分为"广电+报业"的"中央厨房"模式、以广电为先导的移动传播矩阵模式、组建县域传媒集团模式、"搭天线"借力省级媒体云平台模式[①]。舒敏、杨宾认为，区县级融媒体中心在体制机制方面，采取一中心多平台、创新增活力的机制模式；在内容生产上，采取一采

---

① 李彪.县级融媒体中心建设：发展模式、关键环节与路径选择 [J].编辑之友，2019,271(03):44-49.

多用、技术赋能多平台业务链模式；在内容服务上，采取"新闻+"的本地化精品生产模式。①

第二，探讨区县融媒体中心所存在的问题及其解决方案。在不同时间段内，区县级融媒体面临的困境有所不同。在研究中比较受关注的问题为人才、技术、机构、经营、生产传播这几个方面，不同学者会从不同的典型案例和理论设想中提炼总结出解决方案。谢新洲、朱垚颖、宋琢谢认为，针对县级融媒体中心缺少长期规划、难以留住人才、缺少盈利模式、传播效果微弱的问题，应该采取自上而下部署、鼓励创新、长期人才优惠等政策。②郭全中认为，针对区县级融媒体中心顶层设计、理念、定位、技术平台、体制机制、融合路径等方面的问题，应该采取定位为治国理政新平台、打造城市运营商、充分整合资源的策略。③丁柏铨认为，针对区县级融媒体中心"合而不融"、无合法地位、生产能力低下的问题，应该采取发展立体传播、不懈创新实践、打造融媒体品牌的经验路径。④

第三，探究区县级融媒体在乡村振兴、疫情防控等特定任务情境中所扮演的角色。区县级融媒体在特定任务情境下发挥的作用一直备受学界关注，以乡村振兴和疫情防控为例，李珮、张璐璐认为，区县级融媒体可以在信息沟通、文化传承、身份连接、政策宣传这四大方面助力乡村振兴。⑤谭云明、黄瑜娜认为，区县级融媒体能够促进乡村产业兴旺、生态宜居、文明建设、治理完善。⑥赵瑜、范静涵认为，县级融媒体可以覆盖报道盲区，助力社区服务、社会动员和舆情监测。⑦陈璐颖、宋建武认为，县级融媒体在疫

---

① 舒敏，杨宾.县级融媒体中心2.0时代：发展模式、方向与路径[J].中国出版，2022,531(10):10-15.

② 谢新洲，朱垚颖，宋琢谢.县级媒体融合的现状、路径与问题研究——基于全国问卷调查和四县融媒体中心实地调研[J].新闻记者，2019,433(03):56-71.

③ 郭全中.县级融媒体中心建设的进展、难点与对策[J].新闻爱好者，2019,499(07):14-19.

④ 丁柏铨.坚持全面创新、遵循客观规律、优化内容生产——关于县级融媒体中心建设与发展的调研报告[J].新闻爱好者，2022,535(07):15-21.

⑤ 李珮，张璐璐.沟通与治理：乡村振兴下的县级融媒体中心建设[J].中国编辑，2022,146(02):23-26+31.

⑥ 谭云明，黄瑜娜.县级融媒体中心建设：乡村振兴战略实施路径选择研究——以湖南株洲地区为例[J].中国出版，2021,501(04):38-41.

⑦ 赵瑜，范静涵.突发公共事件视域下的县级融媒体中心建设——基于浙江省新冠肺炎疫情的报道分析[J].中国出版，2020,483(10):8-13.

情防控中起到了发布信息、凝聚民心、服务群众、回应关切、组织抗疫的关键作用。①

表2　前二十位高频关键词

序号	关键词	频次	序号	关键词	频次
1	媒体融合	379	11	县级媒体	28
2	主流媒体	88	12	传统媒体	27
3	融媒体	48	13	舆论引导	23
4	全媒体	43	14	疫情防控	23
5	社会治理	42	15	基层治理	23
6	媒介融合	39	16	守正创新	20
7	短视频	37	17	广播电视	19
8	乡村振兴	37	18	融合发展	17
9	深度融合	32	19	创新	17
10	新媒体	30	20	内容生产	16

三、现有研究的总结和评价

近五年来有关区县级融媒体的研究成果十分丰硕，但总体来看，关于区县级融媒体的发展进程及问题总结，尚存在一些有待深入探讨的问题。

第一，研究方法以文献分析和案例研究为主，缺乏从全局角度的总体描述。大部分既有论文都是针对具体案例的经验性总结，然而，全国区县级融媒体中心建设存在极大的差异性。由于经济发展水平、当地媒体结构和人口构成等因素，我国区与区之间、区与县之间、县与县之间的情况千差万别，广播、电视、报刊、网站等各种不同介质的媒体也各有特点。因此，仅由单一案例所产生的分析成果，很难适用到对全国区县级融媒体的总体把握上来。下一步研究应以不同省市县为单位，通过横向和纵向的比较，尽可能做到具体问题具体分析，并通过量化研究对全国区县融媒体的总体状况进行摸底。

第二，研究视角较为单一，缺乏多学科的分析方法。既有研究大多局

---

① 陈璐颖，宋建武．从疫情防控看县级融媒体中心的发展方向 [J].青年记者，2020,668(12):13-17.

限于新闻传播学内部，主要是从新闻传播学科的视角来思考区县级融媒体发展的问题，比如，融合新闻生产、宣传效果等。然而，由于缺乏从社会学、政治学等角度的切入，这种单一视角限制了我们思考区县级融媒体的发展路径。下一步应采取多学科的路径和方法，从经济学、管理学、社会学、政治学、法学等多元视角出发，对区县级融媒体融合的技术、产业、机构、政策和受众进行全方位的研究。这就需要有跨学科背景的团体成员进行合作，才能弥补个人视野的不足，达到对研究对象的全面认识。

第三，缺乏对区县级融媒体的建设成效的科学评估。学术界应该针对融媒体发展建立更为细化的评估体系。当前，国内对区县级融媒体融合程度的评价多从新媒体平台发稿量、阅读量、点赞量等片面的数字入手。虽然这些数字在一定程度上能反映融媒体平台的发展状况，但难以反映出媒体融合程度。因此，在建立评估体系时应容纳更多指标，如用户体验感受、内容的社会影响、体制融合效果等，尽可能以评促建、以评促改。

四、结语

区县级媒体融合发展，不能简单照搬已有大型传媒集团融合发展的实践经验。研究者需要对从中央到地方的媒体融合发展现状有全面的了解，特别是对其存在的问题和探索的思路有深入的分析。为此，研究者要展开大量的实证调查，包括参与式观察、访谈研究，才能切实把握传媒产业的现实状况。

就此，本文提出以下两点建议：第一，经济条件好的区县与经济条件欠缺的区县、省级媒体与区县媒体、行政力量和社会力量可以进行资源优势互补，推动多种形式的联合合作。例如，郑州市的区县融媒体中心建设就是由郑州报业集团牵头，与各县（市）区、开发区合资成立融媒体产业公司，以郑报融媒"中央厨房·新闻超市"大平台为基础，在区县级融媒体中心打造统一的指挥调度和分拨平台，尽可能低成本实现"一次采集、多元生成、多端发布"的移动传播理念。第二，在功能架构上应该以打造"社区媒体"

作为区县级融媒体转型的重中之重。与中央级和省级媒体不同，区县级媒体必须关注本地、关注小人物，以小切口来考察社会大问题，这种所谓"接地气"的策略才是提高区县级融媒体中心服务效率的根本坐标。区县级融媒体中心平台的操作经验不仅包括社区报经验，还可以把地方资讯门户网站作为自身融合创新的突破口，为所在地区的群众提供一站式服务，以服务促运营，针对用户特征做定制型、个性化的专业服务。

（林功成，中山大学新闻传播学院副教授、中山大学互联网与国家治理研究中心副主任；徐慧聪，中山大学新闻传播学院学生、研究助理。本文系互联网与国家治理研究中心、广东省舆情大数据分析与仿真重点实验室、广州大数据与公共传播研究基地的系列成果之一。）

年度观察

专业媒体与互联网平台的"常态接合"

——2022 年中国新闻业年度观察报告

张志安　田　浩　谭晓倩

【摘要】

本文以2022年中国新闻业的重大事件为观察对象，重点回顾党的二十大系列报道、北京冬奥会报道与抗击新冠疫情报道等重大题材的新闻实践，从新闻生产、技术采纳与新闻业态三个维度出发阐述本年度新闻业发展变化的主要特征，并归纳当前数字新闻业在平台社会语境下的运作规律和发展趋势。研究发现，专业媒体与互联网平台从生产到传播各环节的"常态接合"是中国新闻业发展的典型特征，其主要表现在三个方面：新闻生产的平台化、触达技术的智能化、治理理念的生态化。数字新闻业的"生产—触达—治理"模式，是专业媒体与互联网平台"常态接合"的主要呈现方式，因此新闻媒体业应当顺势而为，积极建设全媒体传播体系，全面提升数字沟通的能力与效果。

【关键词】

数字新闻业；平台接合；全媒体传播体系；数字沟通

2022年党的二十大胜利召开，中国迈上全面建设社会主义现代化国家的新征程。这一年，新冠疫情防控政策经历了从"清零"到常态防控的转变，北京因成功举办冬奥会而成为全球首座"双奥之城"，这些重大事件为新闻业探索融合传播、讲好中国故事提供了实践基础。同时，受到互联网平台全面介入的影响，数字新闻业在新闻生产、内容分发与用户接受层面激发出新的活力，数字新闻业整体进一步实现朝平台接合的转型。在总体性的技术环境下，危机话语始终悬浮在新闻业的发展进程之中，[①]这推动新闻业因时而变，借助技术革命而进行生产环节更新与组织流程变革。

本文尝试以2022年中国新闻业的重大新闻报道为考察对象，归纳新闻业的年度实践特征，分析探索本年度中国新闻业创新实践的理论潜力，并尝试阐明上述创新实践对于未来新闻业的启示。总体上看，本年度中国新闻业的发展主要包括三方面特征：新闻生产的平台化、触达技术的智能化、治理理念的生态化。这三个特征共同构筑了当代中国新闻业的实践框架，也预示着新闻业平台化发展的主要趋势。

以上述新闻生产、触达技术与监管理念为观察维度，本文尝试归纳其中暗含的中国新闻业发展主线：专业媒体与互联网平台的"常态接合"。在数字时代，平台接合意指数字新闻业的内容产品与不同数字媒体平台之间的形式互动和逻辑互嵌。新闻内容的生产逻辑、分发流程与接受过程始终建基于新闻机构与数字媒体平台的互动关系之中，这种接合在数字媒体平台上日渐常态化，推动着新闻业向互联网平台接合的深度转型。

一、专业媒体新闻生产常态对接平台

2022年，中国新闻业更加常规化实施"优质内容生产+平台分发扩散"机制，新闻生产过程体现出对互联网平台更高的重视程度。平台化的新闻生产环节要求专业新闻机构主动适应互联网平台的内容展示与分发规则，将平台化的认知逻辑与表达倾向有机地融入新闻内容之中。其具体表现是，专业媒体围绕着互联网平台建立起了一套常态化的内容生产体系、新闻叙事结构与评论预置观念。更进一步来说，平台逻辑实际上影响甚至规范着专业新闻生产的流程革新，后者的实践体系始终围绕着"数字性"的自我革命而展开。

---

① 张涛甫，陈佳怡. 危机与转机：党的十九大以来中国新闻学研究的流变和走向 [J]. 编辑之友，2022(04):120-127.

（一）融合内容生产实现常态数字化

2022年，我国主流媒体机构综合运用多种数字化手段选择新闻主题，生产文字产品，采集音视频内容，创造虚拟报道等，这些手段的运用使得新闻内容生产更好地符合数字媒体平台的传播与发展规律。

中央级主流媒体的融合新闻生产体系已颇具规模，引领着我国新闻业常态数字化的发展方向。以人民日报为例，截至2021年，人民日报已拥有报、刊、网、端、微、屏等十多种载体，网络媒体320多家，综合覆盖人群超9亿。这样的全媒体生产传播体系让"一次采集、分类加工、多元生产、分众传播"的数字化生产成为常态。①正是基于这样的全媒体生产体系，各大央媒才能在北京冬奥会的报道工作中突破既有的生产流程，在融合传播和数字叙事方面不断创新。中央广播电视总台作为东道主国家广播电视台和国际奥委会电视转播合作伙伴，依托"5G+4K/8K+AI"技术战略格局，以尖端的拍摄装备、领先的转播技术保障了冬奥会的转播活动，创造了仅在总台多平台跨媒体总触达人次超628.14亿的辉煌传播纪录。②前沿的数字技术运用也是全媒体生产体系的一个重要组成部分。CGTN在北京冬奥会报道之中积极探索"虚拟演播厅"的应用，以广电级导播效果服务于全球冬奥运动员和冰雪明星的系列采访报道，成为北京冬奥会数字化报道的一个亮点。

除自有渠道的生产与传播之外，中央级主流媒体的内容生产体系也为各级媒体提供了"内容供给"。据统计，在北京冬奥会报道之中，新华社设立了冬奥会报道团发稿中心，发稿中心共播发各类稿件6.1万余条（张），其中，文字报道8100余条，图片报道5万余张，新媒体原创报道3000余条，文字单篇最高采用超过4700家。③

常态的数字化生产意味着专业媒体需要关注互联网平台上的受众关注热点，辅助判断发掘新闻主题，以较强的互联网思维指导新闻内容生产的议

① 李宝善.积极回应时代挑战 加快构建全媒体传播格局 [EB/OL].(2021-05-19).http://theory.people.com.cn/n1/2021/0519/c49157-32108029.html.

② 央视网.精彩绝伦！总台科技创新点亮冬奥！[EB/OL].(2022-04-08). http://politics.people.com.cn/n1/2022/0408/c1001-32394349.html.

③ 新华社北京冬奥会报道团.新华社北京2022年冬奥会报道盘点 [EB/OL].(2022-03-07). https://mp.weixin.qq.com/s/mfBsxkwxRab-WEZ77Fyl9A.

程设置。根据索福瑞媒介研究（CSM）的调查，截至2022年6月，国内短视频用户规模获得快速增长，通过各类渠道及终端观看短视频的网民占比达93.2%，①这意味着平台化的信息用户已经占据网民的绝对主体。随着疫情防控常态化工作的持续推进，央省市县四级媒体融合在全媒体宣传报道、舆论引导、科学传播、虚假信息澄清、舆情监测、情绪导控、数据发布、应急宣传等方面发挥出协助治理的积极作用。比如，在2022年上半年疫情暴发时，"深圳卫健委"作为卫健领域内的垂直类公众号，以用户所关心的疫情信息为抓手，配合通俗易懂的内容风格，粉丝迅速增长至2000万，获得公众广泛赞誉。除了主流媒体机构的重大事件报道外，互联网公司也在探索AI生成内容（AI-Generated Content，AIGC），百度公司发布了AI助理，覆盖了各种AIGC应用，包括AI自动生成文字、图片，图片转换成视频，②代表了当前智能化新闻生产的主流产品类型。

（二）新闻叙事策略更加贴合平台逻辑

深度融合的新闻报道要求新闻叙事必须对不同平台体系的传播规则进行分别处理，在生产环节实现新闻内容的跨平台接合；既坚守专业或宣传逻辑，又遵从或把握平台逻辑。2022年，视觉化、情感化的新闻内容在不同平台上均具有极强的吸引力，成为跨平台新闻叙事的主要策略。

视觉化的新闻叙事诉诸丰富的音视频素材来重构新闻内容，以多维度的接受体验激发用户的愉悦感，增强新闻业与用户之间的亲密关系。为此，主流媒体持续在传播渠道方面进行移动化转型与视觉化探索。③党的二十大新闻中心设立了融媒体体验区，提供智能化、交互性、沉浸式融媒体验服务。使用者可以在体验区近距离感知包括人民日报社、新华社、中央广播电视总台等重点实验室的最新研究成果，同时与虚拟人物实时互动，体验XR演播室，

① 中国广视索福瑞媒介研究. 短视频用户价值研究报告 [EB/OL].https://www.csm.com.cn/UpLoadFile/Files/2022/12/8/12702552be5d979-a.pdf.
② 36氪. 百度何俊杰：AIGC技术正在成为百度移动生态的新变量 [EB/OL].(2022-09-23).https://mp.weixin.qq.com/s/5c3ctWU7DGjRAVU7luEJqQ.
③ 冉桢，张志安. 移动、视觉、智能：媒体深度融合中组织再造的关键 [J]. 新闻与写作，2021(01):18-24.

获得全方位的视觉冲击与沉浸式体验。①冬奥会报道中，中央广播电视总台播控系统团队所构建的开幕式AR直播呈现系统，完成虚拟雪花实时制作，采用50帧播放速率进行大屏幕画面播放，极大地提升了用户的观看体验。

互联网平台为新闻业设置了情感化的实践生态，以富含情感要素的新闻内容来唤醒新闻用户的情感共鸣，是数字新闻业的核心转向之一。②央视网新闻频道对二十大代表风采进行了专门报道，从代表本人的工作生活切入，语言平淡质朴，更能引发用户共鸣。微博配合北京冬奥组委新闻宣传部积极开展#我是火炬网络护跑手#网络宣传推广活动，吸引了超过4000万人为火炬护跑；建立超话社区，邀请今年与往届中国国家队运动员入驻，请他们发布赛场内外的感受，与无数网民同频共振。通过这些视觉化、情感化、交互化的新闻叙事，用户更多地进入全包裹式的新闻生态之中，更能感受到数字新闻叙事的创新体验。

（三）新闻触达用户激发社交表达

数字化的新闻生产要求新闻生产环节内置用户意识，这种用户意识与前数字时代的新闻生产观念的显著区别在于，用户的关注、点击、转发、点赞等参与行动成为影响新闻生产的重要前提。

在社交媒体平台上，新闻用户彼此连接，社交化的新闻平台成为新闻内容赖以传播和再传播的基础渠道。③准确回应公众关切、有效激发用户共鸣，是舆论引导产生实效的关键。由浙江省委宣传部打造的公众号"浙江宣传"自2022年5月30日上线以来，主题鲜明、文风犀利，以"说人话、切热点、有态度"为策略，准确抓住了新闻用户的眼球，实现了良好的价值引领效能，包括《嘲讽"小镇做题家"是一个危险信号》《"人民至上"不是"防疫至上"》《新闻发布勿犯七个低级错误》等在内的多篇文章受到用户的广泛转发，形成了现象级的传播热潮。

① 中国共产党第二十次全国代表大会新闻中心.融媒体体验区，邀你一起见证伟大成就！[EB/OL].(2022-10-12). http://20th.cpcnews.cn/n101/2022/1012/c101-557.html.
② 常江,狄丰琳.数字新闻业的平台化：演进逻辑与价值反思[J].编辑之友，2022(10):22-30.
③ 田浩.原子化认知及反思性社群：数字新闻接受的情感网络[J].新闻与写作，2022(03):35-44.

新闻内容的再媒介化也成为数字媒体平台上的一种新现象。媒体发布的素材能够被用户借鉴，生产出新的衍生产品，形成新闻内容分发的"长尾效应"。冬奥会报道中，从吉祥物冰墩墩、雪容融到新晋"顶流"谷爱凌、苏翊鸣、武大靖，再到"我的眼睛就是尺"的"濛式语录"，融合情感元素的短视频极大地重构了媒介生态，通过视觉化的传播内容实现呈现与共情、引导与记忆。新华社全媒编辑中心联合新华社甘肃分社、敦煌研究院一起策划推出"敦煌里的中国节"系列长图，将敦煌文化用新媒体技术呈现出来，受到了用户欢迎和二次创作，成为弘扬传统文化的积极实践。

二、内容触达技术的智能逻辑

本年度，智能技术对新闻生产与新闻分发的介入与改造愈加精准化、系统化，具体表现在矩阵化的新闻机构格局、精准化的算法推荐机制、网络化的新闻产消行为等三个方面。

（一）主流媒体完成平台账号矩阵布局

主流媒体在互联网平台上具有明显的生产优势与传播优势，专业的采写编评团队能够因循技术创新规律与新闻传播规律，即时捕捉社会新事件，生产具有影响力的专业新闻内容，产生了较好的议程设置效果。

矩阵化的平台账号布局是主流媒体推进深度融合特别是强化移动传播的成果。2020年，中共中央办公厅、国务院办公厅印发《关于加快推进媒体深度融合发展的意见》，要求推动主力军全面挺进主战场，以互联网思维优化资源配置，把更多优质内容、先进技术、专业人才、项目资金向互联网主阵地汇集、向移动端倾斜。11月14日，浙江省安吉县发布《安吉县融媒体中心（安吉新闻集团）发展战略规划（2023—2028）》，率先启动第二轮体制机制改革，推动新闻记者编辑向全媒体人才转型。[①]在"喜迎二十大"的报

---

① 长江.今年营收预计突破5亿元，一个县级融媒体中心怎么做到的？[EB/OL].(2022-11-27). https://mp.weixin.qq.com/s/CQ7K-c_eDiX7L_JyfzPUlA.

道中，央视新闻不仅在央视网、客户端上设置了专门的页面进行全方位的报道，也根据新浪微博、微信公众号、抖音等互联网平台特点进行有影响力的报道。在新浪微博上，由央视新闻所主持的话题#二十大#获得了超过47亿的阅读，引发了90余万的讨论，极大地覆盖了社交媒体用户。新华网的"中国这十年"系列报道活动，以《现场直播》《热点报道》《数说这十年》等栏目获得广泛关注。①

矩阵化的新闻机构体系同样允许新闻机构探索新的内容生产风格，将日常化、体验化的叙事视角纳入新闻叙事之中，并借助矩阵化的新闻平台对其加以传播。这方面，一些中央级主流媒体在社交媒体平台上已成为"超级影响者"，具有极强的矩阵化议程设置能力。目前，人民日报法人微博在新浪微博粉丝数突破1.5亿，在抖音平台上粉丝数超过1.6亿。新华社官方账号在新浪微博粉丝数超过1亿，抖音平台上粉丝数超过5800万。央视新闻微博账号拥有粉丝超过1.3亿，官方抖音号拥有粉丝数超过1.5亿。各级主流媒体也在积极探索融媒体平台上的内容生产策略与组织机构改革方向，如上海报业集团启动"融媒工作室赋能计划"，精选了20个入驻第三方平台的工作室，尝试孵化、扶持一批扎根于民生、财经、科技、国际传播等报道领域的"种子选手"，催生一批导向鲜明，富有影响力、感染力、号召力的红色大V和"塔尖"IP。②2022年上海疫情防控期间，诸多居家的专业新闻记者、编辑、编导、摄像以及主持人等新闻一线采编人员自发地拿起手机进行新闻采编工作，变"后方"为"前方"，由专业生成内容（PGC）转型为用户生成内容（UGC），更催生出了一种全新的专业用户生成内容（PUGC）。

（二）智能算法治理平衡精准与权威原则

智能算法擅于将用户感兴趣的新闻内容反复推荐至用户的新闻流之中，为用户设置了议题高度聚焦的新闻套餐。在互联网平台上，智能算法为用户

① 新华网.中国这十年 [EB/OL]. http://www.xinhuanet.com/politics/ldzt/zgzsn/index.htm.
② 澎湃新闻.上海报业集团启动"融媒工作室赋能计划" [EB/OL].(2022-06-16). https://mp.weixin.qq.com/s/vMuUPK920N49bHEhKNgfTQ.

培育了新的新闻文化，也引发了监管部门的关注与主流媒体的回应。智能算法以平台存留度为主要目标，持续为用户推送他们所热衷的信息内容。用户反复接受同质化信息，会导致新闻接受逻辑的孤岛化，进而面临个人认知、情感与行动层面上的极化风险。[①]

由于智能算法技术为新闻业带来了伦理风险，[②]新闻业与政府部门已经注意到了推荐算法的突出影响，并通过新闻法规与内容生产两条进路引导技术向善。一方面，政府部门结合智能算法技术的实际情况积极设定政策法规。2022年3月1日，《互联网信息服务算法推荐管理规定》开始实施，其核心要求包括不得利用算法屏蔽信息、过度推荐、操纵榜单等干预信息呈现，不得设置诱导用户沉迷、过度消费等违反法律法规或者违背伦理道德的算法模型等。另一方面，主流新闻媒体顺势而上，既在近些年主动推出"党媒算法""媒体大脑"等一批具有正面价值导向的智能算法，又积极运用智能算法推荐所带来的可能性，探索算法"善用"。如近年来，人民日报上线了"人民号"，尝试以党媒算法打造良性传播生态。新华社推出"媒体大脑"，在数据源头、数据出口等多个环节强调算法的价值导向。2022年，主流媒体尝试运用智能算法推荐机制，以创意新闻内容精准触及特定年龄段的用户，如中央广播电视总台新闻新媒体中心按照"全员做视频，全员懂视频"的工作要求，制作冬奥新闻短视频和精品视频200余条，总播放量超百亿，带动新版央视新闻客户端新增下载量超160万，最高日活达454万。[③]这些短视频内容在不同平台上被智能算法推荐给用户，创造出30余条短视频播放量超千万、多个作品阅读量过亿的话题。

（三）网络新闻传播的用户参与更趋活跃

互联网平台催生了更加主动的新闻用户，他们通过点赞、转发、分享等

① 方师师. 算法：智能传播的技术文化演进与思想范式转型 [J]. 新闻与写作，2021(09):12-20.
② 匡文波. 智能算法推荐技术的逻辑理路、伦理问题及规制方略 [J]. 深圳大学学报（人文社会科学版），2021,38(01):144-151.
③ 国家广电智库. 中央广播电视总台新闻新媒体中心：打造新闻新媒体旗舰平台 [EB/OL]. (2022-07-18).https://mp.weixin.qq.com/s/_3P72585EWvO7jnRxzWKBw.

功能参与新闻报道的分发与阐释,形成具有创造性意义的新闻产消活动。主动的新闻用户不仅能够积极适应数字平台的技术逻辑,为主流媒体提供优质的"新闻原料",也能够成为具有影响力的网络红人,成为正面价值的传播者。2022年,人民日报、新华社、央视新闻等主流媒体与B站UP主合作共创内容,或复原三星堆面具,或用3D沙盘重现四渡赤水等长征中经典战役,内容生动有趣、传播效果正面。北京冬奥会期间,头条新闻与微博校园合作举办了四场直播,与行业kol现场连麦,向网友科普奥运知识、传达奥运理念。

互联网平台上的新闻用户不仅是新闻事件的接受者,也是新闻事件的亲历者与参与者。在社交媒体平台上,视频内容与直播内容能够推动裂变式的社交传播,实现了滚雪球式的放大效应。①中央广播电视总台2022年春节联欢晚会首次尝试竖屏直播,除夕夜超过1.2亿人在微信视频号"竖屏看春晚",直播间点赞数超过3.5亿次,总评论数超过919万次,总转发数超过551万次。②

三、新闻监管与内容治理理念的生态化

系统性的信息要素流通与参与式的新闻体验对于数字新闻业的发展至关重要,因此平台新闻生态治理的核心目标之一就在于促进信息要素的有序、有效流通。数字新闻业人机共生的愿景为新闻业带来了伦理挑战,这在平台接合维度对新闻生态治理提出了新的理念要求。当前新闻行业监管逐渐以互联网平台为主要场域,呈现出明显的生态化特征。

(一)以人机共生为核心的新闻生态

在数字时代,互联网平台既允许用户便捷地"阅读"遍及平台的新闻内容,也允许用户与新闻内容产生多维度的体验共鸣,获得一种"人机共生"

① 张志安,徐昌睿.社交场景下主流媒体短视频运营策略 [J].中国记者,2022(08):44-48.
② 鲁佳.首次"竖屏看春晚"!超1.2亿人围观,3.5亿次点赞 [EB/OL].(2022-02-01). https://www.thehour.cn/news/497039.html.

的数字化生存方式。

当前，伴随着新闻用户主动地借助数字媒体平台所提供的点赞、转发、评论等不同的技术功能进行自我表达，由计算机所中介的人际交互成为平台新闻最突出的特征。有赖于以web3.0技术为代表的技术设施革新，新闻业能够以更加沉浸式的方式为用户带来全新的新闻体验，"人-机关系"被极大地拓展。[1]新闻生产传播也逐渐纳入人工智能，开启人机协同阶段。[2]新闻用户能够凭借被极大扩展的信息技术来获得对新闻现场的沉浸式体验，来获得无限逼真新闻事实。这种沉浸式的新闻现场得益于AR、VR、4K等技术的创新发展与创新使用。这些数字技术能够在个体维度上创造出一种逼真的新型拟态环境，供用户在其中生存、社交乃至创造意义。

2022年，央视网和抖音联合出品《种花家这十年：一路生花》，综合运用短视频、互动游戏、手绘国漫等年轻态表达方式，依托强大的AI换脸技术，实现用户通过上传个人照片完成"换装"，化身为航天员、新农人等5个新时代代表性角色。用户既可以在空间站开展太空实验和出舱任务，也可以在滑冰馆体验花滑，或在茫茫大漠跳飞天舞。用户在沉浸式体验过程中，可以感受到积极的精神感染。

唯有对人类的感官体验与社交关系的全面重构才能创造出新兴的"新闻元宇宙"，并对人机关系造成颠覆性影响，人类与数字技术的互联共存是未来信息生态的发展方向。

（二）在发展中强化价值引领的平台治理

积极向善的信息生态在平台时代受到极大挑战，虚假新闻、仇恨言论、网络暴力等问题在平台上层出不穷。[3]在去语境化、不透明的信息传播环境之中，用户对信息内容抱有更深的不信任感。[4]新闻平台治理事关风清气正的社

---

① 彭兰.数字新闻业中的人-机关系[J].新闻界，2022(01):5-14+84.
② 杨保军.再论"人工智能新闻生产体"的主体性[J].新闻界，2021(08):21-27+37.
③ 常江，杨惠涵.基于数字平台的信息失范与治理：全球趋势与中国经验[J].中国出版，2022(12):3-10.
④ 杨洸，郭中实.数字新闻生态下的信息失序：对数据主义的反思[J].新闻界，2021(11):14-21+31.

会文化建设，也对数字社会治理现代化具有积极意义。由信息监管部门与数字媒体平台所共同参与的平台治理既呈现出强化价值引领的平台生态治理理念，也在实践层面表现为多维并举的平台生态治理策略。

2022年，中央网信办继续推进"清朗"系列专项行动，关注十个方面的重点任务：打击网络谣言，整治MCN机构信息内容乱象，打击网络直播、短视频领域乱象，整治应用程序信息服务乱象，规范网络传播秩序，算法综合治理，整治春节网络环境，整治暑期未成年人网络环境，打击流量造假、黑公关、网络水军，互联网用户账号运营专项整治行动。1月下旬起，开展为期一个月的"清朗·2022年春节网络环境整治"专项行动。4月8日起，开展"清朗·2022年算法综合治理"专项行动。4月24日起，开展"清朗·网络暴力专项治理行动"。9月2日起，部署开展为期3个月的"清朗·打击网络谣言和虚假信息"专项行动。

各大互联网平台纷纷响应"清朗行动"，根据自身情况开展多重形态、多维并举的平台治理行动。截至2022年11月下旬，微博、腾讯、抖音、快手、百度、哔哩哔哩、小红书、知乎、豆瓣等重点网站平台共处置传播网络谣言账号5400余个。如微博在谣言内容管控处置、辟谣工作机制建设、辟谣成果大力宣传等方面做了复盘和总结，尤其在重大自然灾害、重大社会热点、重要国际事件等重要节点，秉持"专""严""实"的总体要求，切实履行平台主体责任。此外，新浪新闻《捉谣记》栏目，致力于求证热点事件中的谣言，将辟谣内容制作成单条新闻、专题、榜单、长图海报、H5等形式，在PC端、移动端、社交端多端口进行传播，也产生了积极的网络辟谣效果。

除专项治理行动之外，以核心价值观来引导信息生态发展也是专业媒体参与平台治理的重要策略。主流媒体在新闻生产之中内置正面的价值观，借助视觉化信息与算法推荐等多种手段触及用户，为用户提供优质的"数字新闻套餐"，可发挥重大事件的舆论定调作用。党的二十大期间，上海广播电视台融媒体中心生产视频节目与短视频、直播、图文等多种内容，以中文和英文进行重点报道，仅2022年10月16日至19日3天就推出电视报道248条次，

新媒体短视频、直播、图文、H5等共231条，全网总浏览量2400万，海外总覆盖量260万[①]。

四、专业媒体对互联网平台的"常态接合"

上述三个方面的梳理表明，互联网平台意味着一种新的技术、新的信息传播手段与新的新闻传播权力，它全面地介入新闻业的发展进程之中。2022年，我国新闻业的主流实践表明，新闻机构正在以前所未有的姿态积极拥抱数字平台，并尝试通过融合数字平台逻辑来引领网络传播的新业态。

本文尝试对本年度新闻业创新实践进行理论归纳——专业媒体对互联网平台的"常态接合"。所谓"常态接合"，主要指专业媒体对互联网平台的依赖性生存和运作方式。由于平台逻辑作为一种基础设施规则渗透在各个社会领域内，新闻业被动地进行了全面平台化。[②]在数字时代，"常态接合"意味着专业媒体需要以互联网平台逻辑为基础自觉组织新的生产流程、分发方式与价值引领工作，其创新实践表现为平台化生产、智能化触达和生态化治理三个环节（见图1）。

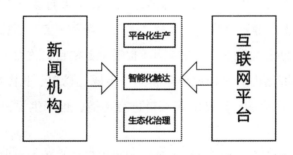

图1　专业媒体与互联网平台"常态接合"的三环节示意图

---

① 广电独家.六个维度、凸显上海特色！SMG融媒体中心党的二十大融合报道有声、有色、有气势[EB/OL].(2022-10-19). https://mp.weixin.qq.com/s/wRi9lqZUYNfilJ1Bl1n5-A.

② 白红义."平台逻辑"：一个理解平台——新闻业关系的敏感性概念[J].南京社会科学，2022(02):102-110.

第一，"平台化生产"指新闻媒体回应数字技术刺激的新闻生产模式。在这一模式之下，新闻机构的内容生产、分发与流通均受到平台技术框架的极大制约，需要通过生产变革来适应新的生产规则。立足于互联网平台进行内容分发和用户触达的新闻机构，要实现生产知识和组织文化的更新，建构起符合数字技术发展规律的内容生产体系与传播体系。

第二，"智能化触达"强调新闻机构能够立足于互联网平台制定内容规则，以自主的平台逻辑组织起新闻内容的分发模式。在这一模式下，新闻机构生产的优质内容，能够借助算法推荐更精准地触达用户。为此，新闻机构需要进行跨平台的新闻内容生产并具备成熟的全媒体生产能力，在组织架构上呈现更灵活的全媒体组织体系。平台接合日渐成为常态实践，新闻机构的生产逻辑将更匹配互联网平台的运作逻辑。

第三，"生态化治理"指的是新闻机构凭借内容生产优势参与正面的新闻议程设置，配合监管部门的治理行动，为积极的新闻生态提供内容基础。当新闻机构能够建立起传播矩阵，在平台上形成强大影响力时，就可以将作为基础设施的数字媒体平台作为内容生产、分发与接受的有效工具，在组织上呈现更全面的平台化。在理念上，生态化治理代表着新闻生产逻辑与平台权力的深度融合，新闻机构与数字平台的间性一定程度上被消除，平台规则与内容生产规则极大融合。

联系上述三个不同环节的关键，在于新闻机构的互联网平台逻辑。数字媒体平台建基于互联网技术，而在应用层面则与海量的互联网用户紧密相关，因而"平台"这一概念本身就具有极强的技术属性与公共属性。正是出于对技术属性与公共属性的双重追求，新闻机构才热衷于主动接触平台，并基于平台逻辑进行内容生产和分发。数字新闻业的蓬勃发展离不开新闻机构对平台逻辑的适应，而唯有坚守准确、可靠和透明性等新闻公共价值，新闻业才能在政府、市场和社会三方平衡之中把握平台逻辑，[①]转向全面的"常态接合"阶段。

---

① [荷]何塞·范·迪克，张志安，陶禹舟.平台社会中的新闻业：算法透明性与公共价值——对话荷兰乌德勒支大学杰出教授何塞·范·迪克教授[J].新闻界，2022(08):89-95.

五、结论：平台社会中的数字新闻业

上述新闻实践梳理与理论归纳共同指向一个核心问题，即专业的新闻机构如何在数字时代处理与平台之间的复杂关系。通过对2022年中国新闻业的梳理与分析，我们认为，面对新闻内容跨平台接合的常态化实践，全面打造立足于互联网平台逻辑的全媒体传播体系，是数字新闻业发展的必然。

一方面，新闻机构必须将数字技术逻辑纳入行业更新与变革的进程之中，打造植根于新兴媒体技术与平台逻辑的全媒体传播体系，以全媒体传播体系指导自身的内容生产实践。随着全程媒体、全息媒体、全员媒体、全效媒体的不断发展，由人类主体与智能主体所共同构筑的数字媒体生态呈现出人机共生的发展态势。倘若新闻业未能建立起与数字技术发展相适应的观念体系，就会陷入"文化滞后"的陷阱之中。[①]唯有立足于全媒体传播体系，积极推动全媒体基础设施建设，探索新闻内容生产的跨平台接合，才能实现数字化的成功转型。

另一方面，在数字技术全面侵入人们的新闻接受环节时，保持人的内驱性表达动力及共情性交流能力至关重要。[②]这在实践层面要求平台新闻业全面提升数字沟通胜任力，努力获得用户信赖，提升用户跨平台参与感。互联网平台上的信息内容良莠不齐，给大量用户带来了碎片化、负面化的新闻体验。在这种情况下，主流媒体更应以专业的新闻生产和正面的新闻价值增进用户与新闻机构之间的亲密关系。

值得反思的是，由数据指标所引发的新闻流量迷思，以及严肃新闻在平台上的情感化、娱乐化倾向已成为数字新闻业面临的结构性问题，并带来多重隐忧。受平台权力崛起的影响，即使专业新闻规范在一定程度上要求新闻业自觉地进行自我约束，由国家、市场与技术等多重逻辑所影响的平台新

---

① 陈昌凤.人机何以共生：传播的结构性变革与滞后的伦理观 [J]. 新闻与写作，2022(10):5-16.
② 彭兰.智媒趋势下内容生产中的人机关系 [J].上海交通大学学报（哲学社会科学版），2020，28(01):31-40.

闻业仍面临诸多不确定性。但毋庸置疑的是，新闻业的公共价值应当成为专业媒体与互联网平台之间"常态接合"的基石，唯有在发展过程之中持续倡导"平台向善"，数字新闻业才能与互联网平台之间形成良性博弈与合作关系。

（张志安，复旦大学新闻学院教授、复旦大学全球传播全媒体研究院副院长、中国新闻史学会应用新闻传播学专委会理事长；田浩，复旦大学新闻学院青年副研究员、复旦大学全球传播全媒体研究院研究员；谭晓倩，中山大学新闻传播学院博士生。）

2022年传媒事件大盘点

范以锦　陈欣妤　朱艳艳　杨　璇　兰　旭　聂　浩

党的二十大报告强调："加强全媒体传播体系建设，塑造主流舆论新格局。"2022年，主流媒体与各类专业媒体、社会化媒体、传播平台协同发力，进一步完善全媒体传播体系。主流媒体在推进深度融合中，坚持内容定力，打造出异彩纷呈的融媒产品，并通过技术创新等手段强化传播力，进一步巩固壮大奋进新时代的主流思想舆论。在众声喧哗的网络舆情中，主流媒体权威发声对舆论引导起到了不可替代的作用。与此同时，在国家政策的引导下，媒体自身的管理和改革发展创新也在不断推进中。这里列举和点评的2022年发生在中国的传媒事件，从多个侧面反映了中国新闻传播事业的变化。

一、全程、全息、全员、全效进行党的二十大宣传报道，全面多元立体呈现新时代中国伟大发展

事件回放：

从中央到地方，从报社到广播电视台，各新闻媒体积极发挥自身优势，创新传播形式，全程、全息、全员、全效开展党的二十大宣传报道。人民日报推出《百秒说·非凡十年》等系列报道，讲述真实、立体、全面的中国改革现状；新华社推出《近镜头·温暖的瞬间》《复兴有我！》等融媒产品，展示中国的复兴之路；广西南宁、内蒙古呼和浩特、宁夏银川、西藏拉萨、新疆乌鲁木齐等地的广播电视台联合打造《石榴花盛开 逐梦向未来》融媒体联播特别节目，呈现少数民族地区共同奋斗的美好景象；南方日报、羊城晚报、广东广播电视台等媒体联合政府部门推出《喜迎二十大　建功新时代》

专题报道，深化思想政治引领。

点评： 主流媒体在党的二十大报道中的多形态、多层次、立体式的内容生产和传播，是对主流媒体向深度融合转型实践的一次大检阅。异彩纷呈的报道说明，主流媒体在向媒体深度融合中已取得积极成果，在"加强全媒体传播体系建设，塑造主流舆论格局"方面不断有新突破。可以预料，在党的二十大精神的指引下，主流媒体在巩固壮大奋进新时代的主流思想舆论方面将有更大作为。（聂浩）

二、党的二十大首设代表团新闻发言人，积极回应社会重大关切

事件回放：

2022年10月18日、19日和20日，党的二十大新闻中心连续举办5场集体采访活动，邀请各代表团新闻发言人出席，介绍学习讨论党的二十大报告的相关情况，并回答中外记者提问。其中，18日，党的二十大新闻中心举办第一场、第二场集体采访，14位省部级领导担任的新闻发言人亮相会场并接受集体采访，就社会大众关心的重要问题进行回答。据公开报道，各代表团设立新闻发言人，在中国共产党全国代表大会上尚属首次。

点评： 党的二十大期间，首次设立代表团新闻发言人，将对我国的新闻发布制度产生里程碑式的深远影响。代表团新闻发言人均由省部级重要领导担任，就国内外的重要问题进行详细解答，保障了社会大众的政治参与和信息知情，起到了积极的舆论引导作用，是党和国家为人民服务、对人民负责的重要创新举措。（聂浩）

三、两会期间融媒精品迭出，科技赋能助力传播效果

事件回放：

2022年全国两会期间，各种媒体新技术、新应用、新场景闪亮登场，各

大媒体纷纷展示了最新的技术应用成果：数字虚拟主播的精彩亮相，展现科技赋能传媒的无限魅力；Vlog、短视频等融媒产品为用户带来最新、最快、最生动的内容解读，实现重大主题轻量化传播。全国各地媒体推陈出新，一年一度的两会报道成为各大媒体的"大练兵"。

点评： 融媒技术不断发展，新技术、新应用深刻影响了传媒内容生产与传播方式，同时也大大拓宽了主题报道的思路。如何利用好新技术为传播赋能、策划、生产、运营好新闻产品并实现优势传播，是对各大媒体守正创新能力的考验。同时，当前媒体融合进入深水区，加强与用户的连接以走好群众路线仍是重头戏，各媒体要注重产品的交互性，吸引用户广泛参与，才能生产出人民群众喜闻乐见的好内容，不断实现创新突破。（朱艳艳）

四、喜迎中国共产主义青年团成立100周年，系列影视剧作品凝聚人心弘扬爱国情怀

事件回放：

2022年是中国共产主义青年团成立100周年。值此重要的时间节点，政府部门、媒体机构、行业协会等社会各界联合推出了弘扬主流价值观的多元化影视剧作品。《我的超能力》《中国青年：我和我的青春》《以青春之名》等一批既包括传统电影、电视剧，也包括创新微视频、交互视频的优质影视作品获得社会大众的喜爱。

点评： 近年来，弘扬主流价值观的影视剧作品不断推陈出新，在创作内容、表现形式、宣发方式上亮点频出。刻板生硬的政治教育式宣发内容不断消失，取而代之的是具有极强共情力和传播力的多元化影视作品。喜迎中国共产主义青年团成立100周年的系列影视作品不仅利用新兴媒介技术积极与社会大众尤其是青少年观众进行互动，还邀请他们参与二次创作，不断增强主流价值观的影响力，凝聚社会大众的爱国热情。（聂浩）

五、全国各地开展"新春走基层"活动，深入群众营造良好舆论氛围

事件回放：

2022年2月，中宣部通知要求各新闻单位要把"新春走基层"活动作为迎接党的二十大主题宣传的重要开篇，组织编辑记者深入群众生产生活场域，报道各地经济社会的发展成就，全面展示祖国各地欣欣向荣、人民群众安居乐业的美好景象。活动坚持融合创新，突出移动优先，多策划推出直播报道、短视频等基层群众喜闻乐见的融媒体产品，为迎接党的二十大胜利召开营造良好的舆论氛围。

点评："新春走基层"活动的新闻报道聚焦一线干部群众的生产生活，是展示基层党风政风出现可喜新变化新气象的重要窗口，是反映基层群众对未来美好生活热切期盼的重要途径。活动开展过程中，新闻记者既要俯下身子，深入挖掘沾泥土、带露珠、冒热气的新闻作品，又要创新传播方式，面向国内外受众生动立体地讲好中国故事，营造良好的社会舆论氛围。（兰旭）

六、"清朗"系列专项行动全面开展，营造风清气正的网络空间

事件回放：

"清朗"系列专项行动由国家互联网信息办公室部署开展，专项行动贯穿全年，聚焦于网络直播与短视频领域乱象、MCN 机构信息内容乱象、网络谣言、未成年人网络环境问题、应用程序信息服务乱象、网络传播秩序问题、算法综合问题等十余个影响面广、危害性大的互联网领域问题开展集中治理。

点评："清朗"系列专项行动的开展对互联网平台中存在的信息乱象进行了有力打击，维护了人民群众的合法权益，促进了网络平台的健康发展、行稳致远。值得注意的是，网络生态乱象极易反弹、反复，监管部门需要联合各方

力量，及时关注互联网络的新变化，解决新问题，通过构建完善的监测识别、处置响应、惩治追责等整治体系，持续深入开展网络空间治理。（兰旭）

七、加强网络综艺及影视剧作品管理，打好文娱综治"组合拳"

事件回放：

2022年2月6日，全国广播电视工作会议召开，会议强调要在网络治理方面打好文娱综治"组合拳"。在加强网络综艺节目管理期间，全面叫停偶像养成类网综、"耽改"题材网络影视剧，认真开展网络影视剧、短视频、直播领域专项清查，着力营造清朗健康的网络文化空间。

点评：近年来，网络综艺舆情事件时有发生，饭圈乱象严重影响网络文化空间的良性发展。戏谑的"倒奶打榜"等事件与网络舆论空间中"众生喧闹"的复杂网络环境，给文娱行业发展带来挑战。面对这一现状，除了出台整治乱象的相关监管及处罚办法，还需加大对综艺节目的审查力度，促进网络空间影视剧作品的良性发展。（兰旭）

八、《互联网信息服务算法推荐管理规定》发布，完善算法技术使用规范

事件回放：

2022年3月1日，《互联网信息服务算法推荐管理规定》正式施行，明确要求算法服务提供者遵守行为规范，坚持主流价值导向，积极传播正能量，不得利用算法推荐服务从事违法活动或者传播违法信息；不得生成合成虚假新闻信息或者传播非国家规定范围内的单位发布的新闻信息；不得利用算法实施影响网络舆论、规避监督管理以及垄断和不正当竞争行为。

点评：新规的发布，为涉及算法技术的相关主体和个人明确了行为准则及规范，严格划定算法使用红线。算法技术与网络空间生态息息相关，倘若被不法分子利用，将破坏互联网平台秩序，进而导致网络空间失衡。新规发

布后，针对算法技术出现的新问题、新漏洞，有关部门须及时解决，以便准确把握主流价值导向。各算法主体须恪守职业道德，规范自身行为，多方努力，共同营造健康有序的网络空间。（兰旭）

九、2022年中央一号文件发布，依托数字技术推动县级融媒体中心建设

事件回放：

2022年2月13日，中央一号文件《中共中央 国务院关于做好2023年全面推进乡村振兴重点工作的意见》发布。文件围绕农村精神文明建设等问题，对县级融媒体中心建设提出了新要求：以数字技术赋能乡村公共服务，推动"互联网+政务服务"向乡村延伸覆盖；着眼解决实际问题，拓展农业农村的大数据应用场景；推动数字乡村标准化建设；研究制定发展评价指标体系，持续开展数字乡村试点。

点评： 数字技术赋能乡村建设，将赋予县级融媒体发展新动力。新要求更具针对性，着眼数字技术应用，扩展新技术在乡村应用范围等举措，对县级融媒体中心建设工作起到指导作用。除了以数字技术引领改革，建设工作还应及时倾听民意，真正了解人民所想、所需、所感，打通基层宣传的"最后一公里"，显现出县级融媒体的强大活力。（兰旭）

十、青少年版权保护季行动全面开展，为青少年营造良好版权环境

事件回放：

2022年2月24日，中宣部版权管理局等六部门联合启动了"青少年版权保护季"行动，严厉整治教材教辅、少儿图书等领域侵权盗版乱象，重点打击盗版盗印、非法销售、网络传播侵权盗版思想政治理论课教材教辅、畅销儿童绘本等违法犯罪行为，为青少年营造良好的版权环境。

点评：近年来，中小学教辅领域出现侵权盗版乱象，在扰乱版权市场秩序的同时，也严重危害了青少年身心的健康发展。此次联合行动精准打击现存问题，处置速度快、力度强，对健全市场版权监督体系、维护青少年成长环境具有积极意义。打击盗版侵权不仅需要建立健全市场监管体系，提升商户规范意识，还需要多方主体、平台的主动参与，落实相关责任划分，合力共建青少年版权保护社会体系。（兰旭）

十一、新技术亮相北京冬奥会，"科技冬奥"助力赛事呈现与传播

事件回放：

2022年的北京冬奥会首次运用"云计算"承载、运营新闻报道，"科技冬奥"成为一大亮点。中央广播电视总台研发摄像机系统"猎豹飞猫"，实时跟踪运动员位置，灵活捕捉画面，做到全视角覆盖；AI影像处理系统逐帧抓取"子弹时间"，定格运动员的空中姿态，带来更真实的观看体验；数字人记者"冬冬"和谷爱凌数字分身"Meet GU"与节目中的真人互动，带来精彩纷呈的赛事播报与解说。

点评：北京冬奥会上采用的新技术，以更多元的方式给观众带来了全新的视听体验，使其获得身临其境的沉浸式感官享受。冬奥会的传播呈现中，既有高度还原比赛现场的全新直播方式，又有虚拟现实结合的创新互动模式，各种最新科技应用于冬奥会的全程报道，向全世界展现了冰雪竞技体育的风采和中国冰雪文化的独特魅力，讲好、讲响中国的冬奥故事。（兰旭）

十二、中国记者深入俄乌战场一线，突破危难的专业报道彰显新闻人的责任与担当

事件回放：

针对俄乌局势突变，中央广播电视总台派出60位采编人员深入俄乌一线

开展报道工作，全景式跟进事态最新进展，观察国际社会反应。除现场直播外，还多次连线国际问题专家和特约评论员，就俄乌局势未来走向等进行最新解读，引发网民广泛关注。

点评：在俄乌冲突中，中国记者将新闻专业素养和职业精神付诸行动，深入一线，为国人乃至世界提供真实、客观、实时战况。面对战争前线的危险与困难，我国记者表现出了勇敢无畏的胆识和过硬的专业能力，在枪林弹雨的危险中肩负起新闻记者的责任与使命。（兰旭）

十三、加大电视剧行业整治力度，优化市场环境，完善产业链条

事件回放：

2022年2月8日，《国家广播电视总局关于印发〈"十四五"中国电视剧发展规划〉的通知》（以下简称《通知》），着重强调要不断优化市场环境，完善全链条、全过程的事前、事中、事后监管机制，严肃处理涉及偷税漏税、"阴阳合同"、"天价片酬"等违法违规行为的演员和相关机构，禁止违法失德艺人发声、出镜。

点评：近年来，明星名人违法违纪的案件不断被曝光，给演艺行业及其从业人员敲响了警钟。《通知》进一步细化了监管机制，针对违规行为的惩治和预防提出了更详细的方案。作为公众人物，明星名人更应严格遵守国家法律法规，恪守社会道德底线，为大众做好表率。相关机构主体应建立健全筛查过滤机制，推动电视剧行业良性发展，促进社会公平，共同维持好市场秩序。（兰旭）

十四、全力整治弹窗服务乱象，净化网络空间生态

事件回放：

2022年9月9日，国家互联网信息办公室、工业和信息化部、国家市场监督管理总局联合发布《互联网弹窗信息推送服务管理规定》，整治弹窗乱

象，包括弹窗新闻信息推送、弹窗信息内容导向、弹窗广告等重点环节，全力整治利用弹窗违规推送新闻信息、弹窗广告标识不明显、无法一键关闭、恶意炒作娱乐八卦、推送频次过多过滥、推送信息内容比例不合理、诱导用户点击实施流量造假等问题。

点评：新规将针对弹窗乱象进行大范围的整治，并推进相关监管机制的完善，筛查处理违法违规信息，有利于净化网络空间，保障网民自身权益。此外，弹窗服务的提供者及平台须严格切实执行新规，明确现存问题并及时整改，严守职业操守底线，共同维护网络安全。（兰旭）

十五、政府工作报告部署互联网建设，繁荣新闻出版，深化网络治理

事件回放：

2022年3月5日，国务院总理李克强代表国务院向十三届全国人大五次会议作政府工作报告。政府工作报告总结了2021年的工作成绩，以及面临的问题和挑战，并对2022年的网信、文化工作做出重要部署。报告提出繁荣新闻出版、广播影视、文学艺术、哲学社会科学和档案等事业，加强和创新互联网内容建设，深化网络生态治理等发展重点。

点评：2022年，全国两会进一步提出要加强和创新互联网内容建设。各级媒体应努力利用好互联网，将其贯穿于新闻信息传播的全过程。同时，提升领导干部的媒体素养也是加强互联网内容建设和管理的努力方向。要时刻坚守以人民为中心的新闻理念，耐心倾听民声民意，及时有效地传递民众需求的信息。（朱艳艳）

十六、全面开展报业专项检查，推进稳定有序的出版环境建设

事件回放：

2022年4月1日，国家新闻出版署印发《关于开展2022年度报纸及其所办新

媒体质量专项检查工作的通知》，宣布将重点检查2022年度报纸及其所办新媒体的质量，其重点包括：报纸的内容质量、编校质量和出版形式质量；报纸所办官方微博、官方微信、客户端三种新媒体发布信息的内容质量、编校质量。三种新媒体"三审三校"等质量保障制度的建设和执行情况将被重点推进。

点评：面对此次专项检查工作，各单位认真部署工作内容，按时报送材料，并按照网上、网下"一个标准、一把尺子、一条底线"的要求，落实质量监管工作，注重报纸内容质量、编校质量和出版形式质量；贯彻执行意识形态工作责任制，坚决捍卫意识形态安全。专项检查对于坚持正确政治方向和出版导向，强化风险意识，营造安全优质、稳定有序的出版环境有重要作用。（朱艳艳）

十七、"打假治敲"专项行动开展，全面整治新闻行业乱象

事件回放：

2022年4月14日，中宣部召开2022年全国"打假治敲"专项行动暨传媒监管电视电话会议。会议强调，要紧紧围绕迎接宣传党的二十大这条主线，严格打击新闻敲诈和假媒体、假记者，严厉整治虚假新闻信息，严肃纠治有偿新闻，进一步营造清朗健康的舆论环境。

点评：2022年"打假治敲"专项行动持续深入开展。不论是新闻敲诈、假媒体、假记者，还是虚假新闻、有偿新闻，都严重损害了新闻媒体的公信力和人民群众切身利益，必须严厉整治。净化新闻舆论环境，需按有关文件精神，创新监管手段，深化以管促建，用好审批监管、优化资源配置，加强队伍管理、建强记者队伍。（朱艳艳）

十八、中央媒体设专题报道大美边疆，生动呈现全新边疆面貌

事件回放：

2022年4月中旬以来，中央主要媒体深入革命老区和边疆地区，开展行

进式、互动式采访报道，生动讲述新时代"老区新貌""大美边疆"的精彩故事，反映成就变化，凝聚发展信心，展现奋斗图景。多家媒体开设专版专栏，创新报道形式，全方位展现边疆变化，多角度讲好边疆故事。

评论：在此次专题报道中，各媒体充分发挥各自优势，深入革命老区和边疆地区，聚焦基层变化，充分展示了党的十八大以来革命老区和边疆地区的新变化、新成就，展现了改革发展成果，极大提升了传播实效，也为迎接党的二十大胜利召开营造了良好的舆论氛围。（朱艳艳）

十九、建设标准体系补齐数字乡村短板，助力乡村实现全面振兴

事件回放：

2022年9月，中央网信办、农业农村部等四部门发布《关于印发〈数字乡村标准体系建设指南〉的通知》指出，乡村文化数字化标准主要包括县级融媒体中心建设在内的三项标准。其中，县级融媒体中心建设标准主要涉及各媒体资源的整合以及融合媒体平台建设，促进融媒体中心建设成果与新时代实践文明中心建设对接。

点评：数字乡村是乡村振兴的战略方向之一，但不少地方硬件基础薄弱、软件不足。贯彻《指南》要落到实处，必须夯实硬件基础、补齐软件短板。同时，数字乡村标准化建设是需要长期发展的工作，相关的建设标准没有标准答案，需要结合实际情况不断调整和完善。（朱艳艳）

二十、中国新媒体大会大咖云集，科技赋能共创融媒未来

事件回放：

2022年8月30日，主题为"科技赋新能 融媒向未来"的2022年中国新媒体大会开幕式暨主论坛在湖南长沙举行。本届大会设置"1+4+4"的内容框架，即1场开幕式暨主论坛、4场专题论坛、4场主题活动。主论坛上，来自央

媒、地方媒体和互联网企业的"大咖"同场"竞技",围绕主题作相关精彩发言,共襄新媒体发展大计。

点评:展望融媒发展的未来,需要我国各级媒体勇立时代潮头,拥抱技术创新,坚持正确导向,打造媒体融合发展新模式。与此同时,应时刻瞄准科技前沿,关注技术发展最新动态,通过积极创新体制机制、技术手段、表达方式、传播手段等,共同打造健康和谐的新媒体生态圈,走出具有自身特色的融媒发展之路。(朱艳艳)

二十一、四部门发文严控未成年人参与直播业务,加大对未成年人的媒介保护力度

事件回放:

2022年5月7日,国家广电总局、中央文明办、文化和旅游部、中央网信办四部门联合发布《关于规范网络直播打赏加强未成年人保护的意见》(以下简称《意见》)。《意见》规定,禁止未成年人参与直播打赏,严控未成年人从事主播行业,优化升级"青少年模式",网站平台建立未成年人专属客服团队,并规范"榜单""礼物"等重点功能应用,加强每日20时至22时的青少年上网高峰时段管理,加强网络素养教育等。

点评:未成年人的媒介保护问题长期备受关注。此次《意见》的出台将进一步保护未成年人上网安全。其中提到的建立未成年人专属客服团队,能够实现及时、有效地与未成年人沟通,了解这一群体的需求所在。同时,保护未成年人上网安全,各平台方需建立和完善绿色反馈通道,协同构建风清气正的网络环境。(杨璇)

二十二、快手投30亿流量扶持千名农技人,助力乡村振兴实践

事件回放:

2022年6月6日,农民日报新媒体联合快手发布"快手农技人报告",

用平台数据全方位展示了农人全年的农作情况。据悉，快手三农垂类推出"2022快手农技人计划"，将以30亿流量资源，打造1000个快手农技人，助力乡村全面振兴。报告记录了各种展示农忙生活的视频，如农用机械作业、养猪生活、挖春笋等，平台农技创作者数量超17万，农技直播日均3.5万场。

点评： 乡村振兴是重要的国家发展战略，而"快手农技人计划"推出的助农视频将凝聚庞大流量池，构建农业、农村、农民生活展示、产品售卖、就业新选择的良性生态圈，从而有助于乡村振兴。短视频介入乡村振兴实践，需发挥原有的平台和资源优势，推出相关活动，吸引更多用户参与到农技学习和风貌展示过程中，同时也要协助用户把控好售卖产品的质量，平衡好经济效益和社会效益两者的关系。（杨璇）

二十三、中国新闻奖评选设定新规，激发融媒产品制作内驱力

事件回放：

2022年6月13日，中华全国新闻工作者协会公布了新修订的《中国新闻奖评选办法》。内容方面，设置了重大主题报道、国际传播、典型报道、舆论监督报道4个专门奖项。媒体融合发展创新方面，增设融合报道奖项，鼓励运用多媒体手段创新报道内容和形式；增设应用创新奖项，鼓励媒体应用信息网络技术，研发"新闻+服务"的创新性信息服务产品；同时取消创意互动和页（界）面设计奖项，突出对新闻作品的评选。

点评： 评选新规针对产品内容、融合创新和信息服务方面设置了相应奖项，这将促使新闻工作者更新产品制作理念，强化互联网思维，坚定内容导向和人民性原则，从而增强新闻作品的可读性、创意性、建设性。（杨璇）

二十四、各大社交平台公开用户IP属地，网络行为追踪有迹可循

事件回放：

2022年4月15日，社交平台小红书发布公告，"将逐步开放个人主页展示

账号IP属地功能"。与此同时,快手、知乎两大平台也先后发布公告称,即将增设"显示用户IP属地"功能。抖音和微博两大平台则在更早时候已经开展这项功能的实践。

点评: 开放用户IP属地这一举措对平台用户行为的管控有所裨益,有助于及时回溯信息源头,用户IP地址的显露也能有助于用户行为的自我约束。但同时,这一功能也引发了用户对个人信息安全的讨论。根据我国《个人信息保护法》的规定,展示用户所在的省份地址,不会影响到用户的私人生活,不属于侵犯用户隐私的行为。平台在进行IP属地功能开放时,不能随意扩大范围,应遵循公开、透明原则,遵守公开个人信息处理规则。(杨璇)

二十五、"网络剧片发行许可证"上线,推动网络视听内容规范化发展

事件回放:

2022年6月1日起,国家广电总局对网络剧片正式全面发放"网络剧片发行许可证"。网络剧、网络微短剧等国产重点网络剧片上线播出时,应将发行许可证号固定在节目片头的显著位置展示。业内人士将许可证称为"网标",《对决》是国内第一部拿到"网标"的网络电视剧,《金山上的树叶》是第一部拿到"网标"的网络电影。除此之外,重点网络动画片、网络微短剧也需要许可证才能正常上线。

点评: 网络剧片从备案制向行政许可事项管理转变,是广电改革的重要一步,这一转变预示着网络剧片的审查规范将更加严格统一。面对更加严格的创作环境,网络剧片的制作人员要摒弃以往小成本投入下粗制滥造的恶习,基于网络环境,了解受众的观看喜好和需求,理性选择参演演员,制作精品内容。(杨璇)

二十六、新东方双语直播带货爆红，"知识型"直播间进行良性探索

事件回放：

2022年6月16日，"东方甄选"直播间粉丝数突破1000万。半年前，新东方宣布进军直播带货行业，但成效甚微。后来，新东方在线旗下的"东方甄选"直播间因其独特的"双语教学"直播风格走红。大受欢迎的主播董宇辉一边教大家学英语，一边卖牛排，用户纷纷大呼："这样的直播才是高大上！"

点评： "双减"落地以来，新东方逐步转型至直播电商平台，以"双语直播带货"的新颖形式收获了大批"粉丝"，并创造了良好的经济收益。除了直播形式上的创新，曾任新东方英语老师的董宇辉也凭借其个人魅力收获了大量好评。从教培转型到直播带货，在"教好英语"的同时，主播更应该注重直播带货产品质量的把关、售后服务通道的搭建，让消费者有所学，更有所得。（杨璇）

二十七、九部门发文鼓励新闻媒体开办优质健康科普节目，全面提高民众健康素养

事件回放：

2022年5月31日，中央宣传部、中央网信办、国家卫健委等九部门，出台《关于建立健全全媒体健康科普知识发布和传播机制的指导意见》（以下简称《意见》），鼓励新闻媒体在条件成熟的情况下开办优质健康科普节目栏目，推动网络新媒体利用大数据等技术，为公众提供精准化的健康科普知识；鼓励中央级媒体开展健康科普活动时优先邀请国家健康科普专家库成员，鼓励省级媒体开展健康科普活动时优先邀请省级以上健康科普专家库成员。

点评：《意见》的出台，有助于在疫情大背景下通过媒体强化公众的健康意识。在健康传播过程中，媒体需遏制虚假健康信息传播，净化健康科普

知识传播环境。新闻媒体在节目制作中，要以回应民众诉求为落点，探索各种传播形式，利用好短视频、直播等新媒体技术，优化传播效果，让健康知识深入人心。（杨璇）

二十八、奥迪就小满广告涉嫌文案侵权致歉，版权保护再引热议

事件回放：

2022年5月21日，奥迪发布了一则与刘德华合作的《今日小满，人生小满就好》的"小满"节气视频广告，在各大网络平台传播甚广。当晚，抖音博主"北大满哥"发布对比视频表示，该广告文案全文涉嫌抄袭其于2021年同日发布的视频；且在奥迪发布宣传广告后，很多不明网友跑到他的留言区指责"北大满哥"抄袭文案。22日，奥迪发布声明，就该事件向刘德华先生、"北大满哥"及相关方致歉。25日，"北大满哥"表示目前三方已达成协议，他将去年小满作品的文案进行免费授权。

点评：从此次抄袭风波可看出网络平台版权盗用特别是文案盗用的便利性和随意性。保护文案版权，不仅需要版权方有高度的版权意识，在发布原创文案时，可以加上水印等标志；更要完善版权保护机制，尤其是文案溯源工作，让原创者在网络平台能够安心创作。（杨璇）

二十九、媒体和平台联合博物馆开启直播，沉浸式体验与历史"对话"

事件回放：

2022年5月18日，人民日报新媒体联合五大博物馆共同开启"博物馆奇妙夜"系列探馆直播。博物馆日期间，抖音、西瓜视频、今日头条联合上线"博物馆奇遇记"活动，联合凡尔赛宫、南京博物院、四川广汉三星堆博物馆、湖南省博物馆、山东博物馆推出线上直播。中国移动咪咕联合人民日报

共同打造的《博物馆演唱会》，集结了兵马俑、三星堆黄金面具等不同的文物，用说唱的形式讲述文物历史。

点评：博物馆系列直播为受众提供了一次沉浸式胜览文博、与历史"对话"的机会。直播在夜间开始，为白日里肃穆庄严的博物馆增添了一丝神秘色彩。其中的"文物守护人"视频征集活动不仅让用户成为零距离参与者，更让大众深入了解到文物中蕴含的历史故事和文化内涵，创新了文化传播的载体与形式。（杨璇）

三十、"唐山打人事件"引热议，主流媒体发声呼吁理性思考

事件回放：

2022年6月10日，一条唐山烧烤店多名男子殴打女子的视频迅速引起社会大众强烈关注，多条相关新闻冲上热搜。事件发酵后，公众从对"打人男子"的谴责逐步上升到对社会性别对立矛盾和事件发生地域的声讨，舆论焦点持续走偏。针对此情况，各大主流媒体如《人民日报》《南方日报》等纷纷发表评论，将公众的关注点拉回至这一事件本身及其背后隐藏的黑恶势力中。如《中国妇女报》评论中提到："如此暴力，恐怕不止女性缺少安全感，普通居民都会感到自危！"将关注点重新转向这一事件产生的恶劣影响中，不再局限于性别矛盾。

点评：由"唐山打人"事件衍生出的各种次生舆情冲击着社会敏感点，无序的发声使得大众的声讨逐渐脱离事件本身。媒体的理性评论能够引导激进民众，平衡社会激烈的对立力量，避免事件影响的扩大化和矛盾的尖锐化。（杨璇）

三十一、知乎启动"灯塔计划"，激励优质内容持续产出

事件回放：

2022年9月13日，知乎"灯塔计划"正式启动并同步开启报名。"灯塔计

划"是知乎为优质内容创作者设立的荣誉激励金,全网遴选10个面向科学、人文和社区精神领域的优质创作者或团队,为之提供单项最高100万元现金资助,并提供长期全方位创作支持,年度总资助金额高达1000万元。

点评:一方面,该计划鼓励优质内容创作者持续生产高质量内容,同时产出内容以知乎为传播平台,能够给其带来大量的流量和关注度,扩大平台的用户覆盖面;另一方面,知乎以知识付费为深耕领域,大量优质内容的聚集,不仅能为平台带来可观的经济效益,还将提升知乎平台的社会效用,使品牌的理念和价值更加深入人心。(杨璇)

三十二、两部门联合发布《网络主播行为规范》,首次系统性规范网络主播行为

事件回放:

2022年6月22日,为加强网络主播行业规范管理,国家广电总局在广泛开展专题调研的基础上,会同文化和旅游部联合起草了《网络主播行为规范》,对网络主播提出了多项具体要求,以求引导该队伍规范从业行为,营造风清气正的互联网传媒生态,这是国家首次系统性规范网络主播行为。

点评:万物皆媒时代,网络直播行业得到蓬勃发展,网络主播队伍日益壮大,并呈现出良莠不齐的特点。部分主播法律意识淡薄、价值观念扭曲,靠哗众取宠博人眼球。引导并规范网络主播的从业行为,划定其从业底线红线,对其行为予以规范、加强管理,树立良好形象、强化社会责任,有利于进一步推动网络表演、网络视听行业的持续健康发展。(陈欣妤)

三十三、"雪莲文学"抨击"雪糕刺客",《明码标价和禁止价格欺诈规定》正式施行

事件回放:

2022年7月1日起,国家市场监督管理总局发布的《明码标价和禁止价格

欺诈规定》开始施行。该规定提及："不标示或者显著弱化标示对消费者或者其他经营者不利的价格条件，诱骗消费者或者其他经营者与其进行交易属于价格欺诈行为。"该规定的发布和施行离不开"雪糕刺客"的推动。"雪糕刺客"指隐藏在冰柜里其貌不扬的"天价"雪糕。网友们用各类文学、短视频提醒消费者远离"雪糕刺客"。这其中以"雪莲文学"最为出圈。

点评：网络社交平台中，"梗"总能迅速集结人群。"雪莲文学"梗引发了受众的"共情"心理，让更多人开始关注"雪糕刺客"这一问题，事件在越来越多人的关注和推动下得到了解决。良性玩"梗"在增加网络虚拟社交趣味性的同时，可以起到社会监督作用，并推动社会事件朝积极稳定的方向发展。（陈欣好）

三十四、明星报考国家话剧院引争议，"小镇做题家"评论再掀舆论浪潮

事件回放：

2022年7月6日，中国国家话剧院发布2022年应届毕业生拟聘人员公示。拟聘名单上，三位明星名列前茅。全网祝贺的同时，有人对考试流程提出怀疑，认为存在"名人免考"问题，要求国家话剧院出面回应。中国新闻周刊发表评论，将努力考编的平凡人称为"小镇做题家"，引发二次舆情事件。后国家话剧院回应称，不存在"因人设岗""萝卜招聘"问题。

点评：媒体在舆情事件中，应以内容的建设性为出发点，把握问题核心，站在受众角度思考问题，及时准确发布信息，并在"众声喧哗"时承担起"守门人"这一职责。（陈欣好）

三十五、《谭谈交通》涉版权问题，引发全网著作权争议

事件回放：

2022年7月10日，《谭谈交通》主持人谭乔自爆该节目遭全网下架，他本人

也可能面临巨额索赔，引发广泛关注。《谭谈交通》是由多利益攸关方进行制作的视听作品，其著作权归属没有清晰界定。其中成都游术文化公司声称具有该节目的版权，除了要求各大平台下架视频外，还准备向所有账号发布过视频的企业进行索赔。7月13日，《谭谈交通》版权争议后首案宣判，成都游术文化公司胜诉，获赔1500元。8月7日，谭乔发布微博称该节目重新上线。后续成都台及谭乔将在不以非法牟利为目的的前提下，合理对《谭谈交通》系列视频进行二次创作。

点评：一直以来，版权之争都是我国文化行业的问题，甚至有的企业将其作为敛财的工具。二度创作过程中的版权问题难以界定，因此传媒行业必须提升版权意识，提升媒介素养，以求更好地在新媒体环境下进行创作和传播。（陈欣好）

三十六、主持人直播流鼻血仍淡定播报，突发状况下凸显新闻职业素养

事件回放：

2022年7月11日，新闻节目主持人黄新琦在直播时突然流鼻血，但他仍淡定播报完所有内容，将直播事故的影响降到最低。事件发生后，引发受众广泛讨论，有人为他的敬业点赞，有人表示心疼，有人则认为此情况可以有更好的解决方式。后续本人回应：周围没有纸巾，正在播报中的新闻也没有打断的气口，所以他选择播完后再采取紧急止血措施，并相信每一位尊重观众的新闻人都会做出同样的选择。

点评：面对突发状况，黄新琦表情管理到位，从容不迫地完成了直播，他的应急处理能力和新闻职业素养值得点赞。该事件虽然前期遭受了"导播不人性化""做新闻没有温度""太死板"的质疑，但当事人面对舆论及时澄清，并选择在社交媒体平台运用新媒体传播规律说明情况，具备一定的巧妙性和借鉴性。（陈欣好）

三十七、"二舅"走红网络，平民化叙事引受众共鸣

事件回放：

2022年7月25日，视频《回村三天，二舅治好了我的精神内耗》在B站发布，播放量一路攀升。主人公"二舅"十几岁时因打针致残，靠着自己的手艺做木工，一直笑对人生。7月26日，该视频登上B站全站排行榜第一名，网友纷纷转发，"二舅"火出圈了。与以往媒介塑造的明星形象不同，该视频采用平民化叙事，植根于二舅的平凡生活，用朴素的镜头语言和文案，将他的苦难表现得淋漓尽致，真情实感自然流露。有受众表示从二舅庄敬自强的一生中悟出了哲理，也有人认为苦难本不应该发生，歌颂苦难并不可取。

点评： 从传播效果来看，平民化叙事同以往的宏大叙事不同，以小切口彰显大立意，更容易激发受众的情感共鸣。但是要注意"平民化"不应等同于"苦难化"，在实际应用时需把握分寸，"二舅"们的生活问题，需要聚焦，需要改善。（陈欣妤）

三十八、佩洛西窜访台湾，慢直播轨迹凝聚爱国热情

事件回放：

2022年8月2日，美国国会众议院议长南希·佩洛西罔顾中国强烈反对，窜访中国台湾地区。当晚，中国人民解放军东部战区陆续在台岛周边开展一系列联合军事行动。佩洛西窜访中国台湾地区的航班轨迹通过长达几小时的慢直播呈现给受众。在此过程中，受众热情高涨，实时参与讨论，媒体与受众保持互动，共同构建微博话题。

点评： 慢直播帮助受众更加清晰地了解事件详情，更充分地发表自己的看法和观点，事件的整体脉络在全民参与下变得更加清晰。这种全民参与的传播方式让信息流动性更强，让网络用户沉浸式地参与到重大事件的讨论中，凝聚爱国热情、汇集民心。（陈欣妤）

三十九、川渝地区持续高温引关注，信息传播娱乐化需警惕

事件回放：

2022年8月，川渝地区持续高温引发关注。8月22日，"川渝人民要哭了"的话题登上热搜，先后有36家媒体参与该话题，还有一些自媒体带头比拼"谁是火炉"。有受众认为，高温干旱、山火四起等危及川渝人民群众生命安全的严肃事件，不该被娱乐化处理。

点评： 即使在流量为王的时代，苦难也不该沦为谈资。诚然，利用轻松化的话题能够在清一色的灾难报道中脱颖而出，满足网民的娱乐和猎奇心态，但媒体在报道严肃事件时，应彰显作为媒体人的人文情怀和新闻职业道德；自媒体在面对灾难传播时，应提升自身媒介素养，注意行业规范，向受众呈现事情的前因后果和原始面貌，而不应该为了博人眼球将严肃话题娱乐化。（陈欣妤）

四十、中秋晚会依托科技创新，首次采用超高清和三维声制作播出

事件回放：

2022年央视中秋晚会依托科技创新，首次采用三维声制作和播出，每个声音精准定位，更加立体真实，开启我国自主研发的三维声技术示范应用，并首次通过"百城千屏"超高清公共大屏传播体系播出，为观众带来身临其境的感官体验。

点评： 对媒体融合发展起支撑性作用的是媒介技术的深度融合，科技与传媒的跨界融合在有利于二者共同发展的同时，还能通过视听符号的运用带给受众更为优质的感官体验，增强受众的"在场感""体验感"。在媒体融合不断向纵深推进的重要背景下，网络视听的生产与传播已成为人们体验文化、凝聚精神的重要途径之一。（陈欣妤）

四十一、"芒果系"元宇宙产品《芒果幻城》上线，虚拟数字平台的生态探索如火如荼

事件回放：

《芒果幻城》是由湖南广电旗下全资子公司湖南芒果幻视科技有限公司基于VR技术打造的元宇宙社交产品，主要由场景化的虚拟综艺、沉浸式的虚拟游戏和个性化的虚拟社交三大板块组成。2022年6月28日，《芒果幻城》在pICo、爱奇艺奇遇、NoIo等各大VR平台首发上线，采集了100位中国女性形象的芒小幻、小漾等虚拟人物在《芒果幻城》中亮相。用户可以借助VR设备进入《芒果幻城》，打造自己的专属虚拟形象和虚拟空间。

点评： 元宇宙的探索如火如荼。一方面，元宇宙的研究和应用将会重塑当前的传播业态、媒介形态和信息链条，为人们带来全新的虚拟体验；另一方面，在元宇宙的商业实践中，需要关注可能存在的法律问题和伦理风险。元宇宙是"数媒生态下媒体融合发展的一个新阶段"，期待更加完善的元宇宙产业链为社会发展注入动能。（聂浩）

（范以锦，暨南大学新闻与传播学院名誉院长、教授、博士生导师；陈欣妤、朱艳艳、杨璇、兰旭，暨南大学新闻与传播学院硕士研究生；聂浩，暨南大学新闻与传播学院博士研究生。）

中国数据新闻新观察

戴　玉

中国数据新闻的发展，进入一个前所未有的战略调整期。虽然内容和形式整体上并没有更大突破，但生产机构、经营模式和人员调配均出现了重大变化，有明显的重组和洗牌倾向。这种变化不仅涉及数据新闻部门的定位调整，更可能决定其生死存亡。而存活下来的团队，往往有了进一步的布局和发展，甚至打破了数据新闻自成一格的特点，融入到更常规的媒体生产活动和更宏大的规划当中。

2022年下半年到2023年上半年，或成为数据新闻团队新一轮发展的分水岭。谁能拥有较好的资金支持、务实的团队定位、稳定且专业的领导者和清晰的发展目标，谁就能在数据新闻各自的细分领域真正实现长远发展，并且构建基于数据积累、人才和资金三者于一体的发展壁垒。

一、团队和组织层面：人员和栏目出现较大调整，不少数据新闻栏目停止更新

提高数据新闻的效率，可以被视为过去一年行业转变的核心轴。在此背景下，不少团队面临定位和人员的调整。

提高效率的第一个表现就是，以往尝试的炫酷的表达形式基本上淡出视野，只有极少数媒体还有能力继续投入和尝试，有一些数据新闻团队曾制作出精良的交互类或者视频类数据新闻，但总是在年末或年初突然停止更新，甚至面临突然被裁撤的命运，来不及在官方账号上留下一句解释或者道别。

来自果壳的数据可视化团队DataMuse，曾经做出不少交互和设计均属上

乘的作品，但其微信号最后一条推送停留在2022年1月28日，之后再无说明。一年多以后的2023年4月底，该公众号恢复更新，但内容仅和当前最热议的AI技术相关。

西部地区最知名的数据新闻团队四川日报MORE大数据工作室，其官网的最后一条数据新闻一直停留在2022年12月28日，2023年上半年未见更新。

实际上，2022年下半年，川观智库数据团队还在以36个天府旅游名县候选县为样本，从旅游资源、餐饮美食、酒店住宿、交通便捷等维度去评估更有潜力的天府旅游名县命名县，而这一评估报告已经连续进行3年。2022年底，川观智库数据团队还发布了《2022成渝地区双城经济圈区域协作度量化研究报告》，从近6万条"成渝地区双城经济圈"相关的官方公开信息中清洗筛选出469条有效信息，对成渝地区双城经济圈涉及的44个节点城市进行量化分析。

图1　截取自四川日报MORE大数据工作室官网首页①

新华网的数据新闻栏目官方网站，最后一条更新也停留在2022年7月发布的一系列与文物相关的手机交互作品。

以2023年为界，还有一些数据新闻团队清空了2023年之前的所有新闻内容，甚至直接迁移了公众号，似乎预示着一个新的开始。有些作品的制作团队人数大大减少，甚至一人承担多个工种，可以集插画、设计和开发于一体。

---

① https://more.scol.com.cn/?a=1.

如果只从单个作品的质量和数据新闻团队自身的发展来看，很难找到一系列数据新闻栏目停止更新的理由，因为不少团队确实在深度、可视化和新闻性上都有明显优势，而且也未见触及敏感选题。所以数据新闻栏目的调整，或许应该从整个机构的发展战略和运营方向上去寻找原因。

有观点认为，（一部分数据新闻栏目停更）这背后原因有多种，有些是因为媒体业务布局的调整，有些是因为人才流失带来后续生产困难，有些则是因为业务发展后数据新闻被并入更大的数据服务项目中。这也说明，数据新闻生产的门槛较高，对人才和投入都有一定的要求。有意思的是，媒体对数据新闻栏目的重视程度，与媒体数据业务的水平相一致，而这也是媒体融合所需求的"数据支撑力"的一部分。①

二、新闻内容层面：稳定的数据图文更新成为最主要形式，重点关注热议的经济和就业问题

过去一年，降低数据新闻的投入成本和阅读门槛、提高数据新闻的内容有用性，成为媒体的重要考虑因素，数据新闻团队越来越计较数据新闻作品整体的投入产出比，这也是提高效率的第二个表现。换而言之，能否用最低的成本生产出更多、更符合需求的数据新闻，成为考量的关键。

一篇文章中插入多个图表，成为最主流的数据新闻形式，多家媒体选择了这种可以兼顾可视化和深度的相对标准化的形式。从细节来看，这类形式还在被不断打磨、提升。比如图表设计变得越来越简洁，以多张、清晰、能说理作为设计标准，而不再是炫技式的图表，也不那么讲究艺术水平；单张图表的结论越来越明确，图表的新闻性加强，而不是单纯罗列数据；单张复杂图表加文章的形式基本被摈弃，复杂单图在出现时，也往往在设计上被拆解成多张简洁图表的组合。

上海观察App的《图数图说》栏目，保持了比较稳定的图文制作频率，也

① 吴小坤，全凌辉. 数据新闻现实困境、突破路径与发展态势——基于国内 7 家数据新闻栏目负责人的访谈 [J]. 中国出版 ,2019(20):22-28.

不时推出H5、海报、长条图等多种形式。其设计的图表比较注重是否符合文章逻辑且清晰易懂。

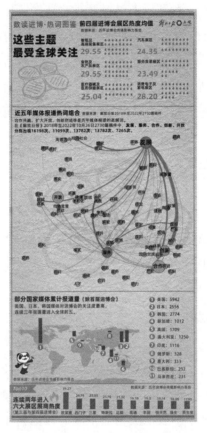

图2　上海观察《数读进博五年·热词图鉴：这些主题最受全球关注》①

　　除了图表的表达效率之外，数据新闻选题的效率也越来越受到重视。经济情况和就业形势成为当之无愧的核心议题，多家媒体不约而同地用多篇报道来聚焦这些疫情后受到深切关注的话题。经济媒体在数据新闻方向上的发力，更是围绕于此。

　　21数据新闻实验室整理了337个地级及以上城市2022年的经济数据，发布

---

①　https://www.shobserver.com/staticsg/res/html/web/newsDetail.html?id=546460.

了中国城市的GDP百强榜。今年4月，A股上市公司2022年年报收官，21数据新闻实验室统计了840家广东省上市公司的2022年财务数据，查看整体的营收情况。

在一些数据新闻栏目停止更新的这段时间，也有新的栏目得以开辟。《21世纪经济报道》主办的21经济网，就新开辟了《数读》栏目，其最早一篇文章正是发布于2023年3月。

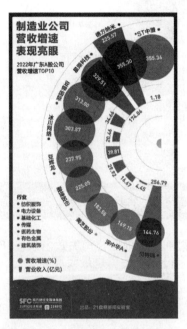

图3　21世纪经济报道《透视广东A股公司2022年业绩：
19家公司营收超千亿，这些企业赚钱速度"狂飙"》①

时代传媒旗下的"时代数据"公众号更是基于自己的创业公司数据库，直接统计了2022年创业失败的知名初创企业情况，将列出的180家创业失败公司的全名单称为"180家公司的墓志铭"。

---

① https://www.21jingji.com/article/20230504/herald/e92059b2cc5ed71af883e4aa339cd6c3.html.

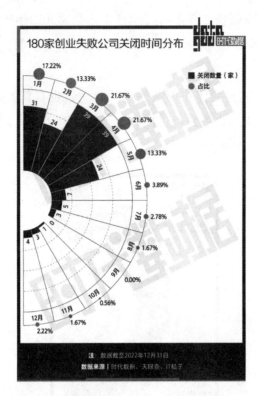

图4 时代数据《2022年创业公司失败名录：180家公司倒下，
行业竞争仍是最大原因》①

2022年的4-5月间，界面新闻的《数据》栏目发布了不少关于复工复产和经济恢复情况的调研。调研调动了近30名记者，走访了上百家在沪小微企业，针对在上海的小微企业复工复产情况进行问卷调研；还走访了驻沪外企41家，发起了一项针对驻沪外企复工复产进度的问卷调研，涉及工业/工业气体/化工/贵金属/材料、金融/保险、科技/文娱/游戏、地产/家居建材等行业，询问了这些企业驻留上海进行复工复产的进程和信心。

澎湃新闻也在2022年6月底，利用饿了么的数据，发布了上海10800条店铺的重启情况，并且将数据和实地采访相结合，7天走访了上海威海路86家店铺，有7位受访者出镜。视频通过数据的理性分析和人物的感性表达，综合呈

———————————

① https://mp.weixin.qq.com/s/bWEv8fVopLXLMOVHkPL6MQ.

现了上海"重启"后的商店业态，体现了数据新闻团队和其他条线记者的工作融合。

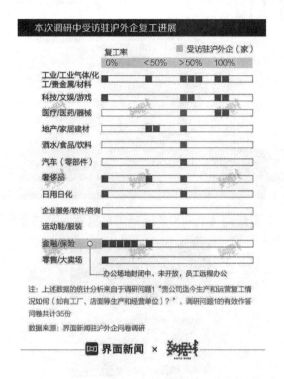

图5　界面新闻《数据丨驻沪外企怎么样了？
我们访问了近40家大型跨国公司》①

　　原本只是自顾自发展和探索的数据新闻，如今不仅更关心民众想看什么，也更具有本地属性，更注重其所在城市需要媒体扮演什么角色。在经济复苏、复工复产的大环境下，反映经济状况、提振经济信心，就是媒体所在城市需要媒体起到的作用。原本主要聚焦全国议题的媒体，地域属性并不那么明确，数据新闻团队更是主要承担实验和探索功能，但如今，其本土化和功能性也越来越明显。这亦表现了对数据新闻效率要求的提高。

---

① https://www.jiemian.com/article/7518043.html .

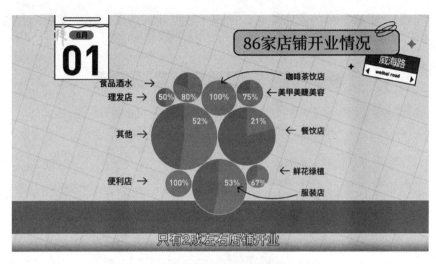

图6　澎湃新闻《10800条店铺信息里看上海"重启"》①

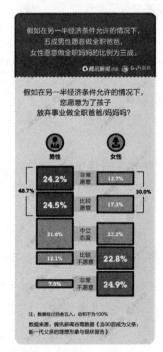

图7　腾讯谷雨数据《我们问了1000个90后男性，有一半愿意当全职爸爸》②

---

① https://www.thepaper.cn/newsDetail_forward_18742817.
② https://mp.weixin.qq.com/s/HuDUJU6S08l0clweLPkw7Q.

除了直接的经济类内容之外，之前更多聚焦年轻人生活方式的数据新闻选题也从侧面反映了经济大环境带给中青年群体的冲击，尤其是新时期下的就业问题。

腾讯谷雨数据的相关报道包括《疫情之下的校招困境：想找个好工作，她们需要付出多少努力》《师范大学毕业生就业难，考老师这条路更卷了》《我们问了1000个90后男性，有一半愿意当全职爸爸》《回县城就业的年轻人：名校硕博士只是极少数》《去年还没找到工作的人，现在怎么样了》《35岁后的打工人，不降薪还能找到工作吗》。

三、作品层面：融合产品锐减，话题和类型较为集中，数据元素整体弱化

过去一年，突破性的数据新闻产品大大减少，尤其是刷屏级的H5流量作品几乎消失不见，优秀的作品主要集中于国际新闻领域和环境保护类话题。数据元素融入新闻视频和融媒体产品之中，融合性加强。

近几年，中国的国际新闻领域发展得非常迅速，而中国的数据新闻发展得并不顺利。对比之下，国际新闻对数据新闻的应用在过去一年反而稍有减弱，然而从数据新闻的角度来看，国际新闻在过去一年仍然是数据新闻出现最大突破的领域。

在2022年"二十大"期间，中央广播电视总台CGTN新媒体部推出了空间数据交互可视化产品，将用于游戏开发的LayaAir引擎运用到数据交互产品之中，以三维粒子特效为主视觉，制作了近70张图表来展示"五位一体"的战略布局。截至2022年12月，这一作品的阅读量达到1095万，有24个国家和地区的631家主流网络媒体转载，触达海外受众超过3亿人次。

CGTN评论部也推出了数据小视频，介绍近十年中国出现较大发展变化的各项全球排名。

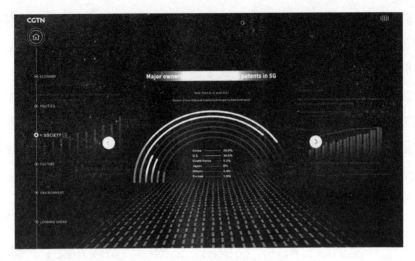

图8　CGTN新媒体部The Numbers of a Decade: A Journey through China's Modernization①

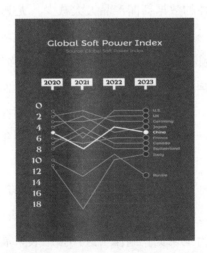

图9　CGTN评论部《全球软实力上升：中国位列第五》

新华社用卫星新闻对俄乌战争进行了分析，卫星信息和新闻的结合更加紧密，卫星图的分析精细度和解读逻辑比前一年有所提高。

---

① https://news.cgtn.com/event/2022/the-numbers-of-a-decade/index.html.

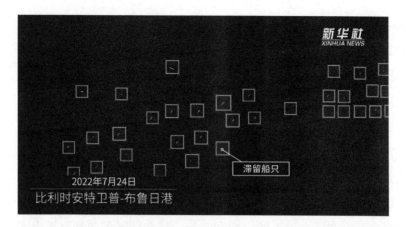

图10　新华社《新华社卫星调查：曝光俄乌冲突背后的黑手》①

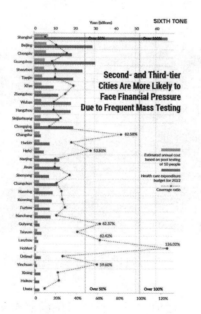

图11　Six Tone（第六声）What Does it Cost to Test China for COVID-19?②

　　澎湃新闻旗下的Six Tone（第六声）则在选题角度上有比较大的突破，从更加多元的视角思考一系列防疫政策。比如What Does it Cost to Test China for

　　① https://h.xinhuaxmt.com/vh512/share/11388821?d=134b04f&channel=weixin.
　　② https://www.sixthtone.com/news/1010523.

COVID-19? （中国新冠肺炎检测的成本是多少？），估算为了达到要求的核酸检测条件，各城市需要付出多少成本。

而澎湃新闻则主要聚焦于全球气候变化、生物多样性等公益话题，加强融合报道里的数据属性，强调作品的综合性、叙事性和新闻性。这种转变使之整体更具有融合性，让作品成为更符合用户需求的综合性作品，又让各自发展的融媒体产品形态构建出一个综合性专题。

比如《极值之下：我们与气候变化的距离》专题报道，澎湃新闻历时数月，走访了鄱阳湖旱情、重庆山火、上海咸潮等极端气象现场，记录气候变化如何影响并改变了普通人的生活和命运。该专题涵盖多种报道形式，除了融媒体产品之外，还有现场特写报道、纪录片、深度报道、人物故事、调研报告和问卷调查等。

图12 澎湃新闻《我们与气候变化的距离》部分专题报道截图①

澎湃美数课推出了《极值之下 | 长江口咸潮夏季来袭》实景数据视频报道，将人物采访、数据图表、MG动画、实景拍摄、微缩景观模型等画面类型相结合，是综合性比较强的数据视频作品。作品选取的角度也比较特别，从上海青草沙水库取水口的盐度下降、低于饮用水盐度标准作为切入点，很好地抓住了数据异常极值这一核心新闻点去做数据深挖和可视化拓展。

---

① https://www.thepaper.cn/newsDetail_forward_124197.

图13 澎湃美数课《极值之下丨长江口咸潮夏季来袭》①

澎湃数据新闻的这种转变，恰是媒体正在提高数据新闻效率的第三个表现。数据新闻在独立探索之外，继续融入综合报道和专题策划，提高数据信息和用户需求的匹配度。

澎湃新闻数据新闻部总监张泽红："《极值之下》系列的特殊之处在于，这是由数据新闻团队主动发起的跨部门合作，作为年终报道，更在意作品的叙事能力以及共情能力等方面，所以它是以最终作品完成度为导向的。跨部门合作在澎湃是一个很普遍的现象，但并不是所有作品都需要跨部门合作。我个人认为，在整体确实在进一步融合发展的情况下，不同团队的目标其实不太一样，融合发展不一定是每个团队的目标，融合也会有一个界限。"②

既独立操作，又可融合报道，澎湃的这种趋势或许代表着数据新闻团队在综合性媒体里的发展方向。

2022年，《新京报》的数据新闻也在往融合产品的方向迈进，推出了不少视频类的融合作品。除了日常的常规图文更新，跨部门的合作也让更多的

---

① https://m.thepaper.cn/newsDetail_forward_21303417.
② 出自笔者 2023 年 7 月 11 日的书面采访。

新闻视频加入了数据元素，用数据解答日常疑问。

比如对于"雪糕刺客"的话题，就根据热点事件及时抓取了网购平台上以"冰淇淋、雪糕"为关键词的高销量产品的信息，还使用了3D建模的柱状图、饼状图等图表形态去展示数据关系，动画和实景视频结合，叙事清晰。

图14　新京报《有理数丨市场严查未明码标价雪糕 但一两元的雪糕也回不来了》①

四、管理层面：洗牌调整之际，数据新闻亟需找到稳定的定位

数据新闻团队的再定位，意味着中国数据新闻的整体探索期已经过去，下一步将朝着团队长久、持续运营的方向深耕，而这需要机构高层对数据新闻及其作用有深刻的理解，对数据新闻人才有明确的定位，对数据新闻团队有可持续的发展思路，并且能协调好数据新闻团队和其他团队的合作关系，以及利益分配问题。

无论是数据新闻栏目和团队的变动，还是新闻效率的提高，都是数据新闻团队在机构中被再定位的表现。这有经济环境不佳、媒体节衣缩食的原因，但也和数据新闻跨入调整期息息相关。早期进入数据新闻行业的人才已

---

① https://www.bjnews.com.cn/detail/165829937314079.html.

经相对成熟，具备持续带领团队生产多种类、高质量数据新闻的能力，甚至可以尝试进入数据服务、智库服务等领域。而机构是否给出足够的方向指引、政策倾斜和资源支持，就成了人才和团队能否更上一个台阶的关键因素。

　　界面新闻数据频道总监陈臣："如果媒体对数据新闻团队给出了错误的定位，那这个行业肯定是发展不好的，你发展不好就招不来能干的人，陷入恶性循环。所以现在最重要的就是赶紧扭转错误的定位。

　　"虽然都叫数据新闻，但实际上，每个媒体、每支团队做的东西都不一样，五花八门的。有些团队一开始就把定位给定错了，说白了就是，如果不懂数据新闻还老想要投机取巧地弯道超车，那就容易产生各种混乱。诸侯各占一方，很难形成气候。

　　"我觉得需要正确认识数据新闻，这个行业的标准必须得统一，要回归新闻本身，而不是定位于做广告。数据新闻人的目标应该是通过内容变现，而不是直接去接商业订单。如果往年数据新闻是江河日下，那我觉得今年应该是触底回升。今年是宏观经济最能产生数据新闻的一年，未来两到三年可能都是数据新闻的黄金期。"①

　　从实际情况来看，最终决定团队和人才归属的，并不一定是数据新闻的质量，也不一定是其可用来盈利的业务能力，而是更高一级领导层整体的战略调整方向。无论数据新闻是否曾在某一段时期内百花争艳，只求创新和创意，但当真正抉择的时刻来临，那些需要内容的机构，或许最终会将数据新闻纳入融合产品的麾下；而注重盈利的公司，也最终会让数据新闻迎接商业的怀抱。

　　目前来看，传统媒体仍在数据新闻的发展和布局方面拥有更强的定力，更有耐心等待数据新闻一步步迈入成熟期。而随着数据新闻团队的发展，媒

---

　　①　出自笔者 2023 年 7 月 3 日的语音访谈。

体在数据新闻选题操作、数据积淀和管理技巧方面也随之提升，对其定位越来越清晰。

过去一年，数据新闻团队的积累性和垂类化更加明显。

南都大数据研究院主要进行数据新闻、数据产品、智库产品的生产，以及智媒活动的组织等，其数据研发部就将发展方向定位在"数据新闻品牌化、垂类研究品质化、智库服务品类化"上面。目前，其主要关注领域是数字经济和数据治理，有些课题已经耕耘多年，比如"数字政府研究""营商环境问效""数字金融创新与合规研究""网络内容生态治理研究"等。过去一年，还新增了"网络与数据安全研究"课题。

南都大数据研究院数据研发部负责人凌慧珊："过去一年，政府以及行业对数据产品的需求增长趋势明显，尤其是结合数据挖掘分析洞察趋势、发掘问题、建言咨政的产品，更受青睐。去年，我们通过建立应用系统自动从公开平台采集分析数据，自建了'广东21市在线政务服务测评系统'，实时滚动采集，可为广东各地市在线政务服务开展问效提质研究。

"我认为课题研究可以提高新闻内容的能量密度和思想深度，课题研究成果（智库产品）往往是有深度、有思想的新闻，而新闻也可以带动课题，加深传播力和影响力。智库产品有时也发挥了内部参考、决策的作用，其准确性、敏感性、高度、深度都远超公开报道，具有趋势预测、建言咨政等功能。"①

因为人手配置问题，2022年，南都大数据研究院的数据视频产品也曾经短暂停更，但随后，数据视频产品的生产频率得到加强，数据新闻的更新频率也大幅增加。

---

① 出自笔者 2023 年 7 月 8 日的书面访谈。

图15 南都大数据研究院《广东多地预超6%！数看GDP小目标背后的高质量》①

聚焦城市数据的《第一财经》新一线城市研究所，已经连续8年发布《城市商业魅力排行榜》，并且排行结果连年引起热议。在排行榜背后，其推出了知城数据平台，提供城市洞察和城市商业评估相关的数据和分析支持。2023年，新一线城市研究所还推出了"城市经济活力恢复动态监测"工具，统计全国337个地级及以上城市较2019年同时段的多个数据恢复百分比。

---

① https://m.mp.oeeee.com/a/BAAFRD000020230129760325.html?wxuid=ogVRcdOzS1LdIAfMI-IjOXA9lTGk&wxsalt=8f86c9.

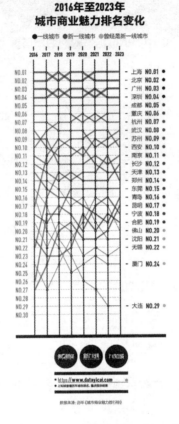

图16 《第一财经》新一线城市研究所《2023新一线城市揭晓：昆明回，青岛升，北方仅4城》①

总体而言，中国的数据新闻呈现明显的收缩态势，但并不代表这一过程是慌乱、无序的，反而体现了诸多方面的深思熟虑。越垂直、效率越高、越符合高层规划的数据新闻团队反而迎来了支持、发展和突破。

然而，中国的数据新闻仍然面临着后续的一系列问题：当存活下来的数据新闻团队已经进入成熟期，其他"从零开始"的媒体到底是否还会、还需要新建数据新闻团队？媒体的数据新闻团队有不少资深人士，他们是否在职

———————————
① https://www.datayicai.com/report/detail/999638.

位、权责和利益上能够获得进一步的分配空间？更重要的是，在当前大环境下，数据新闻是否能找到、培养出经验丰富的合格继任者？

答案，或许只能在未来揭晓。

（戴玉，烽火数讯（北京）科技有限公司CEO，中国传媒大学新闻学院硕士研究生业界导师。吴淑萍、李天文对此文亦有贡献。）

2022年中国新闻摄影年度观察

杜 江 唐 诗

为保持报告的延续性，本文仍从观看者（摄影机构、摄影记者）、观看对象（突发事件、典型报道、主题报道）、观看方式（视觉机器）、观看结果（新闻摄影评选）等角度出发，以新闻摄影史为脉络考察摄影机构、摄影记者的状态与变迁，并以新闻摄影现场工作的方式为延展，应用新媒体技术产生的媒体融合案例以适当关注。①

一、重大主题及突发事件中的新闻摄影与融合报道

【事件1】

2022北京冬奥会、冬残奥会报道

作为东道主的中国媒体派出庞大的摄影报道团队，2022北京冬奥会的注册摄影记者735人中有140人来自中国，约占总人数的1/5。②这是继东京奥运会之后，新华社再次以奥林匹克摄影队（IOPP）的身份，与法新社、路透社、美联社和盖帝图片社组成"官方"IOPP的报道矩阵。③

新华社团队经过提前规划测试，在所有的冰上项目和部分雪上项目场馆架设了近20台远程遥控相机或机器人相机。这些技术飞速迭代的遥控相机，不仅可以遥控快门、传输照片，还具备变换角度、变焦、下载照片、清空储

① 案例来源为中国新闻摄影学会"第32届中国新闻奖新闻摄影初评报送作品公示"等。

② 张双双.2022北京冬奥会：这些瞬间值得铭记 [J/OL].(2022-02-22)[2023-06-27]. https://m.cpanet.org.cn/detail_news_131030.html.

③ 李昃.国际奥林匹克影像传播中的人类命运共同体叙事 [J].中国记者，2022,579(03):29-32.

存卡等功能，并连接千兆光纤VLAN传输。①比赛期间，新华社播发了超千张运用各类遥控相机拍摄的照片，极大地丰富了报道视角。②

以中国文联副主席、中国摄协主席李舸任队长，曾任2008年北京奥运会摄影运营官的赵迎新为副队长的中国摄协北京冬奥会摄影小分队也集结比赛现场，小分队成员包括兰红光（新华社）、毛建军（中国新闻社）、胡金喜（北京青年报）、魏征（中国体育报）、王伟伟（工人日报）、陈建（人民画报）、陶冉（新京报）等。这是中国摄协历史上首次派员参与重大体育赛事报道，也是继2020年赴湖北抗击疫情摄影小分队后，再次组队投入国家重大活动一线。③

【事件2】

"3·21"东航MU5735航空器飞行事故

2022年3月21日14时22分左右，由中国东方航空云南有限公司执飞，自昆明飞往广州的一架航班号为MU5735的波音737-800型客机，在被监测到快速下降及失联后，于当日在广西壮族自治区梧州市藤县埌南镇莫埌村的一处山林坠毁。机上人员共计132人，其中旅客123人、机组9人，全部遇难。

网络及社交媒体最先传播的是由广西梧州北辰矿业公司监控摄像头拍摄到的视频，该视频拍到了飞机坠落情况。视频显示，机头触地前，飞机垂直下落。④各媒体机构闻讯后迅即赶往现场。已知较早到达现场的有从柳州驾车出发赴事发地点的中新社广西分社的摄影记者蒙鸣明和视频记者王以照⑤，人民日报、新华社、南方日报等媒体的记者也纷纷抵达救援地，南方+前方记者

---

① 赵迎新.中国摄协冬奥小分队探营 | 国际奥林匹克摄影"梦之队"[J/OL].(2022-02-14)[2023-06-27].https://m.cpanet.org.cn/detail_news_130942.html.
② 徐子鉴，陈益宸，梅春霖，等.新技术助力冬奥摄影报道创新 [J]. 中国记者，2022(03):26-28.
③ 张双双.2022 北京冬奥会：这些瞬间值得铭记 [J/OL].(2022-02-22)[2023-06-27]. https://m.cpanet.org.cn/detail_news_131030.html.
④ 曹然，苑苏文，彭丹妮，李明子，余皓晴.东航梧州空难，专家："这是极其罕见的情况"[J/OL].(2022-03-23)[2023-06-27].http://www.inewsweek.cn/society/2022-03-23/15323.shtml.
⑤ 蒙鸣明.中新社记者直击东航空难救援：这一夜，莫埌村无眠 [Z/OL]. 微信公众号"庖丁解news"，2022-03-23.

发回了坠机核心现场的航拍图片，部分飞机残骸散落在山坡上。①

新华社广西分社摄影记者陆波岸、周华、黄孝邦在空难发生后第一时间奔赴现场，分工协作、连续作战、及时发稿，连续一周在事故现场近距离拍摄超万张照片，其提交第33届中国新闻奖新闻摄影初评的《永不放弃——藤县空难搜救工作》（组图）被评价为"场面完整、景别丰富"，既回应了读者对第一现场的关注需求，又"弘扬生命至上和永不放弃的人文关怀和理念"，"记者在全力采集及时传递新闻信息的同时，也用来之不易的照片表达自身的内心体验，抚慰公众的创痛情感"。②

此外，对本次空难事件的呈现中，多种新媒体技术被采用。如新华社利用三维地图，标注了失事现场，以可视化形式呈现附近的地理特征；③央视新闻利用卫星地图技术，对比事故现场的前后状况；④新京报采用3D动画技术，还原了飞机坠落过程的飞行高度与时间变化。⑤

【事件3】

党的二十大报道

因篇幅所限，此报道仅以《人民日报》为例。

图片专版是新闻摄影传播的主要形式。2022年新年伊始，《人民日报》即在"视觉"版设立《新时代画卷》专栏，1月1—9日（除1月3日刊登冬奥会题材专版外）以每天一个版的频率连续刊登反映新时代我国生态文明取得的巨大成就。这些版面均为主题集约式的成就报道，稿件来源除"本报记者"、新华社外，更多为人民视觉（人民网主办，视觉中国独家战略合作）、影像中国（中国摄影家协会主办）两大图片库。

---

① 张艳，周美霖，徐勉，等.上千人连夜搜救，东航坠机现场发现更多飞机残骸！事故最新情况 [Z/OL].微信公众号"南方日报"，2022-03-22.
② 徐彦琳.这些摄影作品好在哪里？第33届中国新闻奖专项初评结果公示 [DB/OL].(2023-05-30) [2023-06-27].https://new.qq.com/rain/a/20230530A03IQU00.
③ 陈凯星，邹声文.三维地图新闻｜直击东航客机坠机事故救援现场 [DB/OL].(2022-03-21) [2023-06-27].http://www.xinhuanet.com/video/2022-03/21/c_1211616859.htm.
④ 徐冰.最新！坠机现场卫星影像前后对比 [Z/OL].微信公众号"央视新闻"，2022-03-23.
⑤ 张臣，田宇.事发｜东航坠毁客机飞行轨迹，3D还原 [DB/OL].(2022-03-21)[2023-06-27]. https://www.bjnews.com.cn/detail/164786783814088.html.

7月11日起，又设立"奋进新征程　建功新时代——非凡十年"专题，对党的十八大以来的成就予以系统报道，至17日一周内每天连续刊登两个版，其中一块为图片版，这种刊登强度维持至9月30日。10月1日至9日，则以"视觉"版又以每天一个版的频率连续刊出《新时代画卷》。

10月10日起，该报正式启动"奋进新征程　建功新时代——党的二十大特别报道"，当天刊出7个专题版面，6个为图片版（06、07版设计为跨版），内容则为中央宣传部等主办的"奋进新时代"主题成就展图片选登。至10月23日的两周内（10月16日至22日为正式会议时间），该特别报道共刊出92块版，其中43块为图片版，占比46.7%。此间，《人民日报》共出报264个版，44块为图片版，占比16.7%，可谓"图文并重，两翼齐飞"。

10月24日，党的二十届一中全会产生中央领导机构，习近平同志任中共中央总书记、中央军委主席，除头版刊登大幅照片外，又刊出《新时代画卷》5个视觉版。其整个二十大报道可谓浓墨重彩。

人民日报新媒体发布的中国共产党国际形象网宣片《CPC》，自有平台播放量就超2.3亿次，微博热搜第一，相关话题阅读总量超8亿次，海外传播总量超6000万次；融媒体产品《新千里江山图》以"江山就是人民，人民就是江山"为创作理念，采用青绿山水中的传统国画技法，综合运用三维模型+场景CG（电脑动画图像）等多种新媒体技术，全网播放量超过6.6亿。[①]

【事件4】

2022年卡塔尔世界杯

第22届卡塔尔国际足联世界杯上，新华社首次享受到国际一类通讯社待遇，获得了摄影位置优先保障。[②]在卢赛尔体育场等重点赛场，新华社的摄影点位多达11个，包含底线角旗区4个点位、高层看台3个点位、球门后和球场

---

① 中国记协新媒体专业委员会.第33届中国新闻奖融合报道、应用创新和新媒体新闻专栏初评结果公示 [EB/OL]. (2023-05-30)[2023-06-12].http://www.pingjiang.zgjx.cn/NEWSAPP/webgs/toXmtM?rods=19.

② 李明.世界杯 | 我在现场 [Z/OL]. 微信公众号"人民摄影"，2022-12-27.

顶部4个遥控相机点位。①

在视频转播技术高速发展的今天，如何用传统静态照片讲好世界杯故事，对摄影记者来说是不小的挑战。新华社摄影部体育照片采编室主任李尕在复盘世界杯的报道工作时说："面对'黑科技'的无所不能，静态影像有时只能甘拜下风。这也倒逼摄影记者，对决定性瞬间的记录务必精准，才能真实还原故事情节。"②在日本队2：1逆转西班牙队的比赛中，新华社摄影记者陈诚抓拍到了一张照片确证三笘薰救球时一次"毛发级"压线；在法国队与摩洛哥队的半决赛中，新华社记者李明用长焦镜头对准姆巴佩被对手踩断的鞋带，通过这一细节展现世界杯比赛的对抗激烈；在葡萄牙对阵加纳队的比赛中，李尕定格了C罗破门后庆祝跃起的瞬间，他的身后是巨幅梅西海报，画面浓缩了梅罗"绝代双骄"的足坛格局。

在卡塔尔世界杯期间，国际体育记者协会和国际足联为80名参加过8届及以上男女足世界杯报道的资深记者颁发特别贡献奖，中国青年报摄影记者刘占崑以13届报道经历成为中国唯一的获奖者，他报道了自1991年至2022年间6届男足世界杯和7届女足世界杯。③

二、观看者：机构与人物

【观看者1】

新华社摄影部成立70周年

于1952年4月1日成立的新华社新闻摄影部，前身是中央人民政府新闻总署新闻摄影局，该机构的建立则溯及石少华、吴群、高帆在1949年全国文代会上关于成立新中国统一的摄影业务领导机构的提议④。20世纪90年代，蒋

---

① 李尕.拍大赛如烹小鲜,新华社摄影记者复盘世界杯精彩瞬间 [Z/OL].微信公众号"中国记者", 2022-12-22.
② 李尕.拍大赛如烹小鲜,新华社摄影记者复盘世界杯精彩瞬间 [Z/OL].微信公众号"中国记者", 2022-12-22.
③ 唐瑜.本报连线 | 中国记者刘占崑获世界杯特别贡献奖 [Z/OL].微信公众号"中国摄影报", 2022-12-11.
④ 石少华.新闻摄影部的建立经过 [M]// 石少华.摄影工作散记.北京：新华出版社,1998:274.

齐生在论及新华社新闻摄影的传统问题时，认为当以中国解放区摄影战士及其先驱者、组织者和领导者沙飞、罗光达、吴印咸、郑景康、石少华、赵启贤、高帆等创造的解放区新闻摄影经验及理论贡献为基础。

成立之初，新华社编委会确定新闻摄影部的主要任务是：向全国和全世界收集和发布有关中国和外国的政治、经济、文化以及其他一切引起共同兴趣的照片，逐步成为全国的"新闻图片总汇"。①

20世纪70年代末至80年代初，随着改革开放的到来，新华社加快建设世界性通讯社的目标，开始向世界重要的国家、地区派遣摄影记者，力求在第一时间抵达重大国际新闻事件的现场。1981年10月6日，驻开罗记者于小平成功记录埃及总统萨达特遇刺，系列现场画面成为典范之作。②

1985年2月，穆青在新华社国外工作会议上首次提出，"摄影报道是现代化世界性通讯社不可缺少的一翼"，之后，他再次提及"文字报道和摄影报道是新华社向世界性通讯社腾飞的'两翼'"的重要思想，"两翼齐飞"理论由此极大地推进了新华社及中国新闻摄影事业的进步。③

至2009年，新华社摄影部已经在国内外拥有200多名专职摄影记者、数百名由文字记者兼任的摄影记者，以及3000多名签约摄影师和海外雇员。每天通过全球卫星和互联网播发新闻图片1000多张，拥有30多家海外特稿用户。④

今天，新华社摄影部职业水平获得了更多外媒的认可与青睐。如2022年法国总统选举，新华社摄影记者拍摄的照片就被法国媒体采用达30多张。⑤

走过70年的发展历程，新华社正在加快媒体融合发展。新华社摄影部副主任王建华认为，新闻摄影的融合发展，不仅要继续发挥其真实、形象、生动的传统优势，还要敢于突破固有的边界，在跨界叙事、跨屏呈现、跨语言

① 石少华.新闻摄影部的建立经过[M]// 石少华.摄影工作散记.北京：新华出版社，1998:278.
② 于小平.在开罗胜利广场目击萨达特遇刺[DB/OL].(2010-04-30)[2023-06-27].http://news.sina.com.cn/w/2010-04-30/172720185511.shtml.
③ 徐祖根.新华社新闻摄影60年的回顾与展望[DB/OL].(2010-02-01)[2023-06-27].http://www.cnpressphoto.com/content/2010-02/01/content_8412.htm.
④ 新华社摄影部.新华社摄影部职业化标准手册.2009:5.
⑤ 武巍.新华社：中国视角 世界故事[DB/OL].(2022-08-07)[2023-06-27].https://www.cphoto.com.cn/content/article/100531.html.

传播的方向上探索突破之道。①

【观看者2】

中国新闻社成立70周年

1952年10月1日，中国新闻社在北京成立。成立中新社是为了向当时近百家海外华文的报纸报道新中国的消息，也为了冲破西方对新中国的舆论封锁。其主要创办人廖承志将中新社的宣传方针明确为"爱国主义"，强调从事对外宣传要内外有别，不能当"文抄公"，照搬照抄国内的一套。首任社长金仲华提出中新社稿件应该"短些，软些，宽些"（即稿件要短，调子要软，报道题材要宽），②并最终形成"官话民说、中话西说、长话短说、空话不说"的中新风格。③

成立之初，中新社并未成立摄影部，主要的摄影力量为编制10人的中新社广州办事处摄影组，专门拍摄广东、福建侨乡地区图片。这些图片除就近供应香港《大公报》《文汇报》等报刊使用外，全部底片寄新华社摄影部编后由新华社摄影部代编代发，以"中国图片社"的名义发给海外华文报刊。

1956年9月，中新社图片部正式接编新华社对海外华文报刊的图片稿，至"文革"前，每天编发稿件五六组（300幅左右）。这一时期，中新社摄影佳作迭现，如第一代摄影记者薛子江的《春泛嘉陵江》《千里江陵》等。1957年全国第一届摄影艺术展览展出的艺术图片321幅，中新社即入选16幅。

"文革"结束，中新社于1978年恢复建制并正式组建摄影部，图片报道内容由以风光专题为主转变为以新闻时事报道为主。在公审"四人帮"案件时，摄影记者吕相友抓拍了一组表现江青各种拙劣表演的连续镜头，在中

---

① 王建华. 新华社摄影部副主任王建华：新闻摄影融合之道 [Z/OL]. 微信公众号"中国记者"，2023-03-29.

② 金仲华. 短些，软些，宽些——已故中国新闻社社长金仲华谈对华侨宣传 [M]// 中国新闻社. 直挂云帆济沧海——中新社三十五年经验集纳. 北京：中国新闻社，1987:26-29.

③ 郭招金. 中新社新闻风格简论 [DB/OL].(2012-08-17)[2023-06-27].https://www.chinanews.com.cn/gn/cns60/news/170.shtml.

国新闻摄影界首创以系列图片来记载重大历史事件的手法。此期间诞生了黄云生的《西藏专题》、王苗的《草原骑手》、罗小韵的《首次招考模特》等佳作。彭振戈（笔名安哥）则把镜头聚焦南粤乡土，以民间视角记录社会底层，以《结婚照》《街头青年》等引领中国纪实摄影风气之先。

进入21世纪，中新社图片越发具有国际化特征，摄影记者在世界新闻摄影比赛（"荷赛"）等国际赛事崭露头角。2000年，王瑶凭借作品《60岁舞蹈家重返舞台》获得第43届"荷赛"艺术类组照金奖。2002年，贾国荣凭借作品《体操健儿》获得第45届"荷赛"体育类单幅三等奖；2014年再以作品《杠上争锋》获第57届"荷赛"体育动作类组照一等奖。

【观看者3】

孔繁根——从战地到讲台

2022年12月30日，中国共产党优秀党员、教育工作者，中国人民大学新闻学院离休教师孔繁根教授逝世，享年92岁。

1948年，刚满18岁的孔繁根参加华北军区政治部画报社战地摄影训练班，学习尚未结束，就分配至华北军区第七纵队任摄影记者。他曾回忆学习摄影的缘起："我开始学摄影的时候在华北军区画报社，也就是原来的晋察冀画报社，主任是石少华，他后来担任过新华社社长，是我国著名摄影家。那时主要是他讲课，但他很少讲技术课，主要是讲为人民服务，教育大家在战场上要勇敢。"[1]

解放战争之后，孔繁根作为战地记者又先后参加抗美援朝战争、中印边境自卫反击战、抗美援越战争、对越自卫反击战采访。1952年10月的上甘岭争夺战，志愿军首长给出"我们不能打哑巴仗，要派记者到平康前线报道"的指令。孔繁根根据参谋人员提供的简要路线图，独自一人前往前线，"汗水湿透了军棉袄，外面结了一层薄冰。背囊里的摄影器材很重，三台照相机连带底片有20多斤，路远无轻担，走得又急促，简直压得我喘不过气来"。

---

① 彦希. 荐书 | 孔繁根：从战地记者走上大学讲台 [Z/OL]. 微信公众号"中国摄影家协会网"，2020-07-13.

当穿越敌人的火力封锁区来到上甘岭（五圣山）阵地一个防空洞时，两架外号"油桃子"的美国轰炸机从高空朝下俯冲轰炸，当时洞口外面的好几个人都牺牲了，一台德国蔡司－伊康120照相机被炸得面目全非。①

1983年12月，他从新华社摄影部调入中国人民大学新闻系任教，任新闻系摄影教研室主任；1992年6月被评为教授，至1992年8月离休；编写了《摄影采访与图片编辑教程》《摄影技术》《军事摄影》等教材、著作，培养了一批优秀的新闻工作人才。

【观看者4】

普布扎西——用青春拍摄西藏

2022年3月12日，42岁的新华社西藏分社摄影部主任普布扎西因病医治无效不幸逝世。如其生前所说："人的一生只有一次青春，我用青春拍摄西藏。用青春做好一件事，而我的青春恰恰遇上摄影。"

他在西藏分社的稿件始于2003年4月10日的《雪域演练森林防火》（新华社传真照片），止于2022年1月26日的《拉萨：八廓街老大院里的笑声》。在完成最后一次采访拍摄后的两天，他突发重疾，转往内地救治无效离世。②

这位高原诗人曾自述，"很长一段时间内，我曾认为摄影是比拼驾驭机器，但很多年后，我发现摄影其实就是你的人生阅历和生活理解的一种独特而直接的表达方式"③。多年来，他的作品获中国新闻奖一等奖1篇、二等奖2篇、三等奖1篇，他本人于2016年至2018年连续三年被评为中宣部"新春走基层"先进个人。在藏工作20多年间，他走遍了西藏74个县区，踏过2000多公里长的中印边境线。在去世前一年的2020珠峰高程测量的重大报道中，他在人类生存极限的珠峰大本营坚守了40余天，全程记录中国人的巅

---

① 孔繁根.从鸭绿江到奇穷河——一个摄影记者的随军纪实 [M].西安：陕西人民出版社，2019:55-57.

② 袁舒婕.2022年中国新闻工作者援助项目名单发布，受援助的记者说——珍惜记者时光 多生产有温度的作品 [DB/OL].中国新闻出版广电报，2022-11-15(02).

③ 中国记者.普布扎西：活在高处 记录高原 [DB/OL].(2019-12-19)[2023-06-27].http://www.xinhuanet.com/politics/2019/12/19/c_1125366898.htm.

峰壮举。

如他的老师，原新华社西藏分社摄影部主任、高级记者觉果所写："他走向冬天寻找缺氧让躯体休克幻化出死亡的明天；他走向黑夜昼的尽头，与时间相遇探讨空间的方位，或浅或深的脚印证明，世界已经装进取景器，等待的将是现实的五彩与褪色的历史斑痕！"①

三、视觉机器与技术性图像

【技术1】

新闻摄影师——"天问一号"

2022年3月24日，中国国家航天局公布了"天问一号"环绕器近火点在"祝融号"火星车巡视区域上空拍摄的0.5米分辨率影像图，"祝融号"火星车行驶路线清晰可辨。同时公布一张"祝融号"火星车从火星表面传回的，于2022年1月22日（着陆后第247火星日）由导航地形相机拍摄的火星车本体影像——"自拍照"，对比拍摄于2021年5月19日（着陆后第5火星日）的类似照片，火星车表面存在明显的沙尘覆盖。②5月18日，受着陆区冬季严寒（火星冬季温度可低至-100℃）和沙尘天气影响，超额完成任务的祝融号火星车进入冬季休眠模式。③

7月23日是"天问一号"任务发射两周年的日子，"天问一号"火星环绕器传回火卫一影像，系利用高分辨率相机获得的"满月"状态清晰影像，这也是中国首次拍摄火卫一"全身照"。④

9月18日，据国家航天局消息，截至2022年9月15日，"天问一号"环绕器已在轨运行780多天，火星车累计行驶1921米，完成既定科学探测任务，

① 中国新闻摄影学会.高原摄影诗人普布扎西 那人生最美好的时光 [J/OL].(2022-09-02)[2023-06-11]. http://www.cnpressphoto.com/2022/09/02/content_35965471.htm.
② 赵竹青."祝融号"火星车近况如何？ [Z/OL]. 微信公众号"人民网财经"（2022-03-24）[2023-06-25].
③ 央视新闻.今天，祝融号在火星过冬至 [EB/OL].（2022-07-21)[2023-06-21].http://www.cnsa.gov.cn/n6758823/n6758838/c6840706/content.html.
④ 中新社记者马帅莎，耿言，陈刚.天问一号发射两周年 火卫一"满月"状态清晰影像公布 [EB/OL].(2022/07-23) [2023-06-30].http://www.chinanews.com/sh/2022/07-23/9810166.shtml.

获取原始科学探测数据1480GB。由此获得极为丰富的科学成果，其中导航与地形相机的图像数据显示，着陆区存在富含含水矿物的板状岩石，这些影像结合光谱数据证明，着陆区存在过大量液态水活动。①

"祝融号"火星车并未随着温度的回升而"苏醒"②。2023年2月21日美国的火星勘测轨道飞行器（MRO）的官网Uahirise上发布了一组对比照片显示，"祝融号"火星车从去年9月开始至今没有再动过。③

火星上的春天已经过去，又回到了冬天，而"天问一号"环绕器仍不知疲倦地继续监测等待"祝融号"火星车的再次"苏醒"。

【技术2】

VR+新闻

2022年，国内智能影像品牌影石Insta360最新营收超20亿元，近三年年营收同比增长均超过50%。④年内推出ONE RS多镜头防抖运动相机、瞳Sphere外挂式无人机全景相机及搭载1/2英寸4800万像素传感器且支持5.7K全景运动HDR视频和4K平面视频的Insta360 X3等多款设备。⑤头戴式显示器（HMD）方面，2022年10月的Meta Connect大会发布了售价为1499.99美元的Quest Pro，该款头显采用Meta与高通共同开发的XR2+Gen1移动骁龙芯片，采用折叠光路（Pancake）透镜，Mini LED单眼屏幕的分辨率高达1800×1920，配置10个先进VR/MR传感器，辅以12GB RAM和256GB ROM并集成了眼球追踪功能，通过全彩透视功能集成用户头显外部空间达成"混合现实"体验。

多家媒体利用VR技术等创新媒介深度融合案例。1月8日，青海省海北州门源县6.9级地震发生当天，西海都市报记者以"文图+短视频+航拍+VR场

① 陈海波.火星上真的有水[N].光明日报，2022-09-20(08).
② 中新社记者马帅莎."冬眠"的祝融号火星车几时"醒"?[EB/OL].(2023-06-30)[2023-04-25].https://www.chinanews.com.cn/gn/2023/04-25/9996415.shtml.
③ https://www.163.com/dy/article/HU51LU7H05322ICO.html?f=post1603_tab_news.
④ 南方财经全媒体记者欧雪.产业深观察|影石创新："影像玩家"如何全球疯狂吸金？[EB/OL].(2023-06-24)[2023-05-04].https://www.21jingji.com/article/20230504/herald/eb221316fa5ee11137b0f030e1aa955e.html.
⑤ https://www.insta360.com/cn/.

景"多种形式,将地震所造成的壕沟、冰缝、山裂、破裂带延伸条等现场进行全景记录,作了题为《视频+VR全景|独家专访!门源6.9级地震22公里地表破裂带如何形成?》的报道;①广西平陆运河是我国京杭大运河后一千多年来开建的第一条大运河,广西云数字媒体集团推出的《高级!广西云推出100秒平陆运河卫星实景3D动画全景式感受世纪工程》特别报道通过采集卫星图、高程图、航拍影像、航运枢纽工程效果图等多种资源图,融合视频、H5、3D动画、720°VR全景等高科技内容,做了全景式、立体化展示全息沉浸式报道②;中国日报社推出的《同时照12000面镜子是什么感觉?》,则融合动画、XR(扩展现实)、虚拟制片等新技术,从科学实验的角度切入,让观众在科普中走近被称为"超级镜子"的敦煌100兆瓦熔盐塔式光热电站,以"小故事"反映"大主题",以"小切口"反映"大时代"。③

【技术3】

无人机与卫星新闻

据中国民航局飞行标准司发布的《中国民航驾驶员发展年度报告2022年版》显示,截至2022年12月31日,民用无人机驾驶员执照总数为152790个,比上年增加31946个,增长率为26.4%。

"无人机新闻"(drone journalism)生产日益常态化,上海新闻记者以《震撼航拍——看,星光战胜火光!》反映人们以血肉身躯筑起"防火长城"保卫家园的感人一幕:在8月25日重庆缙云山山火"决战"中,从空中俯瞰,记录熊熊山火形成的"巨大火龙"与灭火队伍头顶的探灯汇聚成的"星光长城"所组成的一个大大的"人"字;④江西日报推出的《极枯鄱湖 生态

① 中国记协新媒体专业委员会.第33届中国新闻奖融合报道、应用创新和新媒体新闻专栏初评结果公示[EB/OL].(2023-05-30)[2023-06-12].http://www.pingjiang.zgjx.cn/NEWSAPP/webgs/toXmtM?rods=19.

② 中国记协新媒体专业委员会.第33届中国新闻奖融合报道、应用创新和新媒体新闻专栏初评结果公示[EB/OL].(2023-05-30)[2023-06-12].http://www.pingjiang.zgjx.cn/NEWSAPP/webgs/toXmtM?rods=19.

③ 中国记协新媒体专业委员会.第33届中国新闻奖融合报道、应用创新和新媒体新闻专栏初评结果公示[EB/OL].(2023-05-30)[2023-06-12].http://www.pingjiang.zgjx.cn/NEWSAPP/webgs/toXmtM?rods=16.

④ 中国记协新媒体专业委员会.第33届中国新闻奖融合报道、应用创新和新媒体新闻专栏初评结果公示[EB/OL].(2023-05-30)[2023-06-12].http://www.pingjiang.zgjx.cn/NEWSAPP/webgs/toXmtM?rods=19.

大考》（组照）"通过无人机和地面拍摄相结合，比较完整地报道了鄱阳湖旱情的新闻，新闻性强、题材重大。鄱阳湖极旱的干涸湖底和长满的草地，画面震撼，使人印象深刻"①。

新华社卫星新闻实验室除年终按惯例推出《新华社年度卫星影像：2022，迈向新征程的中国》②外，以《卫星看中国》之《荒原之上的中国创造》（4月28日）③、《联通世界的中国担当》（4月29日）④、《减碳节能的中国贡献》（5月1日）⑤、《改善民生的中国温度》（5月3日）反映过去十年中国人改造荒原、联通世界、减碳节能、改善民生、创造奇迹的过程。

福建省广播影视集团推出大型创意互动融媒体报道《太空看福建：用奋斗谱写新篇章》，为地方媒体制作卫星新闻的范例。该主创团队以卫星遥感数据、遥感地图、实景三维资料、超1TB视频素材，使用"互动视频"技术，从太空高度全景式呈现福建的山海巨变。⑥

其他媒体融合典型案例有：人民日报重点专题报道《像保护眼睛一样保护生态环境》及融媒体短视频《天空日记：3000多张照片记录8年蓝天之增》，讲述了河北石家庄王汝春老人每天在阳台对着天空拍摄、记录生态巨变的故事⑦；中国经济网《带您"飞临"探秘北京2022年冬奥会和冬残奥会》以航空摄像、倾斜摄影、地面全景摄影等29.16万张图片数据为基础，以"720度全景+实景三维"的形式，实现了"全向互动"的在线冬奥数字场馆的可视化呈现。⑧

---

① 徐彦琳.这些摄影作品好在哪里？第33届中国新闻奖专项初评结果公示[DB/OL].(2023-05-30)[2023-06-27].https://new.qq.com/rain/a/20230530A03IQU00.

② http://www.xinhuanet.com/2022-12/31/c_1129247011.htm.

③ http://www.news.cn/politics/2022-04/28/c_1128605080.htm.

④ http://www.news.cn/local/2022-04/29/c_1128610120.htm.

⑤ http://www.news.cn/politics/2022-05/01/c_1128613145.htm.

⑥ 中国记协新媒体专业委员会.第33届中国新闻奖融合报道、应用创新和新媒体新闻专栏初评结果公示[EB/OL].(2023-05-30)[2023-06-12].http://www.pingjiang.zgjx.cn/NEWSAPP/webgs/toXmtM?rods=19.

⑦ 中国记协新媒体专业委员会.第33届中国新闻奖融合报道、应用创新和新媒体新闻专栏初评结果公示[EB/OL].(2023-05-30)[2023-06-12].http://www.pingjiang.zgjx.cn/NEWSAPP/webgs/toXmtM?rods=19.

⑧ 中国记协新媒体专业委员会.第33届中国新闻奖融合报道、应用创新和新媒体新闻专栏初评结果公示[EB/OL].(2023-05-30)[2023-06-12].http://www.pingjiang.zgjx.cn/NEWSAPP/webgs/toXmtM?rods=19.

四、观看结果：中国新闻奖初评、"金镜头"与"荷赛"

【评选1】

第32届中国新闻奖新闻摄影作品

2022年11月8日，中华全国新闻工作者协会公布了第32届中国新闻奖的评选结果，从参加定评的35幅（组）摄影作品（包括3幅国际传播）中评选出10幅获奖作品，其中一等奖1幅，二等奖3幅（组），三等奖6幅（组）。

一等奖作品《习近平向全国脱贫攻坚楷模荣誉称号的获得者颁奖》（中国日报记者 冯永斌），记录了2021年2月25日全国脱贫攻坚总结表彰大会上，中共中央总书记、国家主席、中央军委主席习近平向全国脱贫攻坚楷模荣誉称号获得者、坐在轮椅上、有着97岁高龄的夏森老人颁奖的瞬间。画面中，习近平总书记俯下身，郑重地为老人佩挂奖章，整理绶带。评审团认为，"这是一个充满温情的历史性瞬间，是一个生动反映人民领袖礼敬脱贫攻坚楷模的好场景，是党的总书记尊老敬老爱老，为全社会作表率的好故事"①。

二等奖作品为《除夕，打通百姓回家路》（陈春平/中国移民管理报记者）、《我和我远方的家》（杨登峰、王伟伟/工人日报记者）、《奋战在抗洪第一线》（季春红/光明日报）；三等奖作品为《世界单体最大水上光伏电站并网发电》（周坤、刘振兴/德州24小时客户端）、《"诚信奶奶"十年还清2077万元债务》（雷宁、陈炜芬/丽水日报）、《（东京奥运）苏炳添闯入奥运会男子100米决赛》（富田/中国新闻社）、《120岁佘山天文台下月启动史上最大规模修缮，上万册天文学古籍资料将被数字化保存》（袁婧/文汇App）、《守护生命》（辜鹏博/湖南日报社）、《最美冬夜》（马华斌/南方电网报）。

本届获奖作品中与新闻摄影相关的还有：典型报道二等奖《11年前那位感动中国的"春运母亲"，找到了！》（通讯体裁；作者：周科、李思

---

① 李旻晖. 记者节特刊 | 第32届中国新闻奖获奖摄影作品背后的故事 [Z/OL]. 微信公众号"人民摄影"，2022-11-08.

佳），此为作者对2010年1月30日在南昌火车站广场拍下的"春运母亲"（作品《孩子，妈妈带你回家》曾获中国新闻摄影年度金奖及第21届中国新闻奖新闻摄影二等奖）的追踪报道，作者通过11年的寻找，在四川省凉山彝族自治州越西县瓦岩乡桃园村找到照片中的主人公木玉布木，由此反映脱贫攻坚背景下中国贫困地区的巨变；①应用创新类二等奖作品《全民拍》系新华社客户端推出的社会治理交互应用平台，采用大数据系统，解决群众在消费维权、社会民生、生态环境、灾害救援等方面的热点问题，可谓都市报时代"报料热线"的智能版。②

【评选2】

第33届中国新闻奖新闻摄影初评

2022年5月24日、25日，中国新闻摄影学会公示第33届中国新闻奖新闻摄影初评结果，确定35幅（组）新闻摄影作品（新闻摄影类作品31件，国际传播类作品4件）入围参加定评，较计划报送数40件作品（新闻摄影类35件，国际传播类5件）少5件，空缺率12.5%。③

35幅（组）中，来自中央新闻单位的有18幅（组），省级党报有3幅（组），地市级党报有10幅（组），副省级党报、机关报、行业报、都市报有4幅（组）；作者所在新闻单位为25家，新华社7幅（组），中国日报3幅（组），中国新闻社、中国青年报各2幅（组），其余21家媒体各1幅（组）。从作品形式上看，单幅照片16张，组照19组，单幅与组照数量大致相等。

从内容题材上看，延续了上一届中国新闻奖新闻摄影初评少突发性新闻、多非突发性新闻的特点，主题涵盖了环境生态、科技文化、基础设施建设、疫情防控、北京冬奥会、东航空难搜救、自然灾害救助等。④

---

① 中华新闻工作者协会.第32届中国新闻奖评选结果 [EB/OL].(2022-11-01)[2023-06-30].http://www.zgjx.cn/2022-11/01/c_1310667295_2.htm.
② 中华新闻工作者协会.第32届中国新闻奖评选结果 [EB/OL].(2022-11-01)[2023-06-30].http://www.zgjx.cn/2022-11/01/c_1310667161.htm.
③ 中国新闻摄影学会.关于开展第33届中国新闻奖新闻摄影作品专项初评工作的通知 [EB/OL].(2022-12-31)[2023-06-24].http://www.cnpressphoto.com/2023-04/01/content_36457513.htm.
④ 徐彦琳.这些摄影作品好在哪里？第33届中国新闻奖专项初评结果公示 [DB/OL].(2023-05-30)[2023-06-27].https://new.qq.com/rain/a/20230530A03IQU00.

时政类作品《习近平等瞻仰延安革命纪念地》（王晔/新华社）表现习近平同志带领新当选的中共中央政治局常委阔步向前、坚定自信，背景中"胜利的出发点"几个金色大字更成为点睛之笔。

反映新冠疫情的《开车去摆摊的年轻人》（赵迪/中国青年报，组照）、《寒夜里的北京新发地》（吴凡/工人日报，组照），以现场肖像反映了疫情下普通人不平凡的生活与付出。突发新闻中，《重庆山火救援实录〈热血"长城"凡人大义〉》（郑新洽、徐秋颖/新京报，组照）直击一线火场，"现场感强烈，画面语言丰富，视觉冲击力强"，展现了救援志愿者与消防员们并肩作战时令人动容的勇气；① 作品《西藏航空一客机起飞时偏出跑道起火》（中国新闻社）体现摄影记者对突发事件的反应能力。其他两幅作品②的作者均来自第一线职能部门，这也是近年突发新闻报道的一个特点。

科技新闻、环境新闻是本届作品的一个亮点，多个优秀报道来自地市级媒体③。《图片故事|"村BA"里的乡土中国》（邹洪霜、李忠全/贵州广播电视台）则体现了中国新闻奖评选规则调整后不再分媒体类型评选的特点。

【评选3】

"荷赛"及其他国际新闻摄影比赛

2022年3月29日，第66届世界新闻摄影比赛（以下简称"荷赛"）公布了区域获奖名单。2022年荷赛有127个国家的3752名摄影师参赛，共收到60000多份投稿，获得区域奖项的有24名摄影师，作品内容涵盖2022年全球最受关注的事件，包括俄乌冲突、伊朗大规模抗议、塔利班控制下的阿富汗现状，

---

① 徐彦琳.这些摄影作品好在哪里？第33届中国新闻奖专项初评结果公示[DB/OL].(2023-05-30)[2023-06-27].https://new.qq.com/rain/a/20230530A03IQU00.

② 《生命通道》（程雪力/四川省森林消防总队/中国日报刊发，单幅）、《小年夜，-18℃的暖心救援》（王南举/新疆出入境边防检查总站阿克苏边境管理支队）。

③ 这部分作品包括《巧手习得"上天功"太空产品指定地》（孝感日报）、《拉索·新发现 全球首次打开十万亿电子伏波段的伽马射线暴观测窗口》（四川日报，组照）、《"核"力奋进"漳"显力量》（闽南日报，组照）、《戈壁滩上长出了光伏牧场》（中国日报，组照）、《元宇宙小镇》（嘉兴日报，组照）、《自产农业"芯片" 端稳"中国饭碗"》（重庆三峡融媒体中心，组照）、专业水下拍摄的《海底"护林"》（张茂、张杰/海南日报，湛江日报刊登，组照）、《废弃矿宕"植绿人"》（吴建勋/湖州市新闻传播中心，组照）、《全国首座潮光互补型光伏电站并网发电》（徐伟杰/温岭市融媒体中心，单幅）。

以及影响多国的气候危机等。

中国90后摄影师储卫民为6名亚洲区获得荣誉提名之一,其作品《未完工住宅里的微光》表现了中国房地产行业危机对普通人的影响。评审团认为,储卫民运用了统一的创作手法,对空间和光线的运用做出了深思熟虑的选择,展现了人们的渺小和巨大建筑的空旷,成功地从侧面反映了中国多年来现代化进程中的一些重要议题。①

4月20日,荷赛公布了最终的全球获奖名单。来自乌克兰的摄影师Evgeniy Maloletka凭借作品《马里乌波尔妇产医院空袭》荣获年度世界新闻摄影奖,丹麦摄影师Mads Nissen凭借《阿富汗和平的代价》荣获年度世界新闻摄影故事奖,亚美尼亚的Anush Babajanyan凭借作品《伤痕累累的水域》荣获世界新闻照片长期项目奖,埃及的Mohamed Mahdy凭借作品《在这里,门不为我开》荣获世界新闻摄影开放形式奖。全球评委会主席、《纽约时报》图片编辑兼Diversify photo联合创始人Brent Lewis表示:"四位全球获奖者的作品代表了2022年最重要和最紧迫的事件中的最佳照片和故事。它们还有助于延续摄影的传统,以及帮助我们看到人类状况的普遍性。"②

亚洲地区评委、摄影史学者何伊宁认为,从参赛作品分类组别来看,本次亚洲区域投递开放形式组别的摄影师较少。相比单张照片、短故事、长期项目等传统新闻报道的类型,开放形式鼓励更多元的创作形式,比如网页、多媒体,甚至可以改变照片的形态。③

五、十年——从被裁切摄影部到AI摄影时代的来临

十年之前,以中国报纸广告收入开始"断崖式"下滑及《芝加哥太阳报》裁切为背景,开启了这份个人化的、局部的、有限的,基于一个曾经的

---

① World Photo Press.2023 Photo Contest, Asia, Honorable Mention Faint Light in the Unfinished Building[DB/OL].(2023-03-29)[2023-06-27].https://www.worldpressphoto.org/collection/photo-contest/2023/Weimin-Chu/1.

② World Photo Press.Jury perspectives: global winners Brent Lewis, global jury chair[DB/OL].(2023-04-20)[2023-06-27].https://www.worldpressphoto.org/contest/2023/jury-perspectives/global-winners.

③ 孔斯琪.播客|对话2023荷赛"当事人"[Z/OL].微信公众号"人民摄影",2022-11-08.

从业者直接观察与简单反映，而又是国内迄今唯一一份中国新闻摄影年度观察。

最能够代表本报告写作风格的莫过于其"结语"："媒介交汇的时刻"（2013），尝试讨论"新闻摄影的'二元困境'"（2014）、"庄严地忍受命运带来的变化"（2015）、"持摄影机人的告别"（2016）、"党报新闻摄影视频化"（2017）、"图片报道精品化与收藏级的照片"（2018）、"回到现场"（2019）、"传播更为有效的方式依然是文字＋图片"（2020）、"关注生命、关注命运"（2021）。

2022年8月，重庆市北碚区缙云山发生猛烈的山火，社交媒体上有一组摩托车手参与救火的AI图像被大规模传播（现已删除），且尽管照片作者在发布之初就申明为AI图像，也被央视新闻用作宣传海报背景，大众显然也未能识别出AI生成图像的虚构性。

AI是新闻摄影的最后一个杀手，还是会进一步凸显新闻摄影的现场性？这或许是下一个观察报告要讨论的问题。

（杜江，中山大学新闻传播学院副教授、高级记者；唐诗，中山大学新闻传播学院2020级新闻学专业学生。本报告由中国新闻与纪实摄影研究中心推出。）

2022年中国视频新闻年度观察

熊　迅　李晗瑜

　　过去十年间，中国互联网经历了从PC终端向移动端的根本性变化。CNNIC在2012—2022年间发布的互联网发展统计系列报告显示，十年间中国互联网总体网民规模和手机网民规模持续稳定增长。从2012年12月到2022年6月，我国网民数量由5.64亿增长至10.51亿，手机网民数量由4.2亿增长至10.47亿，手机网民占整体网民的比例从74.5%跃升到99.6%。从规模增速来看，2013年，整体网民规模保持增速持续放缓的态势；2016年，移动互联网已经面临着人口红利趋薄和市场规模趋于饱和的问题。①

　　从政策方面来看，2012—2022年间国家关于媒体融合的政策布局逐渐完善。2012年《国家"十二五"时期文化改革发展规划纲要》提出加强新媒体渠道建设。2015年的政府工作报告从顶层设计层面提出制定"互联网+"计划，促进传统媒体充分融入互联网时代。2016—2022年，国家不断适配与调整媒体深度融合布局。② 2019年，习近平总书记在《加快推动媒体融合发展构建全媒体传播格局》中提出要推动媒体融合向纵深发展。国家"十四五"规划和2035年远景目标纲要明确将"推进媒体深度融合，做强新型主流媒体"作为推进公共文化服务水平的重要举措。③

　　近十年也是媒体深度融合的探索期。2012—2022年，媒体融合技术的发展为传统媒体向新媒体转型奠定了良好的基础，大数据、5G、人工智能、云

　　① 张磊，王露. 数字交往与网络生存：互联网驱动下的中国传播生态变迁（2012—2022）[J]. 现代视听，2022(09):11-17.

　　② 黄楚新，常湘萍. 非凡十年：2012—2022年我国媒体融合发展与实践 [J]. 中国传媒科技，2022(11):7-10.

　　③ 黄楚新，许可. 当前中国媒体深度融合的热点、难点与机制突破 [J]. 传媒，2021(14):12-14.

计算等技术的发展给媒体融合提供了新机遇，不少媒体机构开始跟进快速调整变迁的转型过程。在抖音、快手等平台媒体的推动下，2018年开启了新一轮传统媒体机构大整合。2020年开始，在疫情封控的影响下，还催生了媒体"直播+"模式的发展，促进了传媒新业态的形成。各类大数据技术的采集和应用也被提上融合发展的日程，如《京华时报》的云广告、浙江日报集团的社交网络数据深度挖掘布局、云电视及其解决方案、OTT业务。不少媒体在云计算等技术的支撑下开始构建自己的融媒体云平台，"长江云""天目云"等省级云平台逐步推出，在通过技术、渠道等建设市县级融媒体中心的同时构建区域媒体生态。①

综上，在过去的十年里，由于媒体政策的推动，主流媒体在实践探索、技术应用和产业推广方面取得了丰硕成果。在媒体融合发展的过程中，平台媒体不断探索创新应用和升级技术平台，在理念、机制等方面取得了重大改进和突破。其中，短视频的兴起得益于移动端的普及和4G技术的成熟，也获得了高速发展的时代机遇。作为手机应用的GIF快手即快手前身转型为短视频社交平台，开创了移动端爆发式的短视频传播时代。伴随智能手机的功能迭代和移动流量成本降低，2015年快手开始短视频商业场景融合的布局；2016年9月由今日头条孵化推出的抖音App上线；2017年短视频市场规模达到57.3亿元人民币，同比增长183.9%，这一年也因此被称为短视频爆发元年。

"短视频"这一媒介形态从2012年开始的简单的图片分享、生活记录，到2022年跻身将沉浸式新闻资讯、娱乐、社交、购物、教育、文旅、医疗、商业等全场景覆盖的"流量霸主"地位，发展可谓迅猛。值得注意的是，近四分之一新网民因视频新闻触网，视频新闻"纳新"能力远超即时通信。新入网的网民中，24.3%的人第一次上网时使用的是视频新闻应用，与其他应用拉开较大距离。截至2022年12月，视频新闻用户规模达10.12亿，同比增长7770万，增长率为8.3%，在整体网民中的占比为94.8%。

本文考察数字视频新闻生产的视觉化趋势，以视频的制作和传播特征

---

① 黄楚新，常湘萍.非凡十年：2012—2022年我国媒体融合发展与实践[J].中国传媒科技，2022,(11):7-10.

为基本框架，研究2022年度视频新闻生产的内容特征及其形式创新。由于相关视频新闻数量庞大，且平台分散，时间跨度大，本研究通过以下两种方式选择视频新闻作为研究对象：一是根据2022全年微博、抖音热门事件，挑选出时事类热度最高的事件，过滤掉非视频和非新闻类微博，按照点赞和转发量排序确定，每个平台选取250个热度最高的视频进行分析；二是总结收集本年度专业新闻奖项的视频新闻板块，与第一种方式进行交叉对比和筛选。需要指出的是，"视频新闻"的边界正在变得模糊，新闻机构在视频生产上体现出"八仙过海"的生产特征，更加强调贴近用户需求、拓宽表达类型和实现情感唤起的传播功能。而各个视频平台新闻资讯类高热度视频则体现出同质化较高、娱乐向类型偏多的特点。传统的视频新闻中往往以新闻信息的完整呈现为基础要素，然而随着互联网的发展，视频的内容与形式都有较大拓展，更强调情绪张力和传播潜力。例如入围第33届中国新闻奖融合报道模块的微视频《致敬青春丨青春为何，青春何为？》就没有采用传统新闻报道信息结构的形式，而是采用了类似专题片的展现形式来进行结构设计和情感调动，体现了短视频文本的情感唤起功能。因此本研究融合机构评选（以中国新闻奖部分入选作品为主）和针对平台视频的传播热度排行两方面的视频进行样本选择，同时注意到传播者和媒体社会功能的分布差异。总体来看，2022年中国视频新闻呈现出下文所述之基本特征。

一、题材选择与时代脉动同步

2022年，党的二十大胜利召开。这标志着中国迈上全面建设社会主义现代化国家的新征程。这一年，新冠疫情防控政策经历了从"清零"到常态防控的转变，北京因成功举办冬奥会而成为全球首座"双奥之城"，重大新闻事件为新闻业探索融合传播、讲好中国故事提供了丰富的时代场景和实践空间。

（一）党的二十大报道

党的二十大报道中，各级媒体都推出了系列策划，通过长、中、短视频的不同方式，以小人物反映大时代，通过小故事阐释大道理。如中央广播电视总台推出的"红色瞬间"系列短视频，通过选取"草鞋书记"周永开、"川藏第一险"上的邮车驾驶员等"小人物"的经历展现中华儿女投身新时代的生动实践。①

各类奖项也对二十大主题报道给予较大关注，多个作品入围第33届中国新闻奖。新华社客户端发布《新时代之声》视频，采用"新华空间音频"技术，巧妙运用"声音"为载体，带领观众沉浸式见证了一个立体全面的新时代中国。又如福建省广播影视集团推出大型创意互动融媒体报道《太空看福建：用奋斗谱写新篇章》，该视频采用了卫星视觉以及前沿的互动视频技术，通过"一键触发"沉浸式互动，以太空高度和俯瞰视角聚焦福建十年山海巨变，充分彰显十年间福建人民在祖国大地上奋力书写的中国式现代化生动实践。而北京晚报《喜迎二十大｜看变化，10年10座城》系列直播报道采用系列直播的方式，多角度、全方位、立体化展现10座城市十年间的发展与变化，获北京新闻奖。

各级媒体新媒体端也相继推出特别策划，形成重大题材报道的大众传播矩阵。如新华网推出二十大特别策划《这十年，那些难忘的奋斗故事》系列创意视频。该系列综合运用XR等技术手段，展现党的十八大以来我国经济社会发展取得的历史性成就和变革，全网播放总量超2.8亿。湖北日报社综合媒体中心采用"众筹报道"的方式，向县市综合媒体中心征集视频报道材料，省市县融媒联动共同完成《瞧"桥"这十年》《一名党员一杆旗·党的二十大代表风采录》等诸多报道。②

（二）国家领土及主权安全

2022年是我国人民海军成立73周年，这一年各类媒体在树立人民海军形象、建立人民国家领土安全意识方面进行了积极尝试。同时，主流媒体在美

---

① 李晓星.党的二十大融媒体报道的创新与效果[J].传媒，2023(10):35-36+38.
② 余宽宏，高梦格.可视化呈现＋互动化传播催生新媒体"爆款"——湖北日报"党的二十大"融媒报道解析[J].新闻前哨，2022(24):4-5.

国众议院长窜访台湾事件中进行了有力回应，为坚决维护国家主权安全营造了有利的舆论环境。

2022年4月22日，中国军号平台发布人民海军首部航母主题宣传片《深蓝！深蓝！》引发广泛关注。该视频采用第一人称自我陈述的方式，将宏大主题分解为多个vlog进行阐述，回顾人民海军近年来里程碑式的发展，唤起受众对国家安全以及民族精神的认同。2022年8月3日，人民日报官微发布的《国家主权安全发展利益得到有力维护》视频获得2605万浏览量。拥有近1500万粉丝的外交部抖音官方账号"外交部发言人办公室"在2022年2月23日发布的《华春莹四问美方：在尊重别国和领土完整问题上为何搞双重标准》获得了近60万点赞。微博话题#中方对美国国会议长佩洛西实施制裁#获得249.4万讨论量。

国家领土及主权安全的相关报道，既是主流媒体极为重视的选题方向，也受到新媒体受众的广泛关注和转发。主流媒体在国家领土及主权安全方面的报道具有较大影响力，获得了较好传播效果。

（三）重大公共卫生事件

2022年，我国新冠疫情防控政策经历了从"清零"到常态防控的转变。中央及地方政府都对新冠疫情采取了应对措施，促进新冠疫情相关政策的推动及转变。作为重大公共卫生事件，疫情相关报道也成为受众特别关注的类型。

2022年3月2日，中宣部、中央网信办、国家广电总局等九部委联合发布《关于建立健全全媒体健康科普知识发布和传播机制的指导意见》。该意见以加强人民身体健康、保护人民生命安全为核心，为人民获得更加准确的健康信息提供便利条件。[1]主流媒体紧跟意见方针，内容集中在信息更新和知识科普方面。人民日报官方微博于2022年11月5日发表《疾控局通报群众反映较多的问题：依法依规、严肃问责》视频新闻，获得2542万播放量；于2022年

---

① 宋守山，张晴晴.2022年中国传媒创新报告[J].现代视听，2023(01):56-60.

12月10日发布的科普视频新闻《年轻人阳性了可以不吃药吗》获得2976万播放量。新民晚报发布的疫情生活记录视频《网友记录一家人感染新冠后状态"我们家集齐了所有症状"》获得174.5万播放量。央媒在重大公共卫生事件中积极响应，担任疫情政策传播和抗疫知识科普的传播功能，为满足疫情背景下的健康传播和舆论引导起到了重要的作用。

地方媒体也针对当地疫情发展趋势进行适应性报道，取得了较好的传播效果。2022年11月，广州遭遇了抗疫三年以来最复杂、最严峻的疫情。广东省媒体将视频报道信息聚焦在疫情人员疏散、复工复产等方面，对社会稳定、行业复工起到积极的作用。①南都拍摄的《回家！直击广州海珠康鹭片区首次大规模疏解》，在"南方+"客户端内获得10万+的阅读量；《现场直击丨广州大桥，通畅！海珠区番禺区各区"打工人"返工啦》精准抓住"复工首日"这一读者关注点，为全广州市民提供了一手的交通、复工信息和信心，图文视频齐发，瞬间引爆网络，短短3个小时内，便在"南方+"客户端内获得20万+的阅读量。

（四）灾难报道与舆情控制

2022年突发事件和灾难事件较多，如东航坠机、重庆山火、门源地震等，视频新闻的形式被广泛采用，在还原灾难场景、传递现场信息上起到了重要的作用。

各级媒体采取VR、航拍、3D等手段全方位展现灾难现场，报道质量较高，有多个作品入围中新奖。如2022年1月8日，青海省海北州门源县发生6.9级地震，西海都市报微信公众号于1月9日发布的《视频+VR全景丨独家专访！门源6.9级地震22公里地表破裂带如何形成？》采用"短视频+航拍+VR场景"报道形式，客观真实地记录地震事件。2022年8月，由于持续高温干旱天气，重庆缙云山发生山火。上游新闻发布《超震撼航拍——看，星光战胜火光！》视频，通过航拍记录历史性画面，最直观地展现火灾险情以及救援现场状

---

① 王良珏，张由琼，张梓望，等.广州疫情短视频报道的创新与突破[J].中国记者，2023(01): 88-90.

况。灾难现场视频新闻运用新媒体技术还原灾难现场获得了官方奖项的认可，也收到了较好的受众反馈。

媒体除了在灾难现场进行现场化报道之外，在舆论引导方面也进行了积极尝试。2022年3月21日，东方航空云南有限公司波音737-800型客机坠毁。事故发生后，因坠机原因不明，网民对于该事件进行了负面猜测，引发了不好的舆论，包括"东航未进行按规维修""某公司7名董事在失事飞机上""恐怖袭击"等，导致受众对于东航产生信任危机。主流媒体通过现场视频实时记录，力破谣言，为挽回公信力做出较大贡献。比如新华社官微发布的《现场画面！坠毁客机一部黑匣子找到》，仅25秒的视频获得1363万播放量；人民日报发布的仅7秒视频《第二部黑匣子发现现场画面》获得3857万播放量。主流媒体力图推进的信息透明减少了受众对于该事件的猜想和流言，有效控制了公众舆论的负面趋势。

（五）航天发展与科技创新

2022年是"超级航天年"，航天成为全民讨论度较高的话题。中国航天全年实施发射任务64次，再次刷新中国航天全年发射次数的纪录。中央媒体在视频报道和实时记录直播上发力，旨在展现我国近年来航天的发展以及发射、出舱活动的记录。由于题材较为宏观，此类报道多以央媒为主。

央媒在该主题上的视频报道具有多平台化，在抖音、哔哩哔哩等多个平台形成矩阵传播，都获得了较好的传播效果。截至2023年5月4日，根据微博平台的数据显示，央视网在抖音发布视频新闻《高燃！180秒回顾中国载人航天30年》，点赞量高达29.7万；央视网在哔哩哔哩网站发布视频《中国航天全记录》，展现中国千年飞天梦的实现历程，播放量达7.6万。除了视频新闻的报道外，央媒还通过直播的形式记录了火箭发射全过程。央视新闻2022年12月4日在微博进行了"神十四"返回地球的直播，时长超4个小时，观看量达1356.8万。

2022年，除了航天行业的发展，我国科技行业也在积极进行创新。视频新闻报道中更偏向于知识科普与人物故事讲述。如光明日报的青年科学家系列视频受到了广泛的关注，《青年科学家盖志琨：人是鱼变的吗》《青年科学家成里京：我给海洋测体温》都获得了百万以上的播放量。

新闻奖项对科技创新的关注度也比较高，多个相关视频入围第33届新闻奖。在农业方面，《种子，种子！》系列纪录片，站在"种子是农业芯片"的高度，记录近年来农业的发展创新，解密中国种子背后的基因密码，记录种业振兴的时光足迹。在建筑方面，《大国工程我来建》选取七个有代表性的大国工程，构建起可720°全方位感知的数字空间，用三维立体的实景360°全方位图像，展现近年来我国在工程方面的创新实践。

（六）冬奥的融合报道实验

冬奥会期间，各级各类媒体融合大屏、小屏，利用VR、直播等技术，进行融合报道实验。聚焦大国形象，积极向整个世界展示一个强大、文明、进取与和谐的现代中国。总台冬奥报道推出一系列具有新媒体特色的短视频产品，在赛事期间推出《奥林匹克之光》《不凡时刻》等多个短视频栏目，全面展示冬奥会赛事的精彩瞬间和运动员的积极表现。体育青少节目中心联合多家媒体发起制作冬奥会创意视频《燃动冰雪梦，一起向未来》，用皮影戏的形式助力冬奥。

媒体在记录赛事、展现运动员高光时刻的同时展现大国人文关怀。看看新闻knews于2022年1月29日发布的《美国运动员兴奋分享：冬奥村的床是世界上最好的》获得283.3万播放量。南都N视频在2022年1月22日发布的《香港短道速滑队东北话鼓励冬奥队员》获得263万播放量。

2022年冬奥会对中国有特殊的意义，北京因成功举办冬奥会而成为全球首座"双奥之城"。中国新闻奖对该事件也给予了较大关注。中国新闻网于2022年2月4日发布的《"冬奥24小时"全球全媒体大型直播》入围中国新闻奖国际传播专栏，通过"冬奥24小时"全球全媒体大型直播，树立中国大国形象。中国经济网于2022年1月8日发布的《带您"飞临"探秘北京2022年冬奥会和冬残奥会》入围中国新闻奖融合报道专栏。该视频采用"全维+全景"融媒体技术，对冬奥竞赛场馆和冬奥村的全貌、媒体运行功能区、场馆运行

情况等进行了可视化呈现。

（七）国际传播与中国外交

2022年，我国媒体积极进行国际传播，在体现国家发展成就和树立国家形象上起到了较大的作用。中国新闻奖也设立国际传播专栏，鼓励新闻媒体进行国际传播创作。中国日报网于2022年10月15日发布《A mega project to benefit everyday life》（同时照12000面镜子是什么感觉？），该视频向国际受众报道中国清洁能源产业发展成就，展现中国为世界环保事业所做的巨大努力。

除了体现中国文化以及发展之外，媒体也通过国际传播路径，力图打破针对我国的有害谣言。如新华社制作播发英文政论短片《新疆"强迫劳动"的谎言是怎么编造出来的？》，追溯"强迫劳动"谬论的炮制过程，曝光美西方编造涉疆谎言的关系网络，揭露美国涉疆恶法毫无依据的事实本质，为树立中国的国际形象做出积极努力。

除了建立本国形象之外，主流媒体在国际冲突与合作方面的报道也并未缺位。2022年2月，俄乌冲突大规模爆发，并且持续时间较长，主流媒体的新媒体号都对这一题材进行了积极报道。以央视网抖音号为例，其创建的"俄乌局势"视频新闻合集，传播了专家分析、国家领导人回应、俄乌谈判进程等内容，共收获46.2亿的超高播放量，其中《王毅：乌克兰局势趋于恶化 再次呼吁各方保持克制》《王毅：输送武器换不来乌克兰和平 制裁施压解不开欧洲安全困境》等视频重点强调"当务之急是劝和促谈，避免发生大规模人道主义危机""中国将以自己的方式继续为推动局势降温、化解当前危机发挥建设性作用"等中国外交观点。

（八）中国文化及节庆视频

节庆类视频新闻是针对节庆活动或重要纪念日发布的主题视频，各级各类媒体在国庆、中秋、新年等重大节日进行主题策划。央视新闻微博于元旦发布的《2023新年贺词》完整视频获得5332万播放量，赢得了受众的广泛关注；于2022年9月22日发布的《中国人的月亮情结有多深》，展现了中国的"月亮"文化，获得2038万点赞量。

除了视频的传播方式，平台媒体还并通过建立#话题#增强与受众的互动，唤起群体间的情感共鸣。2022年国庆期间，微博#中国航天员首次在太空欢度国庆#词条下，共有17家媒体进行内容发布和话题讨论，包括广州日报、山西日报等地方媒体。微博#有一种骄傲叫中国#、#30秒重温国庆阅兵骄傲瞬间#、#让人泪目的九三阅兵敬礼老兵#等话题引起受众的广泛讨论。节日直播对于受众参与以及文化输出也有较大意义。北京广播电视台在微博上发起的"听，流动的北京城——大声喊新年好"广播跨年融媒特别直播通过直播的形式带领受众沉浸式体验跨年氛围，获得了第32届北京新闻奖一等奖。

二、视频新闻内容呈现的特征

（一）视频新闻叙事创新

移动互联网传播格局下，为了更好地适应受众的观看习惯，视频新闻叙事在叙事时态、叙事角度、叙事语言方面进行适应性创新。

在叙事时态方面，传统媒体时代，由于制作流程时间较长，视频新闻在播出时，新闻事件已经是"完成时"[①]，受众大多只能通过视频了解发生过的事情。但在新媒体时代，视频新闻的叙事时态从"完成时"走向"进行时""体验式"。中国蓝新闻抖音账号于2022年9月14日发布的关于台风梅花现场视频报道中，记者在风雨中眼睛都无法睁开，但还在坚持描述情景，给受众带来代入感。新媒体对于即时性的要求也让受众了解到"进行时"的新闻动态。

在传统媒体时代，为确保视频新闻的客观、全面，新闻工作者多采用全知视角进行叙事。这种叙事方式较为单一，缺乏与受众的互动和交流。但在新媒体时代，短视频平台是一种依托于算法推荐的内容分发平台，受众习惯

---

① 张治国.融媒体时代新闻产品叙事的创新策略探析 [J].西部广播电视，2023(04):52-54.

于被动接收新闻内容，这就决定了视频新闻需要以受众为中心展开叙事，[①]建立与受众的情感连接。比如在阅兵相关视频中，镜头聚焦军人脸上的汗、坚毅的眼神等，通过积累式蒙太奇的方法让受众感同身受。

在叙事语言方面，传统视频新闻由于传播渠道的单一以及新闻专业主义的要求，叙事语言较为正式。而在社交媒体中，视频新闻以社交网络进行传播，为了迎合个体受众，其语言越来越倾向于采纳通俗、可互动的非正式语体，运用情感化的内容与叙事吸引受众。比如，入围第33届新闻奖的视频《为让我们吃好，他们有多拼？》、环球网发布的《日本记者买太多冰墩墩徽章被吐槽》、中国青年报发布的《如何看待近九成青年爱拖延？如何摆脱拖延症？》、中国日报发布的《外媒警告运动员"别吃中国肉！"外国运动员：真香》等视频标题中"拼""被吐槽""拖延症""真香"等词汇更符合年轻人的阅读习惯，拉近了新闻媒体和年轻受众之间的距离。

（二）视频内容呈现的碎片化

视频新闻的碎片化表现为叙事内容的不完整性。移动互联网传播格局下，短视频不同于长视频，不具备完整的叙事时空，通常以拍摄时间的关键画面进行快速报道。[②]以"安倍中枪"事件为例，央视新闻发布的《#安倍中枪画面#公布：#枪响后安倍应声倒地#》视频时长14秒，内容聚焦在安倍中枪画面上，展现事发时的现场状况。但事件发生的原因、走向等信息在视频中并未提及，制作者并未对新闻事件进行完整梳理。视频新闻碎片化的内容迎合了受众快速的生活节奏，但视频新闻的完整性有所缺失。

在几秒到十几秒的时长下，视频新闻很难用影像本身讲故事。针对内容碎片化与视频完整叙事之间的矛盾，一些媒体采用了适应性措施。在视频内容方面，用解说词和画面字幕的文本信息进行补足。例如，新华社微博号发布的8秒视频《男生高考681分满脸淡定父亲激动落泪》，获得3441万播放量；中国日报微博号发布的《"中国天眼"发现地外文明可疑信号》事件报

---

① 吴雷生.新闻短视频叙事视角的"三维"审视 [J].西部广播电视，2022(17):26-28.

② 靖鸣，朱彬彬.我国新闻类短视频发展现状及未来展望 [J].中国广播电视学刊，2019(04):27-30.

道只有19秒，获得241万播放量。在此类视频中画面更像是文字的辅助，受众主要通过解说词的内容来了解事情全貌。

由于单个视频无法展现事件全貌，还有媒体采用"多视频联发"的方式，形成对事件的较完整表达。比如针对"东航失事"事件，人民日报发布了多个以事件的核心为主题的视频，包括《东航客机事故现场视频，已发现失事飞机残骸》《第二部黑匣子发现现场画面》《关注！东航客机事故现场视频》等。

为了减少短视频碎片化对于叙事完整性的影响，微博、抖音等平台则推出"事件时间轴"功能，通过平台梳理的时间线，将系列视频系统化。同时平台也设立#话题#功能，媒体在发布视频时可以在标题中添加#话题#。受众通过点进#话题#了解事件更全面的信息。

（三）短视频新闻与受众的互动模式

在互动方面，短视频新闻更注重触发与受众的情感共振，情感传播是短视频新闻与受众产生联结感的重要方式。[①]视频新闻通过第二人称叙述，制造和受众的对话感，加强与受众的情感连接。以人民日报在2022年7月8日发布的视频《给站在十字路口的你》为例，视频中不同行业的工作者通过分享自己的经历给"站在十字路口"的年轻人提供建议、送出祝福，形成与受众的情感互动。截至2023年5月4日，该视频获得6674万播放量，在人民日报2022年度视频新闻播放量中排名第二。

中国新闻奖入选作品中也有较多互动视频。比如，海博TV客户端发布的《互动视频丨太空看福建：用奋斗谱写新篇章》采取互动视频技术，通过"一键触发"沉浸式互动，与受众建立连接。央视财经客户端《种子，种子！全网寻找"对"的你》标题运用第二人称建立与受众的连接，并发起"种子，种子！全网寻找'对'的你"楹联征集活动，向全网发起"趣巧对"挑战，出上联征下联，具有较好的参与性和趣味性。

---

① 赵然.融合新闻视角下的短视频互动：模式、问题与路径[J].传媒，2021(13):53-55.

另一种互动的方式体现在主流媒体视频新闻中UGC内容的广泛采用和信息共享上。以网络为传播媒介的视频新闻与传统视频新闻最大的不同在于传统视频新闻主要由专业媒体人创作生产，受众仅仅是信息的接收者。而短视频新闻借助网络传播，进入普通人的生活中，受众不仅仅是信息的接收者，同时也是新闻的生产者和再生产者。①一方面，受众创作的短视频可能成为视频新闻的素材，在东航客机事故报道中，村民拍摄的现场视频被广泛引用在短视频新闻中。另一方面，专业媒体发布的视频新闻经由互动模式的创新开发，也可能会激发受众表达，促进内容再创作。2022年5月3日，澎湃新闻联合哔哩哔哩平台发布《不被大风吹倒：莫言写给青年朋友的一封信》受到广泛关注。截至2023年5月4日，该视频播放量达527.7万、转发量达13.9万，是澎湃新闻在哔哩哔哩平台历史最高播放量视频。在视频下方，官方发起互动邀请"带话题#给莫言写一封回信#发布动态，我们会收集大家的信交给莫言老师"。互动邀请一经发布，各类自媒体播主积极响应，将自己收到的莫言老师亲笔回信作为再创作内容，发布相关视频，形成与官方媒体完整的互动链。视频互动性强，受众身份的转变以及对于视频新闻的再创作给了新闻短视频更多的资源与活力。②

（四）视频新闻仍然需要新闻现场

新闻现场指新闻事件发生的场合与环境，无论是传统媒体还是新媒体，现场的描述都是新闻报道中必不可少的部分。③报纸新闻通过文字再现场景，而电视则通过视讯创造"现场感"。然而，电视节目的采集、制作、播出之间存在着较大时间区隔，而短视频新闻则几乎同步报道，可以很好地消除这种距离感。因此网络传播下的视频新闻为现场感的营造提供了更多的可能性。

在内容表达方面，短视频新闻创作者通过第一视角营造现场感和参与

---

① 崔波，李武，潘祥辉，等.如影相随的短视频生产与传播 [J].编辑之友，2020(11):12-22.
② 赵然.融合新闻视角下的短视频互动：模式、问题与路径 [J].传媒，2021(13):53-55.
③ 徐静涵.融媒时代主流媒体视频新闻报道机制的变化——以新闻Vlog为例 [J].当代电视，2023(04):103-108.

感。在南都N视频发布的《这个视角的广州塔你肯定没见过》视频中，创作者把镜头当作自己的眼睛，带我们随着他的视角感受别样的广州塔，受众在观看视频的过程中身临其境，与创作者实现共时性的感官效果。滨州市新闻传媒中心在微博上发布的《三八妇女节，我们为滨州女警送上一份特殊礼物》视频中，记者用第一视角带领我们采访女警，整个视频像是受众与女警的直接对话，传播效果较好，获得2022全国地市新媒体百篇优秀视频新闻案例一等奖。

在标题呈现方面，短视频新闻采用场景策略，营造场景感，在标题以及展现形式上都给受众较强的场景感。短视频新闻创作者倾向于快速营造情绪氛围，让受众更加有代入感，提升视频的点击率。比如光明日报《珍贵影像！八路军作战现场首次4K+AI上色修复》获得93.3万点击量；新华社《现场画面！坠毁客机一部黑匣子找到》获得1291万点击量。

在视觉形式上，新闻短视频现场感的营造也对传播效果产生积极影响。传统媒体的新媒体账号以及自媒体会根据不同平台的传播需要，最大限度地适应受众的观看习惯。新华社、人民日报、光明日报等媒体在抖音平台上采用适应手机的长屏比例，在微博平台则开通横屏观看权限，最大限度迎合受众的使用习惯。同时，媒体在进行创作的时候也会根据横屏、竖屏选择不同的拍摄景别，展现环境信息，交代事件场景，控制细节信息，让受众感同身受，更好营造视频的现场感。

三、视频新闻表述形式发展创新

（一）视频新闻的时长变化

在根据微博播放量整理的高点赞的250条视频新闻中，平均视频时长仅为56秒，其中时长在1分钟以下的有191条。相比2021年平均视频时长明显缩短，时长在1分钟以下的视频明显增多。央视新闻的《央视新闻这段唢呐蔡英文听懂了吗》仅为用户用手机拍摄的一个9秒现场视频，获得1778万次播放量；人民日报的《第二部黑匣子发现现场画面》时长7秒，但获得了3857万的播放量。

更短的视频时长意味着视频对于文本以及画面字幕的依赖性更强。媒体在平台发布时往往会在文本中为视频打上#话题#。比如在《第二部黑匣子发现现场画面》的视频中直接将标题打上了话题标签。尽管该视频只有7秒,交代的信息有限,但是进入话题后,受众可以看到不同媒体或个人关于这个话题的其他视频,为视频时长限制与内容完整性的矛盾性提供了可能的解决方法,让受众在接收碎片化信息的同时获得关于事件较为完整的概况。

但是在各大视频新闻奖项中,视频新闻的时长并没有太大的变化。时长多在1分钟以上,入选中国新闻奖融合报道栏目的视频新闻只有《秦知道丨"地下文物看陕西"陕西早就该有一座考古博物馆了》视频时长低于1分钟,而国际传播栏目中的视频新闻时长不低于1分钟。时长的特点源于奖项对于信息完整性的基本要求,奖项视频中的新闻要素都得到了较为完整的展现。

(二)视频新闻中的新媒体技术运用

2022年,在5G、MR、AR等技术加持下,跨屏互动、智能互动等成为现实,并深度融入视频新闻实践。例如,2022年两会报道,人民网推出视频新闻节目《百秒说两会》,通过AR技术,用"真实环境+虚拟场景"进行创意延伸,形成主持人与场景的创意互动,增强了网友置身两会空间的亲近感和参与感。

2022年,元宇宙技术的应用给还原灾难新闻场景提供了可能性。灾难发生时,通过无人航拍机、360° 全景相机、3D建模和渲染技术等,可以最大限度还原新闻现场。中国新闻奖第33届入围作品《高级!广西云推出100秒平陆运河卫星实景3D动画 全景式感受世纪工程》采用H5、3D动画、720° VR全景等高科技手段,使用多视角维度生产的融媒产品呈现出繁荣运河、智慧运河、绿色运河的盛大图景。新京报旗下的动新闻在2022年12月21日发布的《3D还原韩国梨泰院踩踏事故全程:为何死伤两百余人?》一经发布便冲上热搜,获得了198.6万浏览量,该视频是动新闻2022年播放量最高的视频,获得了极大的关注,是第二视频播放量的5倍。视频新闻中新媒体技术在增强参与感与还原现场等方面已经体现出较大的应用潜力。

（三）虚拟主播调动新奇体验

虚拟主播是媒体与计算机技术结合的产物，实现了视频新闻的科技赋能，也拓展了受众的观看体验，是视频新闻报道中的新鲜血液。2021年10月20日，广电总局发布《广播电视和网络视听"十四五"科技发展规划》，提出"推动虚拟主播、动画手语广泛应用于新闻播报、天气预报、综艺科教等节目生产，创新节目形态，提高制播效率和智能化水平"[①]。

虚拟主播在国家重大事件，比如两会、二十大中正在发挥出虚拟技术的优势。2022年中央广播电视总台以财经评论员王冠为原型，推出了具有元宇宙概念的AI虚拟主播节目"'冠'察两会"，驱动两会新媒体报道的创新。该节目一经发出便引起广泛讨论，冲上微博热搜。在党的二十大期间，新华社客户端推出《AI主播读新闻》系列短视频，AI主播"新小浩""新小萌"为用户播报关于党的二十大新闻。"新小浩""新小萌"两位虚拟主播真人还原度较高，业务水平好，语调自然，表述清晰，让人耳目一新。

不过，虚拟主播的技术不断完善，在语言翻译、语音识别、数字分身等各个方面都超过了真人主播，为真人主播的职业前景带来风险。[②]虚拟主播应用产生的伦理问题也备受争议，比如"算法歧视"就干扰受众对新闻真实的掌握，也使报道失误的责任难以界定，还降低了用户对信息质量的关注等。[③]

（四）移动直播新探索

直播新闻是突破原有新闻生产机制的切入口和有效形式。[④]与传统电视新闻相比，网络直播新闻既属于网络直播，也是一种直播新闻类型。网络直播新闻产生过融媒体直播、微博直播、平台直播、慢直播等形式。直播新闻可以拉近新闻主题与用户之间的距离，新闻媒体通过观看评论，与用户进行

① 郭全中，黄武锋.AI能力：虚拟主播的演进、关键与趋势[J].新闻爱好者，2022(07):7-10.
② 向子旭.AI主播在新闻领域的应用价值及现实问题[J].北方传媒研究，2023(02):54-58.
③ 张莎莎.人工智能时代AI主播的伦理审视和风险规避[J].当代电视，2022(05):84-87.
④ 郭王.融媒体视野中的城市广电传播力提升研究[J].中国广播电视学刊，2018(12):30-33.

即时互动，形成双向交流。中国新闻奖对于直播新闻的关注度较高，在奖项融合媒体栏目以及国际新闻栏目中都有直播新闻入围，比如北京日报社客户端于2022年10月16日发布的《喜迎二十大｜看变化，10年10座城》系列直播报道、中国新闻网于2022年2月4日发布的"冬奥24小时"全球全媒体大型直播。新闻直播通过线上线下互联互通，进行全媒体形态深度融合的探索。

各级各类媒体通过移动直播向受众展现全面一手信息，给予受众了解事件的全知视角。央视新闻在2022年4月29日长沙居民自建房倒塌事故报道中，第一时间奔赴现场对事故救援情况进行直播，全程直播避免了碎片化视频剪辑存在的传播噪声，回应了人们渴望了解现场及救援状况的迫切心情。

随着媒体融合的不断深入，慢直播这一形式也逐渐进入大众视野。[①]2020年央视频的《疫情24小时》慢直播时长超过600小时，成功"火"出圈。[②]在此之后，各级各类媒体在突发新闻事件、公共卫生、天气、城市等多个领域都先后尝试了慢直播报道。2022年3月5日，上海面临新冠疫情最严峻的挑战。澎湃新闻发布慢直播《浦江两岸接力战"疫"看战斗力满格的"上海堡垒"》，观看人数各网端达到1000万+。[③]2022年五一假期期间，济南文化和旅游局、泉州网等地方机构和媒体纷纷开启五一"慢直播云游"景点栏目，让居家的网友足不出户便可云上游览名胜古迹。[④]在疫情的特殊背景下，慢直播为受众提供了"陪伴式"的参与平台，让受众参与其中，最大限度地还原现场，取得了较好的流量效果。

（五）vlog+新闻制造沉浸体验

2022年，媒体尝试用vlog+新闻报道的方式，探索视频新闻的传播创新路径，传播效果明显。在场景呈现中，报道者用自拍的方式，从第一视角和自身经历去观察和叙述，使受众产生了"心理在场"，创造了一种沉浸感和对

---

① 忻勤.硬核新闻场景的慢直播——澎湃新闻《上直播》栏目的实践探索 [J].青年记者，2023(01):43-44.
② 李宏，孟鸽.从出现到"出圈"：慢直播的兴起路径逻辑研究 [J].编辑学刊，2022(06):49-54.
③ 忻勤.硬核新闻场景的慢直播——澎湃新闻《上直播》栏目的实践探索 [J].青年记者，2023(01):43-44.
④ 王琦，常世林.使用与满足视角下的慢直播分析 [J].上海广播电视研究，2023(02):109-114.

话感。①例如，入围第33届中国新闻奖的作品《刘洋"出差"日记：孩子给的三个任务完成了吗？》以日记的形式记录了从出征到出舱，再到返回地球的精彩瞬间，是家国情怀与多媒体手段的深度融合。

在报道内容方面，vlog+新闻通过展现记者或其他新闻事件相关人员的日常影像达到传播新闻事实的目的。例如，人民日报于哔哩哔哩发布的《记者vlog：化身外卖员，在上海街头送药送物》视频，以记者上门送药送物的经历为主线，展现上海人民疫情下的生活环境与状况。央视的《康辉vlog》栏目通过展现康辉在新闻现场的工作画面，配合康辉对于新闻的分析解说，实现新闻事实与价值的软输出并获得了良好的社会反馈。截至2023年5月15日，新华社在b站平台投放的《新华社小姐姐的 vlog：全国两会，我们第一次相约初夏》播放量达到33万；央视新闻出品的《【康辉vlog】他的行李箱里为啥塞了一块烤馕？》播放量达到27.8万。vlog+新闻作为视频新闻领域的一种创新形态，具备与生俱来的网络化和社交化特点，能够赋予新闻体验式的细节、感同身受的吸引力，以及鲜明的形式感，②在未来还将继续作为视频新闻的类型而发挥作用。

四、结语

过去十年是媒介生态变化特别剧烈、媒体转型力度特别大的时间区段。在技术快速发展、政策布局深化、媒体融合实验、平台媒体迅速崛起的多重浪潮中，视频新闻这一特别的新闻文类在主流媒体的实践中经历了质疑、试探、采借、磨合、反思、迎合、调整、适应等颇为复杂的过程。随着自带互联网和移动客户端基因的视频新闻被机构媒体和平台媒体不断探索、试验和发展，其文本形态也逐渐和基于电视新闻的传统影像语态显示出越来越大的区别，新的新闻业态是否业已成形？通过本年度的搜集和梳理我们可以看到，在报道主题、舆论导向和传播功能上，视频新闻仍然维持或者强化了主

① 谈华伟，杨涛 . 重塑·超越·创造：融媒体新闻报道的创新实践 [J]. 传媒，2022(16):80-82.
② 梁君健，杜珂 .Vlog新闻：社交媒体时代的新闻创新与观念挑战 [J]. 中国出版，2022(04):3-9.

流媒体价值的喉舌功能。而在形式表现、内容呈现、传播渠道、营销方法、传受关系上，则呈现出纷繁复杂、"八仙过海"的传播生态。这种生态不但给受众带来了新奇的融媒体验，也反向推动媒体机构的组织构型和价值重构，未来可能也会为"何为新闻""是什么在决定新闻""谁是受众"这类基本问题的追问带来更多的面向和挑战。

（熊迅，中山大学新闻传播学院副教授，研究方向为视觉传播、媒介人类学、纪录片研究；李晗瑜，中山大学新闻传播学院硕士研究生。）

2022年中国公益新闻与公益媒体年度观察

周如南　徐井辞

2022年正值中国步入现代化社会转型之际。在这紧要关头，国家及政府对幼有所育、学有所教、劳有所得、病有所医、老有所养、住有所居、弱有所扶、优军服务保障和文体服务保障等公共服务的领域提出了更高质量、更健康发展的要求。这也是我国处于新发展阶段、追求新发展破局、开启全面建设社会主义现代化国家新征程的首要前提。

1月10日，国家发改委发布了关于《"十四五"公共服务规划》的通知，在此规划中多次提及"公益"，充分体现了国家对未来公益事业的关怀与支持。3月5日，时任国务院总理李克强同志在第十三届全国人民代表大会第五次会议中明确提出：发展社会工作，支持社会组织、人道救助、志愿服务、公益慈善等健康发展。同时，在妇女儿童、乡村振兴、养老服务、防灾减灾救灾和应急救援、社会心理服务、法律援助、行业协会商会等多个领域提出了新要求。[1]会议中着重强调：不仅是发展，还要健康发展；不仅要有数量，还要追求质量。[2]值得一提的是，此次报告还增加了"严厉打击拐卖妇女儿童犯罪行为"专项。这一内容可以说是国家对2021年年底以来社会全体之息息关切的正面回应。事实上，该专项行动自3月1日至12月31日完整贯穿了 2022年的始末。

由此可见，公益慈善是社会文明的重要标志。在以习近平同志为核心的党中央的指引下，中国公益慈善事业不断取得新的成就，攀登新的高峰，为

---

[1]　王勇.读懂关于社会组织、公益慈善、社会工作、志愿服务的九项论述 [N].公益时报，2022-03-08(002).
[2]　王勇.读懂关于社会组织、公益慈善、社会工作、志愿服务的九项论述 [N].公益时报，2022-03-08(002).

健全社会保障体系，促进社会和谐发展发挥了重要作用。作为公益事业中极为重要的一环，公益传播则是为了建构民众正确认知，推动社会议题改善，传达组织神圣使命的时代召唤。其将困难者和救助者、志愿者跨越时空、超脱情感地联系在一起，重塑着整个社会的价值关系体系。使公益慈善领域能以最快速度，最大范围地整合社会资源，统筹社会力量、调节社会关系、化解社会矛盾。2022年以来，公益传播的焕新为我国公共服务领域的发展描绘出了更欣荣的盛景。

本文通过聚焦于2022年度公益领域的政策实行，回顾过往历程，整合行业数据，进行案例分析，试图总结当前公益传播的发展经验，找寻机遇，畅想未来公益事业的发展蓝图。

一、党和国家做出全面指引　促进慈善事业高质量发展

作为参与第三次分配、助力共同富裕的主体与重大力量，慈善事业受到了党中央的高度重视。2022年10月16日至22日，党的二十大在北京召开，报告中对慈善事业的发展作出了重要论述和全面指引：坚持按劳分配为主体、多种分配方式并存的基本方针，构建初次分配、再分配、第三次分配协调配套的制度体系，并强调引导、支持有意愿有能力的企业、社会组织、个人积极参与公益慈善事业。此外，《慈善法（修订草案）》于12月30日公开征求民众意见。截至目前，新增1章21条、修改47条，共13章133条。[①]修订草案的更新完善了网络慈善有关规定，填补了网络个人求助法制空白；同时也全面优化了慈善事业扶持政策、组织制度及募捐制度，拓宽了慈善监管的覆盖范围；进一步加强了综合监管和行业指导力度，细化、强化了相关的法律责任，并系统地完善了慈善信托制度，全面规范了慈善信托的运作，对慈善信托方面投入了更多的优惠与扶持。

正是在党和国家的全面指引下，公益慈善事业相关的法律法规不断完

---

① 王勇. 社会公益这十年 [N]. 公益时报，2022-10-11(05).

善。通过政府的积极引导，各路社会力量为推动中国特色社会主义伟大事业做出了重大贡献。例如在乡村振兴方面，各地方政府着力建立和完善合作机制，积极开展专项帮扶行动，乡村振兴战略五年规划目标任务顺利完成，并取得卓越成绩。我国"农遗"和"非遗"数量均居世界首位。在教育育才领域，多部门协同社会力量助力树立慈善新风。2022年5月，河仁慈善基金会捐资100亿元筹办福耀科技大学，同年6月，"中诚信托2022诚善·凯德盛世助学慈善信托"完成备案，8月"未来乡村教育协同网络"项目正式启动，9月浙江工商大学英贤慈善学院迎来中国有史以来第一批慈善管理专业硕士、博士生。除此之外，多家高校校友热情高涨，刷新捐赠纪录；在应急救灾领域，各级部门迅速响应、信息互通，试图将救助延伸到"最后一米"。抗疫期间，各省市的医务工作者随时听候召唤，穿梭于各地疫情灾区，为保障居民生活正常运转，社区基层工作者日夜不休，邻里互助，坚守每一条街道的安全。在重大险灾面前，政府部门积极统筹，快速了解救灾需求，第一时间奔赴救援一线，财政部、应急部也尽最大力量帮助受灾群众渡过难关，仅于本年12月间，国家已下达54.76亿元资金用于救灾。

在中国特色慈善事业政策法规体系的带领下，公益慈善已然成为我国基本经济制度、民生保障制度和社会治理制度的重要组成部分，在党和国家的大力支持下，公益组织数量不断增长，事业规模不断扩大，社会动员能力不断提高，我国公益慈善事业进入高质量发展的新阶段。

二、企业之间形成发展共识　行业标准和责任感大幅提升

"只有时代中的企业，没有企业的时代。"企业若想在新市场激烈的竞争环境中行稳致远，就必须顺应时代的潮流，契合中国特色社会主义经济发展的要求。①当下时代的发展背景对众多企业寄予了更高的期待。2022年3月，国务院国资委成立科技创新局和社会责任局，以更好地推动企业实现

---

① 周伟，荣欣欣.新理念构建公益传播新格局[J].传媒，2022(01):17-19.

科技创新、履行社会责任、加快行业发展。其实早在2008年，国家就已印发《关于中央企业履行社会责任的指导意见》，明确要求国有企业必须建立完善的社会责任报告制度，这为早期有关慈善事业的企业履责方面提供了较为基础的参考标准。近年来，随着企业发展与慈善的关联程度越来越密切，越来越多的企业、平台和机构踊跃加入公益领域，着力推进公益发展进程。例如腾讯的"99公益日"、微博的"人人公益节"、阿里的"95公益周"、字节跳动的"DOU爱公益日"等活动。与此同时，越来越多的商业营销自发植入公益基因，聚焦于社会议题。例如网易新闻与OPPO和沃尔沃联合举办的两场公益讲座：在沃尔沃支持下的针对眼睛健康和科技惠及弱势群体的公益讲座《目光窥镜 勇攀高峰》，视频播放量超1000万；与OPPO共同发起的《这一刻，学会微笑》公益演讲，其探讨的社会难题、提出的解决方案等话题直冲微博热搜榜。由此可见，商业性与公益性并重对于企业发展来说并不冲突，公益和商业的结合，不仅为公益传播注入可持续、高质量发展的支撑力，也让企业的广告曝光量得以刷新，是实现行业共赢的有力保障。

在公益已经成为大多数人的生活选择和生活方式的当下，顺应社会关切，引领公益传播成为企业借势发展、顺势发展的必然选择，众多企业之间早已形成了积极响应国家战略、主动履行社会责任、大力加强公益投入的行业发展共识，继2021年安踏宣布捐赠100亿元股票和现金后，又有数家企业加入百亿公益捐赠的队伍。例如爱尔眼科的十年计划（计划于10年内捐赠200亿元）；魏桥创业集团为助力高等教育发展，计划向滨州理工大学20年捐资100亿元；等等。从捐钱到捐物再到捐赠股份、收益、分红等，企业捐赠的力度、方式、频次呈现出多元化上涨的趋势，这也说明，企业携手公益慈善共同发展已然成为一种潮流。

但说到企业捐赠，又不得不提到雅戈尔集团股份有限公司的"悔捐"事件。2022年5月，雅戈尔官方发布公告声称拟将旗下的普济医院（估值13.6亿元）捐赠给宁波市人民政府。时隔6天后，雅戈尔又宣布捐赠事项终止，此事一经报道便给整个行业敲响了警钟，多家上市公司纷纷制定捐赠管理办法，最新修订的《上市公司章程指引》也进一步指出，上市公司应当确定董事会对公司对外捐赠行为的审批权限，建立严格的审查和决策程序。企业如何平衡社会责任和投资者利益的关系成为当下亟待解决的问题。

三、着力建设基础设施　公益慈善服务体系进一步完善

在现代慈善公益的概念谱系中，公益慈善的内容不仅仅是传统意义上的社会捐赠或社会救助，更是一种社会分配方式，其执行主体主要包括营利性商业组织（企业）、社会组织、社会公众等，[①]具有公共性、群体性和感染性等鲜明的特点。在现代社会中，公益活动广泛存在于群众生活中，不论是在文化、医疗、科学研究还是在体育、社区、环境保护等领域，公益慈善与社会公共服务的联系都可谓密不可分。政府往往和公益行业相互协作，通过公益服务来实现公共服务，以提高整个社会的公众收益和社会福利水平。基于国家对公益慈善事业的宏观制度不断强化，加之社会对公共服务的巨大需求缺口，如今公益慈善迎来了前所未有的发展机遇。国家为引导和支持公益事业做出大局统筹，为公益慈善服务体系的发展奠定了法律法规基础，其社会组织、志愿者、信托资金、人才队伍培养等基础设施内容也在不断发展的过程中逐步完善，该领域的职能体系也进一步明确，更趋于成熟。

2022年，我国公益慈善领域全面开花，服务体系的构建正朝稳中向好的方向发展。目前，我国志愿项目总数约1010万个，志愿队伍总数约135万个，注册在录的志愿者超2.3亿人，全社会向善至美的氛围愈渐浓厚。例如在北京冬奥会期间，志愿者场内场外全方位参与服务，援建华侨冰雪博物馆、勘察场地、制作颁奖花束、自发开展群众宣传活动等。冬奥会的完美落幕不仅彰显了强国的体育风范，也展示了强国的志愿精神。此外，社会组织也在进一步丰富和增长。仅就2月的数据来看，我国登记注册的社会组织数量已超90多万家，发展要求从数量增长逐步过渡到质量提升。作为公益慈善体系的重要组成部分，社会组织主动承担社会责任，在民政部、教育部、人力资源部

---

① 肖红军，阳镇.企业公益慈善发展的演化逻辑与未来展望 [J].南京大学学报，2020(2):32-49.

和社会保障部的联合引导下，进一步助力高校毕业生就业难的问题。6月至8月，全国社会组织面向高校毕业生开放招聘岗位约11.3万个，实际招聘人数为8.5万人，设立就业实习岗位约5.9万个，开展各类就业指导服务专场约1.4万场，推动11万余家会员单位发布招聘岗位约55万个。与此同时，为更好地推动基层治理，实现各类社会组织参与国家治理的体系和能力现代化，社会工作专业人才结构不断优化。从8月起，全国已建成乡镇（街道）社工站2.3万多个，5.8万名驻站工作者开展基层服务，共有92.9万人取得社会工作者职业水平证书。各高校联合成立公益慈善发展共同体。另外，我国慈善信托也在以惊人的速度加快发展。截至2022年年末，我国慈善信托累计备案数量达到1184单，累计备案规模高达51.66亿元，比起2021年增加了147单备案，4.93亿元规模，创下历年新高纪录。

作为我国公共服务内容的重要部分，公益领域建立规范的公共服务体系、建设高质量的行业基础设施，是促进社会良好运转的重大推力，也是建设行业良性生态系统的必然选择。

四、互联网+公益传播　数字赋能多方位齐发展

随着互联网技术的发展与普及，大众的信息传播方式和社会认知理念发生了深层次的变化。这场席卷全民生活各个方面的传播革命不仅开拓了当下信息社会的全新局面，更为公益传播带来重要的发展机遇。以往的公益传播主要是依靠熟人引导下的强关系，而随着互联网平台的深度介入，社交网络成为人类交往活动的主要工具，其特有的交互性和虚拟性为弱关系在公益传播中占据主导地位提供了颠覆性的力量。在数字传播的时代背景下，公益的运行机制变得更加丰富和更具创新性，公益参与社会治理的效率也得到显著的提升。

互联网思维驱动公益理念转变。在数字技术与媒介深度融合的今天，公益传播不仅仅是公益信息的传播，还包含着以公益为目的的社会实践。过去传统的公益活动在传播过程中通常秉持着严格的一对一、一对多的受传本

位思想，传播主体单一，专业壁垒明显，信息流通受限，具有强烈的说教色彩。而具有链接、开放、跨界、协作等特点的互联网思维则更加强调开放参与、共同治理的共享性意识。这种理念的转变打破了以往"富豪才做慈善"的公益行为偏见，强化了"人人可公益""时时可公益""事事可公益"的公益行为动机，让公益的传播不只是停留在话语认知的层面，而是通过参与和互动等行为，直接带动社会治理，典型的案例有腾讯公益通过"捐步""捐早起""捐微笑"等较为日常的参与规则驱动员工和社会大众自发性地共同参与公益慈善行为。此外，互联网经济社会中的公益传播对商业性和公益性表现出兼容并包的姿态。由于内容制作的权力不断下放，公益传播主要形式由基于大众媒体的大众传播转变为基于个体的人际网络传播。这种传播主体发生变迁的行为势必导致信息内容具有功利性，从而吸引更精准的目标受众，以非商业性质为标准的传统公益传播，显然无法适应前沿技术下的社会场景。纵观往年的公益广告创意大赛，商业广告与公益广告早已界限模糊，越来越多的商业营销愿意以公益的态度、思维和话题与客户形成良性的消费关系。《2023年中国公益消费报告》显示：Z世代的女性消费者对"公益消费"议题更感兴趣，80.2%的消费者会选择购买含有公益宣传的产品或服务。

　　数字技术颠覆了公益传播的环境。传统的公益活动大都完全依赖第三部门的组织统筹，形成刻板的"项目制度"，但在数字技术的优势加持下，公益慈善项目彻底社会化、去中心化，捐赠者、受赠者与活动平台三方形成全过程参与的共同体组织。[①]新技术和媒体的融合让公益传播的手段更加丰富，环境更为革新。首先是互联网平台成为执行公益慈善行为的新载体，为不同领域带来独特的传播禀赋。例如阿里利用电商的连接性将蚂蚁森林、寻人胶带、公益宝贝计划等下沉到边远山村，扩大了公益传播的范围；腾讯把公益活动嵌入自己开发的社交App——微信，利用互动、转发、点赞等功能，引导项目破圈，降低了公益传播的门槛；字节跳动利用粉丝体量巨大的优势，

---

① 肖红军，阳镇.企业公益慈善发展的演化逻辑与未来展望[J].南京大学学报，2020(02):32-49.

在自身平台引入众多官方公益组织进驻，拓宽了公益传播的渠道。另外，在数字技术的影响下，公益传播的形态也在不断优化，模式在不断创新。例如2022年4月11日，腾讯公益在线上举办首期"股东人"大会，会上捐赠人以"股东人"身份受邀，可对自己捐助的项目提出任何疑问，充分行使了捐赠人参与项目的监督权。很多公益机构也会利用视频直播，邀请知名人士探讨相关公益话题，向观众直观地展示公益项目的运作过程和逻辑，进行实时互动和在线解答。这种举动充分凸显了数字技术助力公益透明化的优势，促使公益事业对社会的影响力持续升温。当然，2022年最引起广泛关注的公益形式无疑是电商助农，这也是数字技术为扶贫公益传播发力最为明显的成果。

公益项目创意呈现多元化趋势。网络公益改变了传统的公益格局，同时也促进了公益创意项目趋向多样化发展。传统模式的公益行善只有"捐款"这一单一路径。而在"互联网+公益"的环境下，参与主体可以全场景参与公益活动，并且不一定只是捐款，自身的优势资源，例如声誉、流量、积分等均可以参与捐赠。2022年9月腾讯公益首次上线全民共创的公益交互机制，推出"一花一梦想"的新玩法。每一名爱心网友都可以利用每日答题、每日捐步等活动积累小红花，助力公益梦想，"票选"公益主张。值得一提的是，小红花用户不仅可以在腾讯公益平台上积累自己的善行（捐款、捐步、走路、阅读、答题等），还可以在腾讯旗下的其他平台上留存记录。①这种积累+参与的创意形式不仅能增加用户对本平台的依赖程度，还能从各个场景中挖掘出更多用户参与行善，形成更大的"善效应"。此外，公益项目还整合多种元素，创新项目设计，例如"文化+公益+社交""网络+公益+带货""明星+公益+体育""网络+公益+游戏"等，多点融合助力，实现多赢价值。此类"网络+公益+N"的项目，为公益活动的运行和发展提供了更多新颖的可能。

---

① 周如南."一花一梦想"：一个互联网公益的样本观察 [Z/OL]. 微信公众号"共益资本论"，2023-01-13.

五、2022年经典案例选析

（一）商业基因带动公益发展

互联网电商、直播电商等数字化商业模式是数字经济的重要组成部分，更是乡村振兴的重要抓手。电商助农的根本逻辑就是将城市的消费能力和购买欲望下沉到信息相对闭塞的农村，与当地的农业、农民建立起强关联，将农产品与消费者进行匹配，拉动供应需求，促进新型消费，在产生商业价值的同时不断扩大公益价值。

在助农领域中，头部企业辛选集团发挥了其重要的领头作用。据公开数据显示，自2020年以来，辛巴（辛有志）与各地政府、央视以及各路明星等合作，积极参与助农直播带货，通过各地助农专场活动，辛巴累计出镜带货销售额高达7.5亿元，助农足迹遍布贵州、黑龙江、山东、凉山州、大连、四川、辽宁等地。2022年，辛选集团又开启了新一轮的助农计划——辛火计划，旨在推动国家乡村振兴战略进程，解决农特产品销售困境，助力农村产业经济发展。该计划由辛选主播蛋蛋在西安拉开帷幕，当天上线包括凉皮、肉夹馍、油泼面、狗头枣等40多款陕西特产，共销售170多万单，销售总额突破5000万元。其中，陕西沙地板栗红薯销售量为9.9万单，重达240吨，黑布林李子单量超250吨，仁乡源自热麻辣火锅销售额超380万元，①辛火计划的惠农首战取得圆满成功。除此之外，辛火计划远不止于通过直播带货的方式售卖销路不畅的农产品，更致力于帮助各地区政府孵化更多的地标品牌，打造数字化"产业名片"。目前，为解决农村电商人才不足的问题，辛选集团已通过辛选教育将多年实践摸索出来的"顶流主播+地标产品+IP升级"助农模式编进助农课程，开展乡村电商培训，促进农村发展的人才造血。事实证明，授人以鱼不如授人以渔，在建设农产品地标品牌方面，辛巴已经成功孵化出了江门海鸭蛋、五常稻场大米、山西脆柿子等产地品牌。其中江门海鸭蛋在

---

① 王郁彪. 抖快暗战"助农"直播间 从张同学到东方甄选，辛选也入局了 [N/OL].(2022-07-26)
[2023-06-08].https://www.nbd.com.cn/articles/2022-07-26/2378881.html.

辛巴直播间中累计售出5000多万枚，销售总额超6000万元，仅于5月就带动了2056户农民实现创业增收。辛选集团表示，未来将继续通过电商直播的普惠技术手段加大对乡村产业的帮扶力度。

电商扶贫由于其本身具备的门槛低、实时性、真实性、趣味性和互动性等优势特点，成为我国早期的精准扶贫主要工程之一，发展早已成熟。但辛选集团的助农活动之所以大获成功并不仅仅是乘着了电商直播的东风，更是得益于以下几点：

第一，政府的扶持和政策的指引。2022年国务院印发的《乡村振兴责任制实施办法》要求各地区政府立足本地农村农业特色资源，发展优势产业，拓展农业多种功能、挖掘乡村多元价值，打造农业全产业链。鼓励各类人才通过多种方式服务乡村，推动乡村振兴朝现代化方向发展。辛火计划的西安首战正是在陕西省、市政府的大力支持，并积极引导当地直播电商协会等企业协同配合之下才得以告捷。

第二，企业的发展观与社会责任感紧密联系。企业在发展的过程中，不仅要实现自我盈利，更要承担起社会责任。从信息经济学的视角来看，消费者更愿意信任有政府背书、对公众负责、声誉良好的卖家。[①]在这个信息透明的时代，辛选集团长期以公益传播为品牌导向，用公益思维表达企业态度，将企业的发展观与社会责任感捆绑，在解决社会矛盾的同时，还能用充满正能量、理想化、个性化的内容吸引、黏合、固化用户，实现企业和社会的双赢。

第三，媒介构建新消费场景。自2020年疫情以来，原本就大受冲击的线下消费再遭重创，线上消费占据市场大部分份额，数字技术与媒介及社交深度融合，以内容为驱动的新消费也被更多群体所接受。相比传统的网络消费，新消费更注重构建动态的交易场景，利用可视化技术，带领消费者走近产品，全方位跟踪产品故事。例如辛巴在销售阳丰柿子时，向观众展示了种植、采摘、打包等商品细节，充实了商品的内涵意义，激发了消费者的购

---

① 熊雪，朱成霞.农产品电商直播中消费者信任的形成机制：中介能力视角 [J].南京农业大学学报，2021（07）：142-154.

买欲。

2022年电商助农破解了长期制约农村产业经济发展的难题，也为农村产业经济的发展提供了动力。越来越多的农特产品从直播间走入千千万万的消费者的家中，这种新消费模式不仅为社会经济效益做出巨大贡献，也为公益领域注入新的生机。

（二）搭建公益IP实现跨界共赢

成熟的公益IP是品牌沉淀后的社会化良性资产。说到品牌化公益IP，不得不提起中国银联的"诗歌POS机"，其项目创意在公益IP赛道上无疑是拔得头筹的存在。2019年，中国银联首次为留守儿童的才华发声，于当年7月15日空降上海陆家嘴地铁站。爱心人士只需捐赠1元，即可获得一张印着山区儿童自作诗歌的特殊POS单。这场滋养孩子们的梦想，助力孩子们才华被看见的活动没有昙花一现，反而是一路走来获奖无数，成为公益项目中的一大亮点IP。从线下试点到线上直播，再到全国巡演，中国银联"诗歌POS机"涉及了文化、商业、公益与媒体等领域，实现了多方联动，跨界共赢，为公益IP发展提供了重要启示。

1.媒介平台的扩展

2022年9月1日，中国银联通过一则线条动画，将孩子们的诗意世界勾勒出来，向所有人展示了孩子们的童趣和想象力，这也是新一轮"诗歌POS机"项目在2022年延续的起点。除此之外，品牌还上线了以声音为媒介的"大山回声"小程序，让更多人更清晰地听到孩子们充满纯真和希望的声音。在"诗歌POS机"的发展历程中，呈现该项目的媒介平台也在不断扩展和延伸。在线下，这些小诗可以刻在上海站台的墙上，可以写在广州山羊的背上，可以飘在宁德草场的风中，可以挂在张家界的山间，还可以化为游走的笔画，打造成精美的首饰戴在人们的手上。在线上，这些小诗可以通过央视的窗口，通过H5的链接，通过网易云的歌曲，通过新华社的客户端，通过微电影和纪录片，形成一场视听盛宴冲击着人们的内心。

打造叹为观止的线下场景（例如挂于张家界天子山的诗歌长河、建于福建宁德鸳鸯草场的千米诗歌长城等），营造全民关注的线上热度（例如发布主题曲《偷偷长大》、上映微电影《三千尺》、与主流媒体携手直播等），通过媒体的全方位铺排，线上线下共同营销，"诗歌POS机"一路长红。这也告诉我们，只有不断扩展媒介平台的范围，才能吸引更多人的关注，让公益迸发出更大的能量。

2.公益营销的升级

回顾"诗歌POS机"的四年，场景艺术、公益直播、诗歌瓶、宣传片成为其IP传播的套式标配。相比其他公益项目的常规宣传，中国银联更愿意将其视为一场长期化的品牌公益营销活动。从传播来看，"诗歌POS机"项目着力打造线下多个"wow moment"，准确把握用户的体验感和审美感，意欲让每个震撼人心的大事件都成为品牌关注度和好感度的突破点。例如2022年在福建省宁德市柘荣县的鸳鸯草场，中国银联建起一座整整绵延1000米的诗歌长城，蓝蓝的天空下，那些灌满山风、写满诗歌的白布承载着孩子们的才华，放飞了孩子们的梦想。在这里，中国银联与新华社、微博等官方平台联合发起公益直播，并收获了网友们的应援热潮。活动结束后，鸳鸯草场又将其改造成新的红色长城，为柘荣县的旅游业创收，这就又成就了公益行业的一段佳话。从内容来看，该项目自落地起一直致力于挖掘更具创新性、更深度的公益内容。除了基础的公益课堂、项目主题曲以外，中国银联还推出了《万物有诗》《普杰的冬天》等宣传片。2022年的宣传片《诗的童话》更是由于其别样的创意与用心吸粉无数。《诗的童话》不仅表现了孩子们对诗歌的热爱，更在视频中展现了近年来中国扶贫的成果，例如政府给学校发放教育补贴，渔村老人领取保障金等。"诗歌POS机"在2022年已经不局限于诗的传承，更表现了中国迈向共同富裕，追求美好生活的决心。从执行机制来看，项目也做了很大的改进。以往是单向地展示孩子们的诗意世界，2022年则是在山区孩子与城市生活之间构建起了一座交流的桥梁，通过"听，有回声"的H5链接实现爱心人士与小诗人双向互动。每个消费者能从中选择小诗人，互相读诗，同时可以直接在云闪付App中搜索"诗歌POS机"，对孩子们的梦想做出回应。大山外的人帮助孩子，让他们的才华被看见；大山里的孩子帮助山外的人，看见久违的纯粹。

3.潮流IP成为社交货币

宣传片《诗的童话》中的主角黑子发出疑问：诗歌可以当作货币吗？答案是：当然可以。在诗歌POS机的项目中，公益产品即是商品，用户需要支付1元才能获得印着诗歌的小票。数额虽小，却能汇聚成汪洋大海，该项目已在20多个城市展开，筹得400余万元，使74所学校近5000名孩子真正受益。

除此之外，为诗歌赋予货币价值还体现在与其他商业品牌的跨界合作上。继2020年中国银联与农夫山泉合作，推出"诗歌水瓶"大获成功之后，2022年银联诗歌POS机再度与代表着年轻文化的乐乐茶进行跨界合作。以乐乐茶人广世茂店为样本进行观察，其整体装修风格由原本的都市简约风向灵动有趣风转变，桌面绘满五彩斑斓的卡通人物，试图打造出沉浸式童趣氛围。包装盒上不仅有奶茶的订单信息，还有孩子们作的简短小诗。在外带的纸袋里也会配备与诗歌POS机联名的杯套，封面印有小诗人的诗歌。在Z世代占据消费主力的当今市场上，为情感消费、为价值消费成为90后、00后等年轻人的主流消费观念。乐乐茶与银联的联名之举不仅给顾客带来了舌尖上的体验，也给他们带来了身心上的触动。购买一杯奶茶，就能守护山区孩子的梦想，对于年轻用户来说，这无疑是一个值得消费、值得分享的妙事，中国银联以这种感性的方式触达他们的内心，吸引着他们的关注，引领他们自发阅读、扫码回应、转发分享。在消费产品的基础上，又形成二次传播的社交穿透，实现了对公益内容的再次消费，[①]可以说，对待公益事业的关心正在成为活跃于年轻用户之间的新型社交货币。

伴随着互联网技术的高速进步，人们的媒介生活也发生了巨变，互联网公益在碎片化、海量化、定制化的信息环境中，危与机并存。在当下形态多样化、用户分散化的媒介生态中，没有大众识别度、难以吸引新资源是"危"，而随时被发现、容易被记住则是"机"。搭建高质量公益IP，让更多参与者在复杂庞大的社会中找到共鸣，为用户创造善意消费的需求将成为

① 贾毅.电商直播：技术推动下的媒介消费与再消费 [J].河南大学学报，2022(01):126-156.

公益领域发展的必然趋势。

（三）公益新闻参与社会治理

1月27日，一条标题为"江苏丰县生育8孩女子"的视频在网络上广泛流传，视频中的女子身着单衣，头发散乱，疑似患有精神疾病，脖子和手上都系着沉重的铁链。该场景引起网友热议，当日11时为本事件的舆情峰值，全网围绕"丰县8孩女"讨论的信息高达1020099条，侵害妇女和精神障碍患者权益、买卖人口等话题热度迅速飙升，居高不下。次日，极目新闻记者根据此视频发布独家报道，该事件迅速冲上微博热搜榜，再次引发舆论风暴。1月于28日下午，徐州官方通报称该女子为江苏徐州丰县欢口镇人，并不存在任何拐卖行为。由于时间仓促，通报的内容也过于草率，徐州官方发布的声明不仅没有得到网友们的信服，反而逐渐发酵，被网友扒出更多深层的问题。据某网友整理数据发现，自1986年以来，拐卖至江苏徐州所属6个县的妇女竟有48100名。尽管当日新浪微博平台不予显示相关热搜，但#官方通报徐州丰县生育八孩女子情况#词条的阅读量逾1.7亿。

此后，江苏省丰县县委宣传部、丰县联合调查组、徐州市委市政府联合调查组前后共发布四次通报，频频反转更改口径，该社会事件一举到达舆情高潮，#丰县生育八孩女子#单个词条阅读量累计达39.1亿，政府公信力遭遇重大危机。在民间舆论场的倒逼之下，江苏省委省政府成立专案调查组，对此事进行全面调查，并表示对有关违法犯罪行为依法严惩、对有关责任人员严肃追责的重大决心。[①]2月23日，江苏省委省政府调查组向社会公布调查结果，就公众关心的"丰县生育八孩女子"的真实身份、生活经历、精神与身体状况、生育子女情况等问题做出回应，并对17个相关公职人员进行问责。关于处理结果的讨论与报道，微博共发布673315篇，新闻共发布51830篇，微信共发布4436篇，论坛共发布7442篇，报道多为中性信息。2月24日，舆情逐渐回落，各主流媒体积极开展舆论引导，痛击社会弱点，呼吁价值理性回

---

① 商周.丰县铁链锁住的是谁家的女儿？[Z/OL].微信公众号"知识分子"，2022-02-22.

归，防止悲剧事件再次上演。

通过本次社会事件，不难发现以正义为出发点的新闻报道是受众的情感载体，承载着社会公众在遭遇不公平事件时的疑问和诉求，而由报道所引起的社会影响以及因此产生的司法修正等公平解决方案则是受众对新闻报道的期望，在推动民众的朴素正义感得到政府部门重视的发展过程中，新闻报道的公益属性以及关怀力量显得尤为重要。

在本次为期20天的网络奇观中，新闻报道首先发挥了其社会监督的作用，持续追踪事实真相。一方面是对政府部门敷衍的公告做出质疑和追问，促使其严肃对待，查明真相依法处理。在疑点重重的官方发布面前，前调查记者邓飞主动搜集线索，并将1998年杨某侠与董某民的结婚证照片提交于江苏警方用以协助核实生育八孩女子的身份。另一方面是立足于专业主义，整合多方信息来源，深挖社会痛点和关切点。在该事件舆论持续的同时，媒体还重新挖掘出多年前的拐卖案，"小花梅""李莹"等人口失踪事件再次引发全网的关注和热议，江苏省政府也在网友们的追问中将事态升级处理。

其次，新闻报道在此事件中也发挥了其积极的协调作用。在官方介入之前，极目新闻记者曾凌柯发布《江苏8孩母亲被拴破屋疑遭家暴？当地回应：她有暴力倾向才独居》独家报道，直视社会现实问题，排解网民情绪。在跟进过程中，媒体放大意见领袖的声音，引导舆情理性发展。1月30日，媒体转发第十三届全国人大代表蒋胜男的微博消息，表示调查正在持续进行中。在事件发展的尾声中，各主流媒体聚焦省调查组关于此事发布的最终通报，给予大众密切关注的回应。央视新闻和中国妇女报也申明法律与人民共站一线的基本原则，声援弱势群体，彰显人文主义关怀。

再次，新闻报道于本案件中还发挥了其深化社会治理进程的推动作用。通过媒体的持续报道，政府与社会就妇女儿童、精神障碍患者、残疾人等群体权益问题达成共识。3月初，全国开展专项活动，全面深入排查并严厉打击拐卖妇女儿童和收买被拐卖的妇女儿童等违法犯罪行为。同时舆情的引爆也推动了《妇女权益保障法》的修订，全国人大常委会就妇女权益保障的问题共收到近80万条意见反馈，对修订草案进行了三次审议，这也是近年来收到

意见数最多的法律草案之一。

最后，社会性的新闻报道还能增强公民的普法意识。丰县生育八孩女子这一事件被着重报道的同时，也引发了公众对于普法缺口的反思，许多法律相关工作者、学者加入社会公益性普法的队伍中，并取得良好反响。2月7日，知名刑法学者车浩在"中国法律评论"的公众号上推送了《收买被拐妇女罪的刑罚需要提高吗？》一文，文章阅读量已达10万+。随后，知名刑法学者罗翔也在其自创的"罗翔说刑法"公众号上发布《我为什么还是主张提高收买妇女儿童罪的刑罚？》，该文阅读量也在短时间内高达10万+。公民法律意识在众多学者的普及下，迈向了新的高度。

在众多网络奇观中，信息和受众都处于鱼龙混杂的环境中，新闻媒体更像是社会的守望者和把关人，既要聆听民众声音，也要求证消息真假，协调政府与社会的关系，推动社会公共生活越来越美好。

六、结语

回顾近十年，中国的公益慈善事业经历了快速发展和不断创新的过程。首先是政策法规的日益完善。党的十八大上首次提出"支持发展公益慈善事业"的目标；党的十九大上着重强调完善慈善事业相关的社会制度，例如社会救助、社会福利、优抚安置等；党的十九届四中全会期间又提出"发挥第三次分配作用，发展慈善等社会公益事业"；此后党的十九届五中全会上再次强调"关注第三次分配，发展慈善事业，改善收入和财富分配格局"，这一系列重要决策意味着中国慈善进入了一个新的发展阶段。据此部署，我国关于公益慈善事业的相关制度也逐渐建立，立法先行。2014年，国务院出台《关于促进慈善事业健康发展的指导意见》。2016年，《中华人民共和国慈善法》推出并施行。同时，中央和地方联合出台了400多份配套法规和文件以贯彻落实《慈善法》，至此，中国慈善事业体系走向日趋成熟的局面。

其次是社会公益力量的不断壮大。在国家政策的支持下，我国的公益组织数量不断增加。2012年我国包括慈善组织、志愿服务组织、社会组织等在内的公益组织记录备案的数量为49.9万个，2021年则为90.1万个，截至2022年6月底，我国登记认定的慈善组织又新增1万余个。同时，这些组织的专业化和规范化程度也在逐步提高。以医疗救助方面为例，从早期给病患捐钱捐药的单线行为到开展大规模的救助行动，从关注医疗机构发展到着眼医护人员人才建设，社会公益力量提供的慈善医疗服务越来越专业。新冠疫情期间，全国医护资源随时、随处可共享，社会公益力量的慈善服务落点既精准又高效。

再次，公益活动呈现出多元形态。在过去的十年中，我国公益活动的内容越来越多元化，既有以解决现实问题为出发点的具体帮扶对象，又包含了促进社会和谐，增进人文关怀的抽象目标，涉及教育、环保、健康、贫穷、文化传承等多个不同领域。公益活动的形式也朝着趣味化的方向发展，例如慈善义卖、志愿者招募、公益表演、公益跑、捐赠圈等。形式百变，内容创新，不仅能收获群众更广泛的认可和参与，同时也延长了公益活动本身的生命线，激活其可持续性。

最后，随着公益文化的普及程度提高，公众的社会责任感也越来越强。自2010年社交媒体在中国掀起全民热潮，公益文化渗透到社会的方方面面，逐渐被广大群众所接受和认同。越来越多的人开始关注公益事业，参与公益活动，甚至将公益理念融入日常生活中，形成人人公益、随手公益、指尖公益的社会良好氛围。同时许多企业也顺应发展潮流，开始将社会责任与企业经营战略相结合，力图使公益事业与企业利益形成双赢局面。

总体来说，过去十年是中国公益慈善事业发展极为重要的阶段，公益事业的规模和影响力不断扩大，公益文明逐渐深入人心，正是这十年为慈善公益事业发展奠定了坚实的基础，才有2022年成果斐然的一年。2022年，在中国特色慈善事业政策法规体系的支持引导下，我国慈善事业蓬勃发展，法规制度向善求细，社会力量团结一致，慈善组织不断增长，大额捐赠已成常态，互联网技术赋能全领域发展。但公益事业的发展是动态化的、复杂化的、多元化的。为更好地发挥公益慈善的作用，推动社会共建共享共治，完成中国特色社会主义现代化建设，还需将视角延伸至中国的公益慈善事业的未来，总结出当前不足的经验，反思当下的不完美表现，推动公益传播的创新和改革。

当前我国公益仍面临三大难题：一是公益组织的人才匮乏；二是公益文化的传播失范；三是管理机制的混沌不清。以上问题不仅需要公益行业自身去解决，更需要与外界其他行业密切联系与合作，才能真正实现公益慈善的高质量健康发展。面对人才队伍的巨大缺口，公益慈善的行业内外都应该发挥各种角色的能力，增强沟通密度，以滚雪球似的传播方式邀请更多人加入，并注重培养知名度较高的公益信息人的专业素养，发挥其意见领袖的传播作用。而关于引导社会大众对公益文化的解读与传播方面，公益人在创立项目之初，不仅要提出问题的解决方案，还得揭示、分析背后的社会问题。媒体在报道公益领域新闻时，也应当做出解困式报道，而不是以"眼球效应"为首要目标。对于监管机制缺失的问题，政府、组织、公众应当三方协力，充分利用高新技术，提升管理能力，健全法规体系，构建多元共治的崭新局面。

最后，互联网的普及为公益发展带来了新思维和新前景，为全国人民搭建了共生网络，公益慈善行为不仅是一种道德伦理的自省，[1]更是实施主体对整个社会关切的回应和期望，也是规避社会风险的重要手段。在未来的征程中，公益慈善行业仍需积极行动，传播向上向善的正能量，构建人人公益的新气象。

［周如南，中山大学新闻传播学院副教授；徐井辞，马来亚大学（University of Malaya）2020级媒体研究硕士。］

---

① 肖红军，阳镇.企业公益慈善发展的演化逻辑与未来展望[J].南京大学学报，2020（02）:32-49.

年度调查

2022年电视新闻节目收视回顾

封 翔

2022年是极具意义的一年：10月16日上午10时，举世瞩目的中国共产党第二十次全国代表大会在北京人民大会堂开幕，大会高举中国特色社会主义伟大旗帜，全面贯彻新时代中国特色社会主义思想，弘扬伟大建党精神，自信自强、守正创新、踔厉奋发、勇毅前行，为全面建设社会主义现代化国家、全面推进中华民族伟大复兴而团结奋斗；2月24日，乌克兰危机爆发，引发全民持续关注，西方的武器援助、乌克兰申请加入北约、北溪管道被炸等事件揭示了当前国际环境复杂多变且严峻，特别是8月2日美国会众议长南希·佩洛西事件引发台海紧张局势，全民激愤，全国瞩目；自3月开始，天宫课堂、神舟十三号、天舟四号、神舟十四号、问天实验舱、句芒号、夸父号、神舟十五号等航天大事件每月均有发生，密集问天彰显大国航天实力。2022年又是极不平凡的一年，新冠疫情经历了多地零星散发、上海的网格化管理到6月解封，到发布《关于进一步优化新冠肺炎疫情防控措施 科学精准做好防控工作的通知》（简称"二十条"）以及《关于进一步优化落实新冠肺炎疫情防控措施的通知》（简称"新十条"），抗疫终于取得阶段性成果。2022年还是体育盛年，2月4日至20日，来自91个国家和地区的奥运健儿齐聚北京冬奥"一起向未来"；11月20日至12月18日，来自五个大洲足球联合会的32支球队齐聚卡塔尔，角逐大力神杯。本文通过CSM媒介研究2022年在全国98个城市的收视调查数据，梳理和分析全国新闻节目的收视状况。

一、新闻节目整体收播状况

1.新闻节目收视比重和资源使用效率继续提升

最近三年，新闻节目收视比重和资源使用效率有明显提升。数据显示，近十年来，新闻节目的播出比重始终稳定在10%~12%，收视比重在2020年之前呈现稳中有降的趋势，2022年收视比重达到16%，相比2021年的14.5%有明显提升，涨幅达10.6%；新闻节目的资源使用效率提升更加明显，2020年以前新闻节目资源使用效率基本在30%及以下，2022年资源使用效率达到了48%，为近十年来的次高峰值，相比2021年的39%，增长幅度超过了20%（见图1）。在播出比重保持稳定的情况下，收视比重和资源使用效率的明显提升表明观众对新闻节目的关注度与日俱增。

图1　2013—2022年新闻节目收播比重及资源使用效率（历年所有调查城市）
数据来源：CSM媒介研究

2.各地新闻节目人均收视水平差异明显

2022年，新闻节目整体收视比重明显提升，但在不同城市，新闻节目收视水平差异明显。CSM35中心城市数据显示，2022年晚间17:00—24:00时段，新闻收视总时长最高的三地（贵阳、广州、上海）均超过70个小时，最低的三地（拉萨、银川、南昌）均不足40个小时。对比2021年同期数据，贵阳、青岛、北京、南宁、天津是新闻收视总时长增长最多的5个城市，均在5个小时以上，其中，贵阳总时长增长最多，超过20个小时；而哈尔滨、成都、长沙、昆明、西安是新闻收视总时长减少最多的5个城市，均超过8个小时（见图2）。

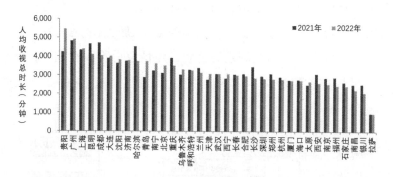

图2　2021—2022年晚间新闻节目的人均收视总时长（17:00—24:00，35城市）
数据来源：CSM媒介研究

3.新闻节目全天多时段收视微升，峰值略降，整体平稳

2022年新闻节目在全天各时段的人均收视时长分布与2021年整体趋势保持一致，晚间18:00—20:00时段是全天收视高峰时段。相比2021年，全天多个时段收视微升，主要表现在7:30—12:00、18:00—18:30、19:30—22:00等时段，而19:00—19:30收视有0.6分钟的小幅下滑（见图3）。

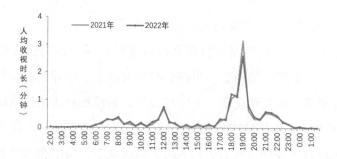

图3　2021—2022年新闻节目全天各时段人均收视时长（历年所有调查城市）
数据来源：CSM媒介研究

4.新闻热点事件引领收视高峰

2022年多个新闻热点事件贯穿全年，形成多个收视高峰。自2月下旬乌克兰危机爆发以来，西方武器援助、乌克兰申请加入北约等，持续引发全球关注；美国会众议长佩洛西窜访台湾、东部战区密集军演，台海动作不断；此外，石家庄、吉林、大连、上海、贵阳等地新冠疫情多地散发，到"二十条""新十条"发布，新冠实施乙类乙管，疫情取得阶段性成果；北京冬奥会、卡塔尔世界杯首尾呼应，体育盛事吸引全民关注；党的二十大胜利开幕，举世瞩目（图4）。

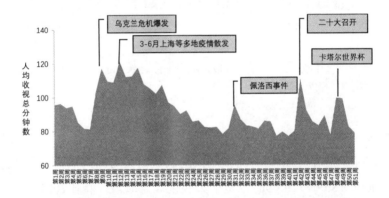

图4　2022年新闻节目全年收视总量分周走势（所有调查城市）
数据来源：CSM媒介研究

5.新闻节目男性、大学及以上观众构成提升

对比近两年的电视新闻节目观众构成可以看到，各类目标观众对新闻节目的整体收视表现十分稳定，男性、45岁及以上、中等受教育程度观众始终是电视新闻节目的主要受众。其中2022年，男性观众比例持续增长；45岁及以上新闻节目观众累计占比超过七成，特别是65岁以上观众比例进一步提升，相比2021年涨幅达到11%；不同学历观众中，高中和大学及以上观众比例有所提升，特别是大学及以上观众构成相较上一年增长幅度达10%（见图5）。

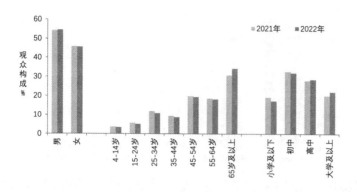

图5 2020—2022年新闻节目观众构成对比（历年所有调查城市）
数据来源：CSM媒介研究

二、新闻节目收视竞争格局

1.中央级频道新闻节目占近半市场份额

2022年，国际国内新闻大事件此起彼伏，观众对新闻节目关注度日益提升。在全国电视大屏新闻节目收视市场各级频道竞争表现中，中央级频道占据近半市场份额，达到49.4%，相比2021年收视份额增长6.4个百分点，增幅达到15.0%，体现了在重大事件报道上中央级媒体的强大报道力量和新闻公信力；省级上星频道收视占比20.8%，相比2021年有较明显下降，相比2020年的22.3%也略降。在地面频道新闻节目收视竞争中，则出现了分化现象，省级地面频道收视份额近三年来稳中有升，而市级频道份额持续小幅下滑，其中，省级地面频道新闻节目收视同比上升0.7个百分点，升幅达3.7%；市级频道新闻节目收视同比下降0.9个百分点，降幅达10.9%（见图6）。

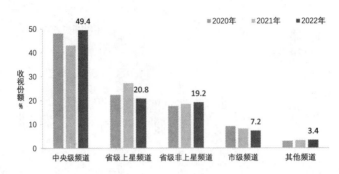

图6　2020—2022年新闻节目各级频道收视份额（历年所有调查城市）
数据来源：CSM媒介研究

2.中央级频道的新闻评述类节目优势突出，地面频道以民生新闻为代表的其他新闻节目受关注

新闻节目按节目类型可以划分为综合新闻、新闻评述和新闻/时事其他三类。考察不同级别频道在各类新闻节目中的收视竞争特点，发现其竞争优势各有特色。在综合性新闻节目中，上星频道和地面频道平分秋色，其中，中央级频道和省级非上星频道实力相当，各自占比均在35%左右；在新闻评述类节目中，中央级频道具有天然的竞争优势，收视占比近七成，占据绝对领先地位；以各地民生新闻为代表的新闻/时事其他类新闻节目，将触角深入当地百姓生活，贴近百姓需求，受到本地百姓关注，省级频道和市级频道合计收视份额达到48.9%（见图7）。

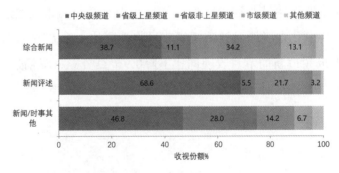

图7　2022年各级频道不同类型新闻节目收视份额（历年所有调查城市）
数据来源：CSM媒介研究

3.二十大主题报道节目亮点纷呈①

党的二十大宣传报道是2022年的重点宣传任务之一，中央广播电视总台和各省级广播电视台均积极广泛参与，按报道主题可以分为电视理论片系列、十年伟大成就系列、人物榜样系列、文化自信系列，节目亮点纷呈。为迎接党的二十大胜利召开，电视理论片重磅报道，由国家广播电视总局直接策划调度，北京、上海、江苏、浙江、湖南五家卫视联制联播的重点理论节目《思想耀江山》，聚焦宣传阐释创新、协调、绿色、开放、共享的新发展理念，生动反映了党的十八大以来各地践行新发展理念的丰富实践，全媒体受众触达2.94亿人次；有力推动党的创新理论"飞入寻常百姓家"，《思想的田野》全媒体受众触达1.16亿人次；《我和我的新时代》全媒体受众触达2.18亿人次；《黄河安澜》全媒体受众触达1.05亿人次；聚焦伟大变革，记录十年成就，湖南卫视微纪录片《这十年》聚焦国防、民生、教育、医疗、大国工程、乡村振兴等众多领域，讲述50位各行各业人物的奋斗故事，全媒体受众触达5.12亿人次；江苏省广播电视总台《奋斗在新时代赶考路上》，展现十年间江苏经济强、百姓富、环境美、社会文明程度高的美好画卷，全媒体受众触达1800万人次；北京卫视《见微知著——大国首都 十年跨越》展现北京在新时代新征程上的第一个非凡十年所取得的成就，全媒体受众触达2700万人次；山东卫视《壮阔十年》、河南卫视《非凡十年 出彩中原》、深圳卫视《图鉴中国——昂首阔步这十年》等立足本区域特色，展示群众实实在在的获得感、幸福感、安全感，全媒体受众触达分别为2700万、6900万、9000万人次；人物榜样系列中，湖南卫视《这十年·追光者》以党的十八大以来十年间"时代大事件"为背景引入，聚焦各行业领域的年轻追光者，展现党的十八大以来十年间中国发展的巨变和成就，全媒体受众触达2.36亿人次；上海东方卫视《时间的答卷》第二季以"我和我们的未来"为主题，聚焦来自深海、航天、考古、政法、环保、教育等多个领域的奋斗者，谱写了将个人成长融入时代发展的命运交响曲，全媒体受众触达3100万人次；河北卫视《筑

---

① 本节数据来源于CSM全媒体视听同源数据，数据截至2022年10月25日。

梦》、广东卫视《行进大湾区·奋楫扬帆》、东南卫视《信仰的力量》全媒体受众触达分别为1400万、6800万、7700万人次；文化自信系列，上海东方卫视《最早的中国·文明探源看东方》大型融媒体直播特别报道，寻根中国的远古历史和祖先，呈现早期中华文化圈，聚焦中华文明探源工程的实证探索，全媒体受众触达1.44亿人次；山东卫视《戏宇宙》以"弘戏曲文化，传中国之美"为定位，用"心"见证戏曲文化的极致表达，全媒体受众触达4.64亿千人次；湖南卫视《思想的旅程》、贵州卫视《一江清水向东流》等大力彰显了中华文化精神内涵和审美风范。

三、结语

2022年是实施"十四五"规划的关键之年，是我国踏上全面建设社会主义现代化国家新征程、向第二个百年奋斗目标进军的重要一年，2022年新闻大事热点不断，新闻收视持续提升，中央级频道更是发挥新型主流媒体担当，占据新闻收视市场半壁江山。当下媒体融合发展已进入全面发力、深化改革、构建体系的新阶段，新闻节目作为媒体融合中的重要抓手，借助传统媒体固有的新闻公信力，融合全媒体传播的影响力，打造融合传播新时代的竞争力，让我们期待电视新闻媒体在全媒体传播中再铸辉煌！

［文章来源：中国广视索福瑞媒介研究（CSM）］

新传播形态下中国地县级受众的
媒介使用与新闻消费

周葆华　刘恩泽

【摘要】

新传播形态下，移动互联网与智能技术变迁推动社会发展变革，国家也在大力推动县级融媒体改革。但目前缺少对于地市级、县级及以下地区受众的一手实证研究。本文基于全国性受众抽样问卷调查数据，以地域比较的视野，从媒介使用、网络行为、新闻消费、本地认同感与生活满意度五个维度，描绘中国地县级受众的媒介使用与新闻消费面貌及其影响。研究发现：地县级受众尽管网络普及仍有较大空间，但已日渐呈现出"移动互联网"生态特征；依赖"移动"、关注"视频"与"直播"成为地市级和县级及以下地区网民行为的重要特征；县级及以下地区受众的本地认同感最高（与直辖市/省会城市持平），地级市的本地认同感、生活满意度均最低，呈现"腰部沉降"现象；本地新闻是地方治理的重要部分，对提升地县市受众的本地认同至关重要，网络生活服务亦是生活满意度的重要来源。本文认为，面对潜力无限、兼具挑战的地市和县级及以下地区传播生态，媒介深度融合应当立足融入地方治理，通过建设"数字地县"和深耕本地新闻与服务两个路径，提升公众满意度，促进地方认同感。

【关键词】

媒介使用；新闻消费；县级融媒体；社会治理

新传播形态下，移动互联网渗透、编织着每一个角落。相对于一线城市，地县区域地域辽阔、人口庞大，对我国经济、社会发展至关重要。它们尽管在新传播技术扩散中曾处于"后发"位置，但在国家高度重视县级融媒体中心建设、互联网企业关注"下沉市场"与用户增长的新背景下，也呈现出蓬勃生机，值得关注。但在传播研究视域中，针对地县级受众的媒介使用与新闻消费情况较为缺乏实证考察。我国地县级受众的媒介使用呈现怎样的图景？新闻消费呈现怎样的特征？与直辖市、省会城市等大城市存在怎样的差异？本文将聚焦地级市市区、县级及以下地区的受众群体，从媒介使用、网络行为、新闻消费、本地认同感、生活满意度等五个方面，首次较为系统地描绘中国地县级受众的媒介使用与新闻消费面貌。

复旦大学计算与智能传播研究团队组织了本次全国范围的大规模随机抽样调查。调查采取分层多阶段概率与规模成比例（PPS）的随机抽样方法。全国受众总体划分为25层，即四个特大一线城市（北京、上海、广州、深圳），按照七个经济地理区域划分的直辖市和省会城市（含除京沪之外的其他直辖市、省会城市和计划单列市）市辖区、其他地级市市辖区以及县和县级市（以上三类各有7层，共21层）。对北上广深四个城市，分别按照PPS方式抽取出16—50个居委会（共100个）；对直辖市和省会城市、其他地级市市辖区以及县和县级市各层，则分别根据其人口比例首先按PPS方式抽取出3—11个区（县），再在所抽中的区（县）级单位（共100个）中分别抽取出4个居（村）委会。然后，根据联系所抽中的居（村）委员会并实地绘制的辖区地图，采用等距原则在居（村）委会中分别抽取出16户，再采用Kish表在所抽中的居民户中随机选择一位年龄在18周岁以上的常住居民作为访问对象。央视市场研究股份有限公司（CTR）负责了本次调查的现场执行，调查采用面访方式，于2018年12月至2019年3月进行，完成问卷总量为8206（根据AAPOR公式1计算的回应率为28.2%），经过对样本进行二次抽样后形成用于全国受众分析的样本总量为7705。经与全国人口统计数据比较，本次调查偏向年龄较低、教育程度较高的受众，故在计算总体结果时运用性别、年龄、教育程度和各层人口比重的统计数据进行多重加权，加权后直辖市/省会市辖区、地级市市辖区、县或县级市及以下的样本分别占比16.93%、21.18%、

61.89%。

一、媒介使用版图：地县级受众的移动互联生态

（一）媒介普及率：基于区域比较

调查结果显示（见表1），在县级及以下地区、地市级受众中，媒介普及率排在第一位的是手机，分别达到96.02%、97.18%，其次是电视（县级=90.85%、地市级=92.54%）。手机和电视在三级地区的普及率均超过九成。第三位是互联网。互联网的普及率在三级地区同为前三，但有着地区上的显著差异，县级及以下地区受众的互联网普及率为60.91%，这一数值低于地市级受众（75.41%）、直辖市和省会城市受众（80.84%）。随后是报纸，报纸在地市级受众的普及率显著最高（48.79%），在县级及以下地区受众的普及率较低（26.05%）。

县级受众内部，普及率相对较低的媒介是杂志（24.40%）和广播（23.11%）。地市级受众中，普及率相对最低的也是广播（46.05%）和杂志（41.94%）。但地市级的传统媒体普及率（传统报纸、传统杂志、传统广播）高于其他两级地区，且在统计上差异显著。

从区域间比较中，我们可以发现：第一，各地区媒介普及率排序大同小异，前四位均为手机、电视、互联网和报纸，只在最后两位（广播和杂志）排序上存在差异；第二，"手机+电视"成为全国各地区受众中普及率最高的"媒介组合菜单"，这两类媒介在县级及以下地区、地市级、直辖市和省会城市中的普及率均高于九成，县级受众的高手机普及率表明县级及以下地区受众亦具有高度的移动化特征；第三，互联网普及率呈现地区间"梯度下降"，从直辖市和省会城市的80.84%，到地级市的75.41%，再到县级及以下地区的60.91%；第四，地市级受众的的媒介普及"新旧相对均衡"，在媒介组合中，地市级受众的四项传统媒体（报纸、杂志、广播、电视）普及率均高于其他两级地区（其中电视普及率差异未达到统计上的显著程度）。

表1　媒介普及率区域比较（%）

	报纸	杂志	广播	电视	互联网	手机	排序
县级及以下地区	26.05	24.40	23.11	90.85	60.91	96.02	手机>电视>互联网>报纸>杂志>广播
地市级	48.79	41.94	46.05	92.54	75.41	97.18	手机>电视>互联网>报纸>广播>杂志
直辖市和省会城市	37.95	30.32	30.31	91.87	80.84	98.16	手机>电视>互联网>报纸>杂志>广播

注：N=7705。经卡方检验，除电视外，地区间媒介普及率在统计上存在显著差异（p<0.001）。

（二）媒介使用时间：基于区域比较

调查通过两个问题（"每周使用媒介的天数""在使用该媒介的那些天，平均每天使用多长时间"）来测量受众各类媒介的使用时长，将对这两个问题的回答相乘后再除以7获得相应媒介受众平均每天使用的分钟数。结果显示：无论哪个地区，在使用该媒介的受众中，网民平均上网时间均最长，其次是手机使用时间、电视观看时间，这三类媒介的受众使用时间远远超过其他传统媒介。

就互联网的使用时间而言，直辖市和省会城市网民的日均上网时间最长（167.99分钟），其次是县级及以下地区（163.97分钟），然后是地市级网民（152.24分钟），这说明尽管县级受众互联网总体普及率不算高，但其网民的网络使用时间已经接近直辖市和省会城市，并超过地市级。手机用户的使用时间则呈现直辖市和省会城市—地市级—县级及以下地区"梯度下降"的态势。而电视观众的收看时间则与之相反，从县级及以下地区—地市级—直辖市和省会城市反向"梯度下降"（见表2）。

表2　媒介使用时长均值比较（平均每天使用分钟数）

	报纸	杂志	广播	电视	互联网	手机
县级及以下地区	17.64	19.92	29.36	129.21	163.97	134.56
地市级	25.18	15.48	33.50	119.44	152.24	149.09
直辖市和省会城市	24.13	13.96	30.34	114.61	167.99	156.88

注：N=7705。计算时排除了回答使用"极少"的用户，并经过剔除三个标准差值的处理。经均值检验，除广播外，地区间媒介使用时间存在统计上的显著差异。

二、网络行为：县级及以下地区受众"移动+视频+直播"特征明显

当媒介格局变动、网络渗透日常生活，人们的网络行为呈现出怎样的特征？县级及以下地区受众、地市级受众的网络行为有何特点？本次调查通过四个问题比较区域间差异：一是测量上网设备特征；二是测量网民的网络行为特征；三是询问网民使用哪些网络生活服务；四是测量网民的移动App使用特征。

（一）上网设备：基于区域比较

本调查设置一组多选题询问受众是否使用手机、台式电脑、笔记本电脑、平板电脑、有互联网的电视/电视盒子、游戏机、可穿戴设备等七种网络设备上网。结果显示，无论在哪个地区，网民上网的主要设备均为手机，其上网使用的比例在县级及以下地区达到98.55%，在地市级为97.89%，在直辖市和省会城市是98.58%，可谓旗鼓相当（统计检验显示三地不存在显著差异）。随后的上网设备主要还包括台式电脑、笔记本电脑、平板电脑等，但值得注意的是，台式电脑在直辖市和省会城市网民上网设备中占到33.08%，在地市级网民中占到28.29%，但在县级及以下地区网民中仅占18.55%；笔记本电脑在直辖市和省会城市网民上网设备中占到23.51%，在地市级网民中占到21.53%，但在县级及以下地区网民中仅占8.30%；平板电脑在直辖市和省会

城市网民上网设备中占到13.08%，在地市级网民中占到17.07%，但在县级及以下地区网民中仅占5.23%。其他新终端（如电视机或电视盒子、游戏机、可穿戴设备等）占比则相当有限（见表3）。

表3　上网设备的地区比较（%）

	手机	台式电脑	笔记本电脑	平板电脑	有互联网的电视/电视盒子	游戏机	可穿戴设备
县级及以下地区	98.55	18.55	8.30	5.23	3.06	0.45	0.55
地市级	97.89	28.29	21.53	17.07	7.64	0.89	1.06
直辖市和省会城市	98.58	33.08	23.51	13.08	7.01	0.19	0.95

注：N=5190。经过卡方检验，除手机和可穿戴设备外，其余网络设备使用比例分布均存在地区差异，其中台式电脑、笔记本电脑、平板电脑和互联网电视均在p<0.01水平上显著，游戏机在p<0.05水平上显著。

由此可见，尽管不同地区上网的主要设备均为手机，但地市级以上网民的上网设备相对多元，而县级及以下地区网民的上网设备更依赖手机。

（二）网络行为特征：基于区域比较

本调查采用六个问题测量网民的网络行为特征状况（"关注网络新闻""观看/收听视音频""看网络直播""上传视音频""玩网络游戏""看网络小说"），均采用六级量表测量，0=从不，1=很少，5=经常。

结果显示，"关注网络新闻"和"看网络小说"这两个问题在统计上存在地区间的显著差异。直辖市和省会城市受众关注网络新闻的程度最高（均值2.65，标准差1.25），其次是地市级受众（均值2.43，标准差1.19），县级及以下地区受众的"关注网络新闻"程度最低（均值2.13，标准差1.30）。"看网络小说"一项，地市级受众程度最高（均值1.71，标准差1.49），其次是直辖市和省会城市受众（均值1.45，标准差1.54），县级及以下地区的受众最低（均值1.15，标准差1.42）（见表4）。

表4　网络行为特征的区域比较均值

	关注网络新闻	观看/收听视音频	看网络直播	上传视音频	玩网络游戏	看网络小说
县级及以下地区	2.13 （1.30）	2.49 （1.64）	1.74 （1.59）	1.07 （1.37）	1.71 （1.73）	1.15 （1.42）
地市级	2.43 （1.19）	2.38 （1.45）	1.85 （1.43）	1.46 （1.37）	1.98 （1.58）	1.71 （1.49）
直辖市和省会城市	2.65 （1.25）	2.52 （1.52）	1.90 （1.52）	1.36 （1.40）	1.97 （1.74）	1.45 （1.54）

注：N=5189。测量方式为六级量表：0=从不，1=很少，5=经常。括号中的数字为标准差。

县级、地市级、直辖市和省会城市受众在"观看/收听视音频""看网络直播""上传视音频""玩网络游戏"等网络行为中没有显著差异。对县级及以下地区受众而言，在这几类网络行为中，程度最高的是"观看/收听视音频"，其次才是"关注网络新闻"，第三是"看网络直播"；对地市级、直辖市和省会城市的受众而言，程度最高的是"关注网络新闻"，其次是"观看/收听视音频"，第三是"玩网络游戏"。由此可见，县级及以下地区受众的网络行为特征与地市级、直辖市和省会城市存在差异，除基本的新闻需求外，"观看/收听视音频"和"看网络直播"在他们的网络行为中占有重要位置。

（三）网络生活服务特征：基于区域比较

本次调查通过三个问题询问上网购物（"上网购买商品或服务"，如通过淘宝、京东、微信等）、网络付费（"付款、转账或收款"，如通过电子银行、微信、支付宝等）、网络外卖（"上网叫外卖"，如大众点评、美团、饿了么等）的网络生活服务应用的使用情况，将之加总平均综合为一项"网络消费生活"指数（五级量表，1=从不，5=几乎每天，信度系数 $\alpha =0.759$）。"其他网络生活"指数（ $\alpha =0.939$ ）则通过一组包括网络约会、住宿、学习、运动、时间管理、理财、交通等在内的12个问题衡量。

数据显示，县级受众的网络消费生活指数（均值=2.61）和其他网络生活指数（均值=1.61）均显著低于地市级受众与直辖市和省会城市受众（p<0.001）。地市级受众（均值=3.01）与直辖市和省会城市受众（均值=3.07）的网络消费生活指数无显著差异，在其他网络生活指数上，地市级受众（均值=2.16）甚至高于直辖市和省会城市受众（均值=2.01）（p<0.05）（见表5）。由此可见，县级及以下地区受众的网络生活服务具有较大发展空间。

表5　网络生活服务特征的区域比较均值

	网络消费生活	其他网络生活
县级及以下地区	2.61（1.04）	1.61（0.80）
地市级	3.01（1.01）	2.16（0.95）
直辖市和省会城市	3.07（1.05）	2.01（0.87）

注：N网络生活=4978，N其他网络生活=4972。测量方式为五级量表：1=从不，5=几乎每天。括号中数字为标准差。

（四）移动App使用：基于区域比较

我们测量了11款移动App（微信、微博、淘宝、腾讯新闻、网易新闻、今日头条、抖音、快手、拼多多、趣头条、天天快报）的普及情况。其中，微信的普及率在各地区移动网民中均高达99%以上，成为名副其实的"国民级"App。排在第二位的均为淘宝，在直辖市和省会城市使用比例达到87.64%，地市级达到87.36%，县级及以下地区为80.44%。

位居第三至第五的移动App均包括今日头条、腾讯新闻、抖音，但在三个地区之间的排序不同。直辖市和省会城市移动网民中，位居第三的是腾讯新闻，其后是今日头条和抖音；地市级移动网民中，位居第三的是今日头条，其后是腾讯新闻和抖音；在县级及以下地区移动网民中，位居第三的则是抖音，其后是腾讯新闻和今日头条。值得注意的是，拼多多和快手均位列第六至七位，其中被认为更"下沉"的快手，在地市级和县级及以下地区移动网民中的使用比例分别达到66.64%和62.81%，均显著超过了直辖市和省会城市移动网民中的使用比例（59.51%）（见表6）。

表6 移动App使用比例的区域比较（%）

	县级及以下地区		地市级		直辖市和省会城市	
1	微信	99.44	微信	99.75	微信	99.42
2	淘宝	80.44	淘宝	87.36	淘宝	87.64
3	抖音	76.03	今日头条	82.22	腾讯新闻	80.51
4	腾讯新闻	69.99	腾讯新闻	80.51	今日头条	77.85
5	今日头条	69.58	抖音	76.42	抖音	75.38
6	拼多多	67.51	拼多多	70.96	拼多多	72.15
7	快手	62.81	快手	66.64	快手	59.51
8	趣头条	46.71	天天快报	66.31	微博	59.13
9	微博	44.50	微博	63.54	网易新闻	54.18
10	天天快报	43.12	趣头条	63.05	趣头条	51.14
11	网易新闻	41.15	网易新闻	61.09	天天快报	47.91

注：N=5177（手机网民）。经过卡方检验，微信、抖音的地区差异不显著；其他
App的地区差异显著。

由此可见，地县级受众在移动App使用方面的显著特征有二：一是在微信、淘宝两大"国民级"应用上也具有较高比例；二是抖音和快手的使用比例较高，无论是地市级还是县级及以下地区移动网民，其抖音和快手的使用比例均超过直辖市和省会城市移动网民的使用比例（快手的差异达到统计上的显著程度）。

三、新闻消费

新传播形态下的新闻消费呈现出怎样的景观？在去中心化的传播形态下，受众通过传统媒体和新媒体渠道的新闻消费整体情况如何？各地受众更青睐哪种获取新闻与公共事务信息的渠道？本次调查从传统媒体、网络以及社交媒体的新闻消费三个方面，观察地县受众在移动互联网时代的新闻消费情况。

（一）传统媒体新闻消费

调查以五级量表衡量报纸读者的报纸新闻消费情况（1=几乎不关注，

5=非常关注）。结果显示，无论是哪个地区，报纸读者对本地新闻的关注度均为最高，其次是国内新闻，最后为国际新闻。尽管县级及以下地区受众的报纸普及率相对较低，但其读者在"报纸国内新闻"这一问题上的均值高于地市级、直辖市和省会城市受众，在"报纸本地新闻"和"报纸国际新闻"两个问题上的均值均处于中间状态，高于地市级受众、低于直辖市和省会城市。地市级受众的报纸本地新闻消费（均值=3.95）低于直辖市和省会城市受众（均值=4.17），地市级受众的国际新闻消费（均值=3.36）显著低于直辖市和省会城市受众（均值=3.68）（见表7）。

表7　报纸新闻消费情况的地区比较均值

	报纸本地新闻	报纸国内新闻	报纸国际新闻
县级及以下地区	4.05（0.95）	3.77（1.10）	3.52（1.22）
地市级	3.95（1.08）	3.60（1.19）	3.36（1.24）
直辖市和省会城市	4.17（0.87）	3.71（0.98）	3.68（1.01）

注：N=636。测量方式为五级量表：1=几乎不关注，5=非常关注。括号中的数字为标准差。地区间均值差异经过ANOVA检验比较，地市级与直辖市和省会城市间的报纸国际新闻消费（$p<0.05$）存在统计上显著的差异。

电视观众的新闻消费方面的数据显示（五级量表，1=几乎不关注，5=非常关注），与报纸新闻内容的阅读趋势一致，关注电视本地新闻的程度最高，其次是电视国内新闻，最后是电视国际新闻。在地区差异比较方面，直辖市和省会城市电视观众对本地、国内、国际新闻的关注程度均为最高，地市级次之，县级及以下地区受众的关注相对较少（见表8）。

表8　电视新闻消费情况的地区比较均值

	电视本地新闻	电视国内新闻	电视国际新闻
县级及以下地区	3.50（1.15）	3.21（1.26）	2.75（1.32）
地市级	3.54（1.16）	3.34（1.11）	3.04（1.19）
直辖市和省会城市	3.95（1.06）	3.58（1.09）	3.31（1.18）

注：N=6091。测量方式为五级量表：1=几乎不关注，5=非常关注。括号中数字为标准差。地区间均值差异经过ANOVA检验比较，除地市级与县级及以下地区的电视本地新闻消费外，均在统计上差异显著（$p<0.01$）。

（二）网络新闻消费

县级、地市级、直辖市和省会城市受众均更关注互联网本地新闻，其次是互联网国内新闻，最后是互联网国际新闻。县级及以下地区受众对互联网上的本地新闻、国内新闻、国际新闻的关注程度显著低于直辖市和省会城市。地市级受众对互联网上的本地新闻、国内新闻的关注程度显著低于直辖市和省会城市（见表9）。

表9　网络新闻消费情况的地区比较均值

	互联网本地新闻	互联网国内新闻	互联网国际新闻
县级及以下地区	2.45（1.50）	2.17（1.52）	1.78（1.52）
地市级	2.60（1.35）	2.43（1.39）	2.27（1.39）
直辖市和省会城市	3.00（1.46）	2.63（1.47）	2.32（1.49）

注：N=5189。测量方式为六级量表：0=从不，1=极少，5=经常。括号中的数字为标准差。除了地级市与直辖市和省会城市的互联网国际新闻外，地区间均值差异经过ANOVA检验比较，在统计上差异显著（p<0.01）。

整体来看，在报纸新闻消费、电视新闻消费、网络新闻消费中，"本地新闻"均是受众关注程度最高的内容。这反映了受众关注新闻的接近性、贴近性。相对于直辖市和省会城市，地市级、县级及以下地区受众对新闻的关注程度相对略低。

（三）社交媒体的新闻获取、微信的新闻获取行为分析

本次调查还询问了用户从社交媒体或消息应用软件渠道获取新闻和公共事务信息的情况，对象包括微信、微博、QQ。结果显示，在各类应用中，微信是各级地区受众最主要的获取新闻与公共事务信息的社交媒体。地市级和县级及以下地区互联网用户中，以微信作为新闻与公共事务信息获取主要渠道的占比分别达到64.99%和60.12%，直辖市和省会城市、地市级网民居于第二位的都是微博，但县级及以下地区网民居于第二位的则是QQ（见表10）。整体上，县级及以下地区受众通过社交媒体或消息应用软件获取新闻与公共事务信

息的比例显著低于地市级、直辖市和省会城市。

表10　社交媒体或消息应用软件的新闻与公共事务信息获取行为（%）

	县级及以下地区		地市级		直辖市和省会城市	
1	微信	60.12	微信	64.99	微信	64.27
2	QQ	12.98	微博	19.50	微博	17.63
3	微博	12.33	QQ	19.19	QQ	15.65

注：N=5190。经卡方检验，均存在显著差异，p<0.001。

调查进一步通过一组问题询问用户使用社交媒体或消息应用软件时关注三个方面信息更新的频率，包括"政治、经济等公共事务""新闻时事""娱乐、体育或文化"（五级量表，1=从不，2=极少，5=每天很多次）。在社交媒体或消息应用软件中，县级及以下地区受众对"政治、经济等公共事务"关注程度显著较低（均值=2.23，标准差=1.08）；县级及以下地区受众（均值=2.92，标准差=1.13）与地市级受众（均值=3.00，标准差=1.08）对于"新闻时事"的关注无显著差异，且均与直辖市和省会城市受众存在显著差异；县级及以下地区受众对于"娱乐、体育或文化"的关注程度（均值=2.82，标准差=1.09）低于地市级受众（均值=2.94，标准差=1.06），但与直辖市和省会城市没有显著差异。这反映了县级及以下地区受众在社交媒体或消息应用软件中对"新闻时事"的关注与地市级相当，但对"政治、经济等公共事务"的关注相对较少。

表11　社交媒体或消息应用软件中的信息关注程度均值

	政治、经济等公共事务	新闻时事	娱乐、体育或文化
县级及以下地区	2.23（1.08）	2.92（1.13）	2.82（1.09）
地市级	2.55（1.05）	3.00（1.08）	2.94（1.06）
直辖市和省会城市	2.41（1.09）	3.15（1.08）	2.90（1.06）

注：N=5099。地区间差异经过ANOVA检验，除地市级和县级及以下地区在新闻时事上无显著差异，直辖市和省会城市与县级及以下地区受众、直辖市和省会城市与地市级的受众在娱乐、体育或文化上无显著差异，其他均存在显著差异。

在上文的数据中我们已知，微信是各级地区受众获取新闻与公共事务信息最主要的社交媒体。本次调查的一组测量更进一步挖掘用户在微信中的新闻获取行为，包含"新闻媒体的微信公众号""其他个人或机构的微信公众号""微信群""微信朋友圈"。在微信内部的不同端口中，"微信朋友圈"是获取新闻与公共事务信息的最主要来源，在地市级和县级及以下地区微信用户中占比分别为47.86%和47.87%；其次是"微信群"，在地市级和县级及以下地区微信用户中占比分别为44.23%和40.47%；随后是"新闻媒体的微信公众号"，在地市级和县级及以下地区微信用户中占比分别为13.42%和10.58%；"其他个人或机构的微信公众号"则相对较少。

表12　微信的新闻与公共事务信息获取行为（%）

	县级及以下地区	地市级	直辖市和省会城市
微信朋友圈	47.87	47.86	48.18
微信群	40.47	44.23	37.30
新闻媒体的微信公众号	10.58	13.42	18.60
其他个人或机构的微信公众号	2.97	4.94	4.41

注：N=5122，计算时不含选择"极少"的用户。经卡方检验，除"微信朋友圈"外，均存在显著差异，p<0.01。

四、地县级受众的本地认同及媒体影响

（一）本地认同的区域比较

我们通过两个问题测量"本地认同感"，包括"不管别人怎么看我现在生活的这个地方，我都非常不舍得离开""我对现在生活的这个地方很有感情"（五级量表），并将之加总平均构成一个"本地认同感"指数（α=0.677）。县级受众与直辖市和省会城市受众的本地认同感均显著高于地市级受众（p<0.001），县级区域受众的本地认同感最高，均值达到3.96，其次是直辖市和省会城市（均值=3.89），地市级最低（均值=3.76）（见图1）。

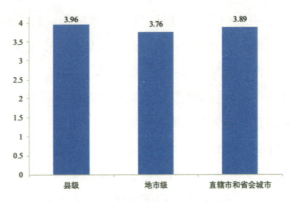

图1　本地认同的区域比较

（二）本地新闻关注度与本地认同感

在控制个体人口学变量、地区变量后，本地新闻接触在一定程度上能够解释本地认同感（$\triangle R^2=0.017$），本地报纸新闻关注度（$\beta=0.043$，$p<0.001$）、本地电视新闻关注度（$\beta=0.050$，$p<0.001$）、本地网络新闻关注度（$\beta=0.018$，$p<0.05$）与本地认同感呈正相关（见表13）。换言之，本地报纸新闻关注度越高，本地认同感越高；本地电视新闻关注度越高，本地认同感越高；本地网络新闻关注度越高，本地认同感越高。

表13　本地新闻关注度对本地认同的影响的回归分析

	本地认同感
个体人口学变量解释百分比（％）	2.6***
地区变量解释百分比（％）	0.7***
本地新闻接触解释百分比（％）	1.7***
本地报纸新闻关注度	0.043***
本地电视新闻关注度	0.050***
本地网络新闻关注度	0.018*
总解释的百分比（％）	5.0***

注：个体人口学变量包括性别、年龄、教育、收入、职业、城乡等。*表示$p<0.05$，***表示$p<0.001$。

五、地县级受众的生活满意度及媒体影响

（一）生活满意度的区域比较

受众的生活满意度如何？本次调查通过五个问题来测量："在大多数方面，我的生活都接近理想状态""我的生活在各方面都很好""我满意我的生活""目前为止，我已得到生命中想要的重要的东西""如果我的人生可以再来一次，我基本不会选择改变任何东西"（七级量表），然后将之加总平均构成一个"生活满意度"指数（α =0.882）。统计检验显示三级地区之差达到显著程度（p<0.001）。直辖市和省会城市的生活满意度最高，均值为4.61，标准差为1.20；县级区域生活满意度次之，均值为4.36、标准差为1.01；地市级生活满意度相对最低，均值为4.22，标准差为1.04（见图2）。

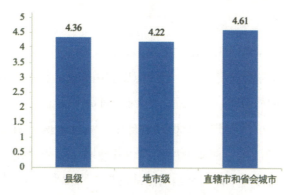

图2　生活满意度的区域比较

注：N=7705。

（二）本地新闻关注度、网络生活服务与生活满意度

关注本地新闻是否对生活满意度存在影响？我们从实证上加以检验，以本地报纸/电视/网络新闻关注度为自变量，生活满意度为因变量进行回归分析。控制变量包括性别、年龄、教育、收入、职业、城乡等个体人口学变量以及地区变量。结果显示，本地报纸新闻关注度（β =0.041，p<0.001）、本地电视新闻关注度（β =0.091，p<0.001）、本地网络新闻关注

度（β=0.088，p<0.001）均与生活满意度呈正相关（见表14）。换言之，对本地报纸新闻关注越多，生活满意度越高；对本地电视新闻关注越多，生活满意度越高；对本地网络新闻关注度越高，生活满意度越高。

表14 本地新闻关注度对生活满意度的影响的回归分析

	生活满意度
个体人口学变量解释百分比（%）	3.1***
地区变量解释百分比（%）	0.9***
本地新闻关注解释百分比（%）	4.4***
本地报纸新闻关注度	0.041***
本地电视新闻关注度	0.091***
本地网络新闻关注度	0.088***
总解释的百分比（%）	8.4***

注：N=7705。个体人口学变量包括性别、年龄、教育、收入、职业、城乡等。***表示p<0.001。

为了进一步试探生活满意度的影响因素，我们在网民群体中，以网络消费生活、其他网络服务为自变量，生活满意度为因变量，控制个体人口学变量和地区变量，进行回归分析。结果显示，网络消费生活（β=0.170，p<0.001）和其他网络服务（β=0.059，p<0.01）与生活满意度呈正相关（R^2=0.091）（见表15）。换句话说，使用网络消费或其他网络服务的频率越高，生活满意度显著越高。相对而言，网络消费生活的影响程度大于其他网络服务。

表15 网络生活服务对生活满意度的影响的回归分析

	生活满意度
个体人口学变量解释百分比（%）	5.3***
地区变量解释百分比（%）	0.9***
网络生活服务解释百分比（%）	2.9***
网络消费生活	0.170***
其他网络服务	0.059**
总解释的百分比（%）	9.1***

注：N=5190。个体人口学变量包括性别、年龄、教育、收入、职业、城乡等。**表示p<0.01，***表示p<0.001。

六、总结

本研究基于全国性的受众调查数据，系统分析地县级受众媒介消费、新闻消费的主要特征。本文主要发现总结如下：

第一，地县级受众与直辖市和省会城市受众一样，呈现出移动互联网时代鲜明的移动化、网络化生态特征。手机已经成为地县级受众普及率最高的媒介，互联网的普及程度在地市级已经超过75%，在县级及以下地区超过60%。值得注意的是，尽管县级及以下地区受众中网民比例仍有较大发展空间，但县级及以下地区网民的上网时间不少，且其上网设备与其他地域相比，更加倚重手机（使用手机上网比例在网民中达98.55%）。

第二，网络行为方面，地市级和县级及以下地区受众对视频、直播的热情与直辖市和省会城市几无差异。在移动App使用方面，相同的是，微信和淘宝作为"国民级"应用，高度渗透地县网民；而同中有异之处在于，抖音和快手在地市级和县级及以下地区网民中的使用比例持平甚至高于直辖市和省会城市，充分印证了视频和直播对于他们网络生活的重要意义。与此同时，地市级和县级及以下地区网民对网络新闻的关注热情显著低于直辖市和省会城市；地县级，尤其是县级及以下地区受众在网络消费和生活服务领域的应用程度较低，发展潜力巨大。

第三，在新闻消费方面，"本地新闻"是地县级受众在传统媒体和网络新闻消费中最为关注的内容，在一定程度上反映了受众对新闻使用接近性、贴近性，以及融入生活的需求。

第四，本地认同感与生活满意度方面，县级及以下地区受众的本地认同感最高（与直辖市和省会城市持平），地市级的本地认同感最低；直辖市和省会城市受众的生活满意度最高，县级及以下地区受众次之，地市级受众的生活满意度最低。地市级受众的本地认同感和生活满意度"双低"，呈现出"腰部沉降"特征，值得高度关注。分析发现，本地新闻关注度对本地认同感和生活满意度均具有显著的正向影响，本地新闻作为地方治理的重要部

分，对提升地县级受众的本地认同至关重要。而网络生活服务也是生活满意度的重要来源，对生活满意度提升具有正向影响。

本研究的发现具有政策启示：

第一，发展"数字地县"。"数字鸿沟"的问题自提出以来，在全球数字化推进背景下逐渐受到关注，它警示人们持续关注跨地域、跨群体的媒介采纳差距与使用差距所带来的影响。本调查对全国三级地域的受众调查结果显示，整体受众层面上的普及率数字鸿沟依然存在，如仍有近四成县级及以下地区受众、近四分之一的地市受众未上网，徘徊在"媒介融合"门外。因此在当前阶段，应一方面持续发展数字化基础设施和内容、服务建设，推动"数字地县"建设任务紧迫；另一方面对地县受众，尤其是县级及以下地区受众，仍需充分应用更为普及的手机短信/彩信和电视传播，达致传播效果。在关注"数字鸿沟"的同时，也要审慎对待"数字鸿沟"，这一概念或将遮蔽地市和县级及以下地区受众已经日益活跃的网络生活与媒介消费、新闻消费的丰富状态。在网民层面上，简单的"数字鸿沟"无法概括地市和县级及以下地区受众的网络生活形态，三层区域之间在网民上网时间上已无显著差异，在其他方面则又存在各自的特色与差异，并且这种差异不能简单地理解为"直辖市和省会城市—地市级—县级及以下地区"的差序格局。例如，县级及以下地区网民的移动上网依赖性特征最为明显；对视频和直播的关注程度不亚于大城市；对抖音和快手的使用比例已经持平甚至超越直辖市和省会城市。

第二，深耕、服务本地。移动互联网和媒体深度融合时代，媒介技术变迁带来传媒业乃至社会结构性的发展变革，国家对县级融媒体建设给予高度关注并展开战略推动，县域媒体挑战与机遇并存。本次调查结果显示，县级及以下地区、地市级受众对传统媒体、新媒体新闻的关注重心均在本地新闻，但目前他们对新闻的关注程度总体又远不及直辖市和省会城市。因此，发挥"本地"优势、服务好本地生活，是未来地县地区融媒体发展的重要方向。地县媒体要寻找地县级受众的媒介消费、新闻消费规律，优化县级融媒体，深耕本土服务受众，进一步提升居民的本地认同感与生活满意度。面对潜力无限、兼具挑战的地市和县级传播生态，媒介深度融合应当立足融入地方治理，通过本地新闻与服务两个领域，提升公众满意度，促进地方认同感。值得关注的还有地市级受众的"腰部沉降"问题，在关注大城市和县级融媒体改革的同时，应当对地市级这一"腰部"的媒体融合进程给予更多关注。

〔周葆华，复旦大学信息与传播研究中心研究员，新闻学院教授、副院长，复旦大学计算与智能传播研究中心负责人，复旦大学全球传播全媒体研究院、国家发展与智能治理综合实验室研究员；刘恩泽，复旦大学新闻学院博士研究生。本文是国家社科基金重大项目"智能时代重大舆情和突发事件舆论规律及治理研究"（项目编号：20ZDA060）、复旦大学人文社科先导项目"面向媒介深度融合的智能媒体创新研究与应用"（项目编号：IDH3353070）的阶段性成果。本文原载于《中国新闻传播研究》2022年第3期。〕

中国网民的新闻消费习惯与信息茧房状况

——不同教育人群的素描和比较

夏倩芳　仲　野

【摘要】

在去中心化、海量信息的环境下，主流民主理论中的信息自由迷思需要被重新审视，并在实质性意义上和实践层面上予以评估。面对公众碎片化、舆论冲突化、社会心理激烈化和极端化的现实境况，人们信息行为的自由性和高度能动性，显然不再具有天然的正义性。正是在这样的问题意识中，信息茧房作为网络空间中一种具体的、常见的、产生实际政治效应的信息实践形态，需要被认真地予以考察。本文即是针对当前中国网民的信息茧房状况以及与之相关的新闻消费习惯展开的描述性研究。数据显示，我国网民中信息茧房现象是普遍存在的，且与人们的新闻消费习惯密切关联；信息茧房效应存在着教育失灵的现象，即较高教育水平不仅未能有效降低个体的信息同质化和狭窄化程度，反而产生了显著的强化效应。本文据此指出，媒介素养教育宜更新其内容，注重对信息识辨能力和信息适应与包容能力的培养；针对教育失灵问题，本文认为在社交媒体环境和全球话语不平等的形势下，加强社会共享信念体系的培育是应对复杂信息环境的现实方案，而信念体系的培养需要依托于哲学社会科学的学说来形成完整、深入的说明性的阐释模式。作者希望该项研究对培育我国民主协商所需要的、温和的社会心理具有一定的参考价值。

【关键词】

信息茧房；新闻消费习惯；信息自由；信息素养

一、本文的问题意识

在主流的民主理论中，信息自由是一项不容置疑的公民政治权利，因为民主政治的良性运转有赖于公众的政治参与，而良性的政治参与需要建立在公民充分知情的基础之上。但民主政治所定义的"知情"的公民并不容易锻造，他们需要置身于足够丰富并且足够异质的信息环境中，通过尽可能充分的意见交互来达成理解和共识。按照这个理论，国家必须有相应的制度安排来保障多元信息环境的存在，媒体也应尽用其技术可供性来满足社会对于多元信息的需求。

正是基于这样的信念，互联网技术的降临，让人们对信息自由产生了空前美好的想象。互联网技术突破了传播的容量限制，带来了信息的极大丰富、极其廉价和去中心的流通性，人们获得了前所未有的信息选择和自由分享的便利，一个充分知情的公民社会和一个开放、平等、包容的公共领域呼之欲出。甚至有学者畅想得更远，认为互联网会促进全球社群之间更好地相互理解，进而"造就一个明达、互动、宽容的世界公民共同体"①。

然而现实却远不是人们所想象的那样。在去中心的、海量的信息环境中，拥有无限选择的权利和便利，并不意味着人们愿意暴露在多元信息之中，参与多元意见的交往，让自己更宽广、更敏达；相反，技术的便利被很多人利用来进行信息筛选，回避多元信息的打扰，将自己安置在狭窄化的信息场景中，在观点同类群体中寻求归属感和心理满意感——这个现象就是如今广为人知的"信息茧房"。网络和社交媒体的迅猛发展，促使信息茧房从一种微观层面的个体心理现象，蔓延成社会层面的"公众碎片化"的情势，成为影响社会团结、加剧群体极化、阻碍民主协商、瓦解政治共识的一个重要因素。

当信息自由在互联网环境下演变为许多人的信息茧房，造成了网络空间中分裂的"多元主义"，进而导致了一系列严重的政治后果，信息自由的

---

① ［英］詹姆斯·柯兰，［英］娜塔莉·芬顿，［英］德斯·弗里德曼. 互联网的误读［M］. 何道宽，译. 北京：中国人民大学出版社，2014:8.

价值和实践必须被慎重地反思，并且不能仅从个体层面和形式意义上进行思考，而必须被放在民主政治良性运作的实践条件下，在实质性的意义上予以评估。

已经有许多学者指出，信息自由和多元主义的意义被严重误解了。流行的观点认为，政治权力对信息自由的威胁是必须高度警惕的，而市场的正义性以及相应的民众自由选择的正义性则是不容置疑的。这个"政治正确"的迷思在互联网的环境下需要被重新审视，显然，公众的信息行为变得史无前例地重要了。

哈贝马斯指出，所谓的多元主义只有切实地服务于民主所依赖的共享信息基础，才具有存在的价值，而"广义的多元主义"则是无益于协商民主的。①因为那些多元的、异质性的声音，在共同关注的机制缺席的情况下，反而更可能助推社会走向分裂而不是整合。②桑斯坦强调，一个良性的政治协商实践必须有两个先决条件：第一是人们应该置身于任何信息之下，那些"未经计划的、无法预期的信息接触"是至关重要的；第二是大部分公民应该拥有一定程度的共同经验，因为共同经验（尤其是媒体所塑造的共同经验）提供了某种"社会黏性"，否则，一个异质性的社会将很难处理社会问题。③在这个意义上，桑斯坦将人们选择信息的"自由"区分为两种性质不同的"自由"——"消费性"选择的自由与"政治性"选择的自由，他认为人们"消费性"选择的自由并不是真正的信息自由，信息自由要求人们置身于不同的主题和看法中，尤其需要适应、容忍并认真对待那些令他们不愉悦的内容，而"一个容许无限过滤的体制恰恰会牺牲掉这种自由"。④也正是在这个意义上，享有信息本身，不仅是一项基本的公民权利，也是一项重要的公民美德

① ［英］詹姆斯·柯兰，［英］娜塔莉·芬顿，［英］德斯·弗里德曼.互联网的误读[M].何道宽，译.北京：中国人民大学出版社，2014:190.
② ［美］凯斯·桑斯坦.网络共和国：网络社会中的民主问题[M].黄维明，译.上海：上海人民出版社，2003:5.
③ ［美］凯斯·桑斯坦.网络共和国：网络社会中的民主问题[M].黄维明，译.上海：上海人民出版社，2003:5.
④ ［美］凯斯·桑斯坦.网络共和国：网络社会中的民主问题[M].黄维明，译.上海：上海人民出版社，2003:5.

和道德责任。[①]

因此，人们自由选择信息的行为并不具有天然的正义性，它应该被严肃地加以审视，并且是可以调整和改善的。正是在这样的问题意识中，信息茧房作为网络空间中一种具体的、常见的、产生实际政治效应的信息实践形态，需要被认真地予以考察。

在技术赋权之下，信息茧房现象在当今许多国家中加剧了舆论撕裂，妨碍政治认同和社会整合。中国的情况也不容乐观。进入web2.0时代以来，网络空间中的舆论冲突愈演愈烈，"观点割席"现象屡见不鲜，[②]社会心理趋于激烈化和极端化。基于对上述情况的关切，本文打算对当前中国网民的信息茧房状况以及与之相关的新闻消费习惯进行描绘，考察群体之间存在的差异，并分析新闻消费习惯对茧房现象可能产生的影响。作者希望这项研究能够为准确地了解我国公众的信息行为和心理分化、舆论场的群体冲突提供基础性的数据；更进一步，本文希望这些数据能够对培育我国民主协商所需要的、温和的社会心理土壤具有一定参考价值。

二、文献讨论

（一）信息茧房现象及其问题化

"信息茧房"（information cocoon）概念最早由美国学者凯斯·桑斯坦（Cass Sunstein）提出，指人们通过互联网技术的筛选和定制功能，倾向于选择使自己愉悦的信息这一现象，[③]这种选择性接触的结果是导致个体处于同质化、单一化和狭窄化的信息环境之中。相近的概念还有"回音室"（echo

---

① 新闻自由委员会.一个自由而负责的新闻界[M].展江，王征，王涛，译.北京：中国人民大学出版社，2004:74；[美]布鲁斯·宾伯.信息与美国民主：技术在政治权力演化中的作用[M].刘钢，译.北京：科学出版社，2011:191

② 陈云松.观念的"割席"——当代中国互联网空间的群内区隔[J].社会学研究，2022（04）:117-135+228.

③ [美]凯斯·桑斯坦.信息乌托邦：众人如何生产知识[M].毕竞悦，译.北京：法律出版社，2008:8.

chamber）和"过滤泡"（filter bubble）。①尽管信息茧房概念是近些年才提出来的，但信息茧房所指称的信息环境狭窄化现象却由来已久，因其关乎民主政治的合法性基础——民意的形成和公众参与，政治学、心理学和传播学都对它早有讨论。

李普曼较早关注到人们的选择性信息接触和理解对于民主实际运行的危害。此前，传统的民主主义理论家们天真地认为民主主要取决于权力的来源方式，而李普曼则从现实的角度出发，审察作为民主基础的民意的实际生成过程，他看到这个过程与民主理论的预期相去甚远，令人沮丧。在《公众舆论》一书中，他对影响民意形成的外部和内部因素一一做了剖析。外部因素包括政府、军方、企业、各类组织和媒体等信息的"把关人"；内部因素则是个体基于其成长环境、群体归属、立场、利益和情感等所形成的观念系统，或称先验认知偏好，他名之为"刻板印象"或成见系统。当人们进行信息选择和理解时，成见系统自动地发挥着筛选和框架的作用，人们是"先定义后理解"的。②但人们不仅很难意识到自己受制于成见系统，而且并不试图摆脱它，因为它们对于个体的心理安稳发挥着不可或缺的庇护作用，人们需要待在一致的、安稳的信息环境里，维持其认知协调，避免被令人困惑的信息所打扰。③基于这一分析，李普曼对民主理论所依赖的理性的公民和公众舆论提出了严重质疑。

作为一个理性主义者，虽然对公众理性和公众舆论非常失望，但李普曼别无选择，仍然只能诉诸"理性"的方案，来解决公众知情与民主参与之间的困境。在随后出版的《幻影公众》一书中，他试图化解笼统的"公众"概念所带来的困难，将公众按照"知情"的程度区分为"局外人"和"局内人"，开出了"局内人"才有资格进行意见参与、而"局外人"只能在外围进行程序监督的药方。④但毕竟民众是难以控制的，因此李普曼还是将重心放在了信息的输出端，他提出了引发巨大争议的方案，即让专家系统来"利

---

① [美]凯斯桑斯坦.网络共和国:网络社会中的民主问题[M].黄维明,译.上海:上海人民出版社,2003:38.;[美]伊莱·帕里泽.过滤泡:互联网对我们的隐秘操纵[M].方师师,译.北京:中国人民大学出版社,2020:15.

② [美]沃尔特·李普曼.公众舆论[M].阎克文,等,译.上海:上海人民出版社,2006:74.

③ [美]沃尔特·李普曼.公众舆论[M].阎克文,等,译.上海:上海人民出版社,2006:85.

④ [美]沃尔特·李普曼.幻影公众[M].林牧茵,译.上海:复旦出版社,2013:41-42.

用"媒体，而不是放任大众媒体自由行事，并运用"科学"的方法——新闻客观性原则，来约束媒体的报道行为。

理性选择论者也同样发现，选举投票、政策参与等重要的政治活动，深受人们信息茧房效应的妨碍。根据理性选择理论，人们寻求信息的主要动机是为了降低其不确定性。但大量实证研究表明，人们寻求信息往往并不是为了减少不确定性，而是在很大程度上强化他们的先验理念以及获得一种满足感。①这样，人们对于心理收益的追求往往会导致政策的失误与民主的偏差。布莱恩·卡普兰就论及，贸易保护、增加关税、最低工资等在经济学上并非最佳的政策，却往往能够得到选民的极大支持，很大一部分原因在于支持这样无效率的政策，会让人们在道德和心理上自我感觉良好。在许多经验分析的基础上，他认为，如同无知一样，非理性也是选择性的，人们习惯性地忽略那些他们不想关心的信息，或者面对某些事实时关闭其理性思维。②进入信息爆炸的互联网时代之后，理性选择论者们发现，人们所持有的各种各样的信息和观点，都可以在网络中找到呼应，因此很多人使用更加丰富、更加多样的新闻环境，并非为了提高对相冲突的观点和立场的知情度，而是为了筛选更为狭窄的信源。③

显然，相比理性主义路径，心理主义路径对于人们的信息选择和理解方面更具解释力，也更符合我们的日常经验感知。这些研究揭示了意识形态发挥作用的，微观的、日常的和隐蔽的机制。

对于信息茧房这一现象，心理学主要有三种解释。一种是认知负荷理论，认为人的注意力和认知能力是有限的，当总的认知负荷超过个体所能承受的范围，人们就会自动地采取一种"认知捷径"，即选择性地接触信息，来节省认知成本和提高认知效率。④第二种是认知失调理论，认为当人们接

---

① [美]布鲁斯·宾伯.信息与美国民主：技术在政治权力演化中的作用[M].刘钢，等，译.北京：科学出版社，2011:199.
② [美]布莱恩·卡普兰.理性选民的神话[M].刘艳红，译.上海：上海人民出版社，2010:3.
③ [美]布鲁斯·宾伯.信息与美国民主：技术在政治权力演化中的作用[M].刘钢，等，译.北京：科学出版社，2011:199.
④ Sweller J. Cognitive load during problem solving: Effects on learning[J]. Cognitive science, 1988,12(02):257-285.

触与自身信仰相一致的信息时，将会获得和谐的心理状态，否则就会引发认知冲突和认知失调。为了避免产生认知失调，人们便倾向于选择一致性的信息。①第三种是社会认同理论，认为人们为了获得自尊和归属感，其信息接触和理解往往会与所属文化群体保持一致。②心理学的三种解释告诉我们，信息茧房现象很大程度上是人们维持其身心健康和心理秩序之所需，因此是一种自然而然的、稳定的和主动的信息行为。如果想加以改变，无疑需要刻意为之并且需要付出很大的心理成本。

传播学领域中的使用与满足理论、敌意媒体理论和铺垫效应，也涉及信息茧房现象的解释。使用与满足理论主要讨论人们选择性信息接触的心理动力，即追求心理满意度；敌意媒体理论则认为，即便是对于一份比较客观的报道，立场对立的双方也会认为媒体报道偏向于对方，而对己方存在偏见，有多种因素对之发生作用，其中最关键的是人们对于信息的敏感会受到其先验立场的左右；铺垫效应则关注人们已有的信念如何影响后续信息的纳入，认为人们在习得某种阐释模式后，便会在后续的信息理解与判断中不断地激活它们，使其越来越稳固，同时也会很自然地排斥那些异质性的信息。这些传播学研究与心理学的解释是基本一致的。

显然，人们选择性的信息接触和信息狭窄化现象乃是一种心理常态。然而，在大众媒介时代，由于传播的高度中心化，人们处于被动的信息接收端，在客观上避免了信息环境和公众的碎片化，因此社会和学界对于信息自由的关切主要在信息输出一端，聚焦于新闻机构的运行和政治势力的干预等方面。而在去中心化的互联网时代，人们媒介实践的能动性极大地增强了，同时网络信息的巨大体量与人们有限的认知资源之间产生了极其深刻的不匹配，造成人类历史上出现前所未有的社会整合困境。

信息茧房概念在此时被提出来并成为当代最流行的概念之一，正是对这一时代困境的回应。诚如卡尔·曼海姆所指出的，概念是一种认知工具，也

---

① Festinger L. A theory of cognitive dissonance[M]. Stanford C A:Stanford university press, 1957.

② Tajfel H, Turner J C. The social identity theory of intergroup behavior[J]. Political psychology, 1986(03):7-24.

是一种政治资源，它使人们习以为常的社会现象得以被标出和问题化，以唤起社会广泛的关注。①

（二）新闻成为环境、新闻消费习惯与信息茧房

在互联网普及初期，人们的信息接触和分享行为就已经出现人以群分的趋势。进入Web2.0时代之后，随着公众碎片化局面的加剧，信息茧房现象的相关研究在国际学术界涌现出来。现在看来，已有研究主要集中在网络空间中人们的信息定制行为和观点群体的信息互动行为（如"过滤泡"和"回音室"的研究）。由于这些研究分别针对特定平台（如推特、脸书）、特定网站（如新闻网站）、特定群体（如某党派群体）、特定议题（如选举、堕胎、中西医争论等），甚至特定的媒介类型等，涉及多种调节变量，有政治观点/党派属性、政治知识、信息类型、互动行为、算法推荐、网络物质结构、搜索引擎、个体技术效能等，②使研究呈现碎片化的特征。但绝大多数研究都证明了信息茧房现象的存在，而且都支持上述心理路径的解释。

但总体上看，有三个需要注意的问题。第一，研究对象过度集中在政治兴趣较高的人群，且以政治性信息的分享为主，这导致研究对象比较狭窄，仅占人口中很小的一部分。第二，侧重于信息定制、协同过滤等分享行为，它们与信息茧房虽然相关但并不直接等同。学界对于信息茧房有比较一致的界定，指向人们选择性信息接触所导致的信息环境同质化和狭窄化的状态，是由行为所产生的一种心理状态，而并不是行为本身。第三，也是值得特别注意的，是不同国家的研究结论并不都是一致的，甚至有很大的差别。如针对美国的研究，无论是特定平台还是特定群体、特定议题，都呈现出明显的党派分裂，这显然是由于美国政治中党争激烈并造成了公众撕裂的结果；而在政治氛围比较温和、社会没有出现明显对立的国家，信息茧房现象则并不突出，如西班牙调查数据显示，基于党派倾向性的信息选择并不明显，反而

---

① [德]卡尔·曼海姆.意识形态与乌托邦[M].黎鸣，李书崇，译.北京：商务印书馆，2002:279.
② Conover M, Ratkiewicz J, Francisco M, Gonçalves B, Menczer F, Flammini A.Political polarization on twitter.[J].Proceedings of the international AAAI conference on web and social media，2011,5(01):89-96.

有相当多的跨党派媒体接触和多元化的信息获取现象，①来自丹麦的一项研究也发现，只有10%的人处在"过滤气泡"中，这部分人的信息环境较为孤立且与其他人不重合。②这些研究表明，信息茧房状况是特定语境的产物，因不同的政治氛围、政治文化、党争状态等因素而出现国家之间的显著差别，因此我们不能移用其他国家的数据来观照自己。有鉴于此，为了了解当下我国公众的信息行为和心理分化，我们有必要对公众的信息茧房状况进行专项调查，且本研究不再将调查对象局限于少数或特殊人群，也不着重于信息分享的行为层面，而是针对一般公众及其信息狭窄化的实际状况而展开。

同时，我们还将调查当下我国公众的新闻消费习惯，并了解它们与信息茧房之间可能存在的关联。之所以这样做，是因为在社交媒体时代，新闻已经成为一种无时不在、无处不在的"环境"③，人们的媒介消费实践发生了巨大变化。人们新闻消费实践的能动性极大地增强了，新闻消费活动弥散、嵌入在社会交往和日常生活之中，形成了多样化的新闻消费实践，如点赞、转发、评论、分享、协同过滤等，以往以文本解读为中心的被动的"受众"，演变为以交往、连接和社群认同为中心的积极主动的参与型消费者。④而当讨论人们的实践行为时，偶然和随机性的行为往往并不具有社会学的意义，我们需要关注的是那些稳定的、自动的、常态化的行为，也就是通常所说的"习惯"。因为一种行为之所以能成为惯性，必然是行为与心理、阐释模式之间经过相互调适、相互塑造而达到了协调，使个体得以处于一种舒适、自

---

① Cardenal A S, Aguilar-Paredes C, Cristancho C, Majó-Vázquez S. Echo-chambers in online news consumption: Evidence from survey and navigation data in Spain[J]. European journal of communication, 2019, 34(04): 360-376; Messing S, Westwood S J. Selective exposure in the age of social media: Endorsements trump partisan source affiliation when selecting news online[J]. Communication research, 2014, 41(08): 1042-1063; Jacobson S, Myung E, Johnson S L, Open media or echo chamber: The use of links in audience discussions on the Facebook pages of partisan news organizations[J]. Information, Communication & Society, 2016, 19(07): 875-891.

② Bechmann A, Nielbo K L. Are we exposed to the same "news" in the news feed? An empirical analysis of filter bubbles as information similarity for Danish Facebook users[J]. Digital journalism,2018,6(08): 990-1002.

③ [荷]塔玛拉·维茨格，[美]C.W.安德森，等.数字新闻[M].高丽，译.北京：清华大学出版社，2021:52.

④ [荷]塔玛拉·维茨格，[美]C.W.安德森，等.数字新闻[M].高丽，译.北京：清华大学出版社，2021:182-186.

如、满意、踏实、自然而然的心理状态，无须再为行动付出额外的心理成本。因此，人们的新闻消费习惯与其信息心理和阐释模式也是密切关联的，是相互塑造和相互影响的，而后者也就是本文所指的信息茧房，即一种与新闻消费的行为习惯相适配的"心理习性"①。

此外，习惯属于一种重复性、制度化的行为模式，是实践主体将外在环境"深刻地内在化的"结果②，是个体与环境条件相协调的产物。因此，习惯既是个体性的，也往往具有集体性，那些具有相似条件、处于相似位置和处境的个体，往往会形成相近的习惯。所以，我们讨论新闻消费习惯问题，也有必要考虑到人群之间的差异性。鉴于以往涉及媒介使用与认知相关的研究，如媒介素养、知识鸿沟、新闻使用、互联网使用、政治参与等，都将教育列为关键的人口学变量，也都证实了教育程度高与低的群体之间确实展现出媒介使用与阐释模式方面的显著差异。因此，本研究将根据教育程度对人群进行区分并加以比较。

沿着上述讨论，本文将进行以下研究：第一，对当前我国网民的信息茧房和新闻消费习惯的总体状况进行素描，并勾勒出不同教育人群之间的差异；第二，讨论哪些新闻消费习惯对网民的信息茧房会产生影响，这些影响在不同教育群体中存在哪些不同。

三、研究方法

（一）数据来源与分析方法

本研究的数据来自南京大学新闻传播学院研究团队所主持的"社交媒体时代中国公众的媒介习惯与政治社会态度调查"（2022）。该调查委托专业调研公司执行，选择江苏、陕西、广东、河北和湖北五个省的网民作为调查对象。为了使样本分布更加均衡，调查团队对受访者的性别、教育、收入和

---

① ［美］戴维·斯沃茨. 文化与权力：布尔迪厄的社会学 [M]. 陶东风，译. 上海：上海译文出版社，2006:117.
② ［美］戴维·斯沃茨. 文化与权力：布尔迪厄的社会学 [M]. 陶东风，译. 上海：上海译文出版社，2006:117.

城市类型进行了合理配额。调查共回收4365份问卷，在筛选掉填答时间过短（少于25分钟）和含有缺失值的样本后，最终获得3819个有效样本。本研究的分析软件是spss22.0，分析方法为分层回归分析和调节效应检验。

（二）变量设置

1.控制变量

本文首先依据前人研究，将常见的人口学变量作为控制变量加以控制，主要包括性别、年龄、教育、收入和政治面貌。表1是控制变量的描述性统计：男女比例较为均衡，党员占样本总数的16.3%，高于党员在全国人口中的实际比例（6.57%）；以中、青年群体为主（26~50岁的受访者占比近70%）。大学专科及以上学历者占样本总数的48.7%[①]，月收入在6000~15000元者占比49.4%，15000元以上者占比16.5%（见表1）[②]。样本中较高教育者和较高收入者人数都明显高于全国网民数据，这是基于本研究主旨的需要进行样本配额的结果。本研究是要考察不同教育水平网民的茧房状况并进行群体之间的比较，因此需要纳入更多较高教育程度的样本，以保证样本的大致均衡，进而也导致样本的经济收入高于全国网民数据。但该数据是契合本文研究主旨的。

表1 控制变量描述性统计（N=3819）

变量	类别及占比
性别	男51.9%；女48.1%
政治面貌	非党员83.7%；党员 16.3%
年龄	18~25岁17.3%；26~30岁20.4%；31~40岁31.0%；41~50岁18.5%；51岁及以上12.8%
教育	初中及以下13.9%；高中/高职/中专37.4%；大学专科6.7%；大学本科33.9%；硕士研究生及以上8.1%
个人月收入	6000元以下34.1%；6000~15000元49.4%；15000元以上16.5%

[①] 根据第47次中国互联网络发展状况统计报告（CNNIC），我国网民初中及以下学历占59.6%，高中/中专/技校学历占比20.6%，专科、本科及以上学历占比19.8%。见 http://www.cnnic.net.cn/n4/2022/0401/c88-1125.html。上网时间：2022年10月26日。

[②] 根据2021年CNNIC数据，我国网民月收入5000元以下者占比70.7%，月收入5001~8000元者占比14.5%，月收入8000元以上者占比14.8%。（来源同上）

2.自变量

本文的自变量是新闻消费习惯。本文所指称的新闻消费习惯，是指个体所拥有的某种稳定的、日常化的、重复性的新闻消费行为。在社交媒体时代，人们的新闻消费实践具有高度能动性、多样性和自由性，不再局限于单一的文本阅听行为，而是嵌入人们日常交往、关系连接的需求之中，涵盖了从新闻接触和解读到互动和交流的多种行为。因此根据前人研究，结合实践观察，本文将新闻消费习惯划分为信息渠道类型多样性、内容类型多样性、新闻解读、新闻互动和新闻辨识/查验等五个方面。

前两项指标用以衡量人们新闻消费的多元化程度。理论上，人们接触的信息渠道越多、信息内容范围越广，即他们接触到的意见多样性会越多（Padró-Solanet，Balcells，2022），也就越有可能降低其信息和观点的狭窄化程度。本文根据中国的实际情况，将目前主要的信息渠道（计有18种）按照信息/观点多元化标准大致归纳为6种渠道类型，①将新闻内容归纳为5种常见的类型。②受访者需要回答对各种信息渠道和新闻内容的使用情况，本研究将"从不使用"和"偶尔使用"归为"不使用"，并编码为0；将"经常使用""几乎每天使用"和"每天多次使用"归为"使用"，并编码为1，分别将6种渠道类型和5种新闻内容类型进行加总，得到"渠道类型多样性"和"内容类型多样性"两个变量。

新闻解读关注人们阅读新闻的深入程度，包括四个题项，③从中提取一个公因子作为新闻解读因子（KMO=0.74，Cronbach's α=0.82）。新闻解读数值越高，意味着受访者对待新闻越认真、越细致，越可能深入地理解新闻内容，逻辑上讲也就越可能对新闻和意见抱持开放态度。在新闻互动方

---

① 18种信息渠道覆盖了我国公众当前主要的信息获取范围。按照信息/观点多元化的标准对其进行归类，将主流机构媒体（依据行政级别）及其所属新媒体账号、政务新媒体归为同一类，市场化媒体及其所属新媒体账号归为一类，商业化新闻网站/客户端/新闻聚合客户端、社交媒体平台上的自组织性自媒体、个人自媒体和企业单位自媒体归为一类，共构成6个类型，以最大限度地反映信息渠道之间的差异化。

② 包括时政新闻、财经新闻、社会民生新闻、科技文教新闻、体育娱乐新闻5种类型。

③ 具体为："我会认真读完整篇新闻，并留意其中的细节""我会关注新闻的来源是否权威和专业""我会关注新闻的细节、证据是否真实可信""我有深度解读新闻的能力"。参见周葆华，陆晔.受众的媒介信息处理能力——中国公众媒介素养状况调查报告之一 [J]. 新闻记者，2008(04):60-63.

面，本研究设置了6个题项，①涵盖了点赞、转发、分享、与他人在线上或线下讨论新闻等行为，从中提取一个公因子作为新闻互动因子（KMO=0.76，Cronbach's α=0.79）。数值越高，表示人们越喜欢讨论分享新闻，这些人对公共事务的兴趣越高，理论上也越可能持有多元包容态度。

当今的新闻环境不同于以往，网络空间中充斥着真假难辨的信息，新闻与观点、情绪混杂在一起，因此，对新闻真实性、可信度保持敏感，并主动进行识辨查验的意识变得非常重要。逻辑上讲，具备识辨查验敏感性和习惯的个体，会具有更高的新闻解读、判断能力，并更可能对信息和意见抱持开放态度。本次问卷设置了两个新闻辨识/查验题项，即"我会对新闻中存在疑问的地方进行查验、求证"和"我会查阅和比较不同媒体、自媒体针对同一事件的报道"②，将两个题项加总生成新闻辨识/查验变量。

表2是对样本新闻消费习惯的描述性统计③。结果显示，在6种信息渠道类型中，平均每人使用了大约4种，整体来看，受访者的信息渠道类型是比较丰富的。内容类型多样性的最大值为5，均值为3.26，显示出受访者的内容类型多样性处于中等略微偏上的水平。新闻解读取值范围为0~4，平均值为2.24，处于中等偏上的水平。新闻互动取值范围为0~6，均值为1.25，处于较低水平。新闻辨识/查验取值范围为0~2，均值为0.80，处于中等偏下水平。

表2　新闻消费习惯描述性统计（N=3819）

变量	最小值	最大值	均值	标准差	众数	中位数
渠道类型多样性	0	6	4.52	1.49	6	5
内容类型多样性	0	5	3.26	1.30	3	3
新闻解读	0	4	2.24	1.11	2	2

---

① 包括："对新闻进行点赞、收藏、留言或者评论""阅读、点赞新闻下方其他人的评论""把新闻转发至朋友圈、群聊、个人主页等""在微信朋友圈、群聊或QQ空间等熟人圈子里与他人讨论新闻事件""在微博、知乎、豆瓣等陌生人圈子里与他人讨论新闻事件""私下里会跟熟人聊起一些新闻（包括当面和微信、QQ等线上）"。

② 此处题项设置参考Li和Wei等人研究中涉及核查疫情新闻的相关题项，参见Li et al.（2021）。

③ 本文对新闻互动、新闻解读、新闻辨识/查验三个变量的题项各设置了五个选项，从"非常不同意"到"非常同意"编码为1~5分。此处为了对变量情况进行描述，将"非常不同意""比较不同意""不确定"重新编码为0，"比较同意"和"非常同意"重新编码为1，并将其加总。

续表

变量	最小值	最大值	均值	标准差	众数	中位数
新闻互动	0	6	1.25	1.60	0	1
新闻辨识/查验	0	2	0.80	0.64	1	1

3.因变量

已有研究主要从两个方面对信息茧房进行操作化：一是内容暴露的同质化，如询问受访者是否接触到不同见解的信息，来考察其所处的信息环境是否总体上是同质化的[①]；一是选择性信息接触行为，即主动的内容定制行为[②]。此外，本文认为，人们在交流互动中对于异质性观点的态度是接纳还是回避，能够非常清晰地反映出个体的信息茧房状态，因此有必要将其纳入。

本研究参考前人研究，将信息茧房概念划分为三个方面，即"内容同质化""信息定制"和"交流回避倾向"。通过"我经常浏览同一批博主的内容，即使我并没有关注他们"，"我总是赞同我在新闻媒体、社交媒体上看到的内容"和"我很少会刷到观点、立场与我不同甚至相反的内容"三个题项，测量受访者的信息内容同质化程度；通过"我一般只关注那些观点、立场和我基本一致的新闻媒体、自媒体账号"和"我一般不会点开阅读那些观点与我不同甚至对立的新闻报道或言论"两个题项，测量受访者的信息定制行为；通过"当别人与我观点、立场不同时，我会减少沟通的欲望"测量受访者的交流回避倾向。从六个题项因子中分析提取一个公因子作为信息茧房因子（KMO=0.76，Cronbach's α=0.82）。数值越高，表示信息和观点狭窄化的程度越高。

---

① Brundidge J. Encountering "difference" in the contemporary public sphere: The contribution of the Internet to the heterogeneity of political discussion networks[J]. Journal of communication, 2010, 60(04): 680-700; Chen V Y. Examining news engagement on Facebook: Effects of news content and social networks on news engagement[M]// Social Media News and Its Impact . London:New York Routledge, 2021: 26-50; 施颖婕，桂勇，黄荣贵，等. 网络媒介"茧房效应"的类型化、机制及其影响——基于"中国大学生社会心态调查（2020）"的中介分析 [J]. 新闻与传播研究，2020 (05):43-59+126-127.
② Karlsen R, Steen-Johnsen K, Wollebæk D, Enjolras B. Echo chamber and trench warfare dynamics in online debates[J]. European journal of communication, 2017, 32(03): 257-273; Dubois E, Blank G. The echo chamber is overstated: the moderating effect of political interest and diverse media[J]. Information, communication & society, 2018, 21(05): 729-745; 虞鑫，王金鹏. 重新认识"信息茧房"——智媒时代工具理性与价值理性的共生机制研究 [J]. 新闻与写作，2022(03):65-78.

四、研究发现

（一）信息茧房现象普遍存在，并且高教育群体的信息茧房程度更深

首先，总体上看，信息茧房现象是普遍存在的。表3显示，在内容同质性的三个题项上，选择"同意"的受访者都超过或接近一半，其中在"我经常浏览同一批博主的内容，即使我并没有关注他们"这一题项上选择同意的人数最多，达到了58.7%。在信息定制方面，同意"我一般只关注那些观点、立场和我基本一致的新闻媒体、自媒体账号"和"我一般不会点开阅读那些观点与我不同，甚至对立的新闻报道或言论"这两个题项的受访者分别达到了48.5%和39.1%。有49.5%的受访者存在交流回避倾向。

表3　信息茧房六题项中选择"同意"的人数比例

题项	总体样本（N=3819）	低教育组（N=1957）	高教育组（N=1862）
1. 我经常浏览同一批博主的内容，即使我并没有关注他们	58.7%	51.7%	66.1%
2. 我总是赞同我在新闻媒体、社交媒体上看到的内容	51.3%	47.7%	55.1%
3. 我很少会刷到观点、立场与我不同甚至相反的内容	42.3%	38.6%	46.0%
4. 我一般只关注那些观点、立场和我基本一致的新闻媒体、自媒体账号	48.5%	44.2%	53.0%
5. 我一般不会点开阅读那些观点与我不同，甚至对立的新闻报道或言论	39.1%	35.7%	42.5%
6. 当别人与我观点、立场不同时，我会减少沟通的欲望	49.5%	45.8%	53.2%

注：每题包含五个选项，分别为"非常不同意""比较不同意""不确定""比较同意"和"非常同意"，本研究将"比较同意"和"非常同意"归为"同意"。

为了考察不同教育水平的受访者的茧房状况，本研究将大学专科以下学历（包括初中及以下、高中/中职/中专）的受访者归为较低教育群体，将大学专科及以上学历（包括大学专科、大学本科和研究生）的受访者归为较高教育群体。本研究对两个教育组的信息茧房题项进行了独立样本t检验，表4结果显示，无论是六个题项单独的均值，还是六个题项加总后的均值，独立样本t检验的结果均为显著，表明高教育组的信息茧房均值显著高于低教育组，这意味着高教育组的信息茧房程度更深。

表4　不同教育组信息茧房题项的独立样本t检验

题项	样本均值	组别	均值	t检验
1. 我经常浏览同一批博主的内容，即使我并没有关注他们	3.50	低教育	3.35	-9.807^{***}
		高教育	3.66	
2. 我总是赞同我在新闻媒体、社交媒体上看到的内容	3.42	低教育	3.33	-5.338^{***}
		高教育	3.50	
3. 我很少会刷到观点、立场与我不同甚至相反的内容	3.20	低教育	3.13	-4.874^{***}
		高教育	3.29	
4. 我一般只关注那些观点、立场和我基本一致的新闻媒体、自媒体账号	3.29	低教育	3.20	-5.358^{***}
		高教育	3.38	
5. 我一般不会点开阅读那些观点与我不同，甚至对立的新闻报道或言论	3.09	低教育	3.00	-5.203^{***}
		高教育	3.18	
6. 当别人与我观点、立场不同时，我会减少沟通的欲望	3.38	低教育	3.29	-5.893^{***}
		高教育	3.49	
信息茧房均值	3.31	低教育	3.22	-10.623^{***}
		高教育	3.42	

注：独立样本t检验显著性均为双尾检验，*表示$p < 0.05$，**表示$p < 0.01$，***表示$p < 0.001$，下文省略此注释。

（二）高教育群体的新闻消费习惯总体上"好"于低教育群体

本研究通过独立样本t检验，对两个教育组的新闻消费习惯进行比较，结果正如预期，在五个新闻消费习惯指标上，高教育组均显著"好"于低教育组。高教育受访者接触的信息渠道类型显著多于低教育组（样本均值=4.52，高教育组均值=4.64，低教育组均值=4.42，t=-4.528，$p < 0.001$）；在内容类

型多样性、新闻解读、新闻互动和新闻辨识/查验几个变量上，高教育组的均值也都显著高于低教育组（具体数据见表5）。此外，在时政新闻（包括政治、法制、军事、外交等硬新闻）的接触频率上，高教育组也显著高于低教育组（样本均值=3.11，高教育组均值=3.20，低教育组均值=3.03，t=−4.901，p<0.001），这表明高教育人群比低教育人群对国家的政治性事务具有更多兴趣。

表5　不同教育组新闻消费习惯的独立样本t检验

变量	组别	均值	t检验
渠道类型多样性	低教育	4.42	−4.528***
	高教育	4.64	
内容类型多样性	低教育	3.14	−6.922***
	高教育	3.43	
新闻解读	低教育	2.07	−10.081***
	高教育	2.42	
新闻互动	低教育	1.10	−5.956***
	高教育	1.41	
新闻辨识/查验	低教育	0.73	−7.614***
	高教育	0.89	

注：独立样本t检验显著性均为双尾检验，*表示p<0.05，**表示p<0.01，***表示p<0.001，下文省略此注释。

（三）总体上看，新闻消费习惯更"好"的人，信息茧房程度可能会更高；只有内容类型多样性不会加剧茧房效应

为了考察各类新闻消费习惯对信息茧房的影响，本研究以信息茧房因子作为因变量，依次放入人口学变量、新闻消费习惯变量，建立分层回归模型（见表6）。

模型1显示，在总样本中，性别对茧房效应没有影响。年龄、教育、个人收入与信息茧房显著相关，其中，年龄为负相关，而教育、收入和茧房为正相关。这意味着，在教育和收入水平更高，也就是经济社会阶层和认知水平都较高的群体中，信息茧房程度也更深。

其次，在控制了人口学变量的基础上，本研究在模型1中纳入新闻消费习惯变量。结果显示，在5类新闻消费习惯中，有4类对受访者的信息茧房有显著的强化作用，其中，新闻互动、新闻解读对于茧房效应的强化作用更加明显，影响系数均超过了0.1（分别为0.249和0.132）。新闻互动对信息茧房的影响系数最高，也就是说，人们就新闻进行的互动越多，越可能助长其观点同质化。结合以往一些针对特定群体和特定平台的研究，可以证明很多人仅仅与观点同类群体进行互动，或者说互动仅局限于小圈子，这是造成观点极化的原因之一。新闻解读也对茧房有着显著的正向影响，说明人们即便仔细地阅读新闻，也很少开放地对待新闻，而可能对于强化既有观点的信息更偏爱。

令人意外的是，渠道类型多样性和新闻辨识/查验两个变量也对信息茧房具有正向影响（影响系数分别为0.064和0.082）。尽管信息传播渠道非常丰富，但人们可能在不同的渠道上选择同类信息。新闻辨识和查验的习惯是一种良好的信息素养，然而数据表明，即便是那些具有新闻辨识和查验习惯的人，也不一定会对信息和观点持开放态度，他们未必会接受与预期不一致的信息。

最后，虽然内容类型多样性对信息茧房的影响不显著，但是其影响系数为负数（-0.016），表明新闻内容类型多样性至少不会加剧人们的茧房程度，而是可能有助于减弱茧房效应，因此是值得提倡的。

表6 新闻消费习惯与信息茧房的分层回归分析

变量	模型1 （总体样本）	模型2 （低教育组）	模型3 （高教育组）
人口学变量			
性别	-0.023	-0.017	-0.030
年龄	-0.066[***]	-0.077[***]	-0.039
个人月收入	0.202[***]	0.168[***]	0.233[***]
政治面貌	0.014	-0.017	-0.027
教育	0.057[**]	——	——

续表

变量	模型1 （总体样本）	模型2 （低教育组）	模型3 （高教育组）
新闻消费习惯			
渠道类型多样性	0.064***	0.172**	0.060*
内容类型多样性	−0.016	0.015	−0.059
新闻互动	0.249***	0.261***	0.244***
新闻解读	0.132***	0.136***	0.123***
新闻辨识/查验	0.082***	0.065**	0.115***
调整后R方	0.284***	0.257***	0.296***
F值	138.956	77.712	68.289

（四）相比较低教育人群，"好"的新闻消费习惯对信息茧房的强化效应在高教育群体中更加明显

为了考察在不同教育组中，新闻消费习惯对信息茧房的影响是否存在不同，本研究在两个教育组别中分别建立了分层回归模型（见表6模型2和模型3）。整体来看，两个组别的分层回归模型差异不大，在渠道类型多样性、新闻互动、新闻解读和新闻辨识/查验上，低教育组和高教育组都同样存在显著的促进效应。由于划分两个教育组的方式无法细致地呈现教育水平变化带来的影响，因此本文将教育的连续变量（从1~5分别为初中及以下到硕士研究生及以上）视为调节变量，纳入调节模型进行检验。

表7　调节效应分析结果

模型4		模型5		模型6	
控制变量	——	控制变量	——	控制变量	——
渠道类型多样性	0.130***	内容类型多样性	0.14***	新闻解读	0.20***
教育	0.026**	教育	0.013**	教育	0.14**
渠道类型多样性×教育	0.015*	内容类型多样性×教育	0.012	新闻解读×教育	0.031***

续表

模型7		模型8	
控制变量	——	控制变量	——
新闻互动	0.35***	新闻辨识/查验	0.136***
教育	0.46***	教育	0.098**
新闻互动×教育	0.015	新闻辨识/查验×教育	0.021***

注：表7中各模型的控制变量均已控制，并且控制变量与表6保持一致。

本文使用process插件的model 4调节模型来进行调节效应分析。结果如表7所示，在内容类型多样性和新闻互动两个变量上，调节效应不显著。而在渠道类型多样性、新闻解读和新闻辨识/查验这三个变量上，调节变量与自变量的交互项系数均为显著，这意味着教育具有正向调节作用。图1中的调节效应图较为直观地呈现了教育的调节作用，可以看出，随着教育水平的提高，人们会拥有更好的新闻消费习惯，即接触更多信息渠道、更深入地解读新闻，养成新闻辨识/查验习惯，然而它们却助长了而不是减弱了其茧房效应。这明显与预期相

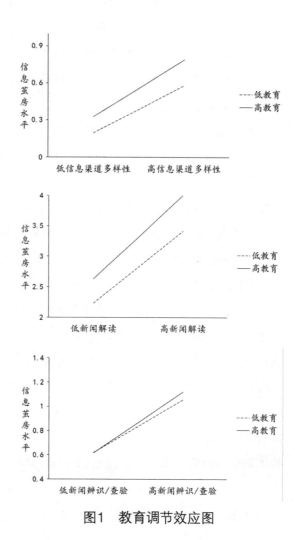

图1　教育调节效应图

悖。这或许表明，与教育程度更低的人群相比，教育水平更高的个体进行信息定制的可能性更高，其新闻互动和交往也更倾向于圈子化和同质化。

五、结论与反思

在去中心化、海量信息的环境下，主流民主理论中的信息自由迷思需要被重新审视，并在实质性意义上和实践层面上予以评估。面对公众碎片化、舆论冲突化、社会心理趋于激烈化和极端化的现实境况，人们信息行为的自由性和高度能动性，显然不再具有天然的正义性。正是在这样的问题意识中，信息茧房作为网络空间中一种具体的、常见的、产生实际政治效应的信息实践形态，需要被认真地予以考察。本文针对当前中国网民的信息茧房状况以及与之相关的新闻消费习惯展开描述性研究，希望为准确地了解我国公众的信息行为和心理分化、舆论场的群体冲突提供基础性的数据，也希望这些数据能够对培育我国民主协商所需要的、温和的社会心理土壤具有一定的参考价值。

本文主要结论如下：首先，中国网民中信息茧房现象是普遍存在的。超过半数的受访者存在信息和观点狭窄化和同质化的情况；约半数的受访者存在信息定制行为，他们只接触与自己观点一致的信息，回避异质性信息；还有约半数的受访者存在交流回避情况，也就是不愿意与观点不同的人进行交流。

其次，总体来看，新闻消费习惯对信息茧房的影响是显著的。具体而言，新闻互动会加剧信息茧房，这意味着人们的新闻互动行为主要发生在观点同类群体中，在小圈子之内。[1]按理，对新闻解读越是深度细致的人，应该越有可能对信息持有开放态度，但结果居然是相反的，说明新闻本身并不会影响人们的既有观点。信息渠道类型多样性也会加剧人们的茧房效应，这证明多样化的新闻环境被人们用来追求其心理满意度，因此反而会削弱信息暴露的异质性。特别值得注意的是，一般认为最能体现一个人的批判质疑能力、独立思考能力的优良新闻消费习惯——新闻辨识/查验习惯，不仅没有带来观点的接纳和调

---

① 彭兰.网络的圈子化：关系、文化、技术维度下的类聚与群分[J].编辑之友，2019(11):5-12.

整，反而增强了个体的信息茧房效应。这证实了此前一些学者对于事实核查效果的研究，他们认为如果查验所得的"事实真相"令人反感，则可能使人们产生愤怒的情绪，从而抵制新的信息。①而只有内容类型多样性不会加剧信息茧房，尽管其影响不具有显著性，但是影响系数的方向为负，表明接触范围更广的信息内容可能有助于使人们更加开放包容，从而减少偏狭程度。

本文最重要的发现是在不同教育人群的比较上，认为教育不仅未能有效避免或降低信息茧房的程度，反而可能产生强化作用。这既与理论预期相反，也与印象感知有很大反差。数据显示，在所有的茧房相关指标上，高教育人群都比低教育人群更加严重；在新闻消费习惯上，较高教育群体在各个指标上都显著"好"于较低教育人群，尤其在新闻解读的深度、新闻辨识/查验等核心能力方面，这确如此前媒介素养、知识鸿沟等研究所认为的，教育有助于提升人们的信息素养，增强人们对于公共事务的兴趣。然而，这些良好的习惯并未能使其对信息和观点持有更开放、更包容的态度，而是产生了相反的效果。为了确认这一点，我们将连续的教育变量作为调节变量后发现，教育在渠道类型多样性、新闻解读和新闻辨识/查验三个习惯上存在正向调节作用，也就是说，随着教育水平的提高，以上良好习惯对茧房的强化作用更加明显。显然，这意味着在去中心化的传播环境下，现有的教育内容和方式可能并不足以帮助人们形成良好且完整的信息素养，后续研究需要对此保持关注。

本文据此提出以下建议：第一，在社交媒体时代，媒介素养的重要性和紧迫性不仅更加突出，而且需要增加新的内容。形成于大众媒体时代的媒介素养教育，主要是为了增进人们对于媒介的了解，并培养其利用媒介来发展自己的技能②，但这些素养显然难以应对社交媒体环境的复杂性。本文认为，媒介素养教育需要强化人们的信息识辨意识，并更新识辨方法，以应对真假难辨、信息与意见和情感混杂的资讯环境。第二，也是更重要的，是培养人们对差异性信息和观点的适应能力和包容习惯。在充斥着差异性的现代社会

---

① 周睿鸣，刘于思. 客观事实已经无效了吗？——"后真相"语境下事实查验的发展、效果与未来 [J]. 新闻记者，2017(01):36-44.
② [英] 凯丽·巴查尔格特. 媒介素养与媒介 [J]. 现代传播，2015(02):18-19.

中，包容是人们相互沟通和协作的基础，也是公民必备的素质。正如杜威指出的，民主本质上是一种联合生活和共同交流经验的方式，人们必须考虑别人的行动，因此保持谦逊、努力倾听他人的意见是良好的公民美德。[①]这正是信息自由的核心价值所在。

鉴于信息茧房效应中存在着教育"失灵"的现象，即较高的教育水平不仅未能有效降低个体的信息同质化和狭窄化程度，反而产生了强化效果。结合以往研究，本文认为这主要是由于教育水平较高的人更容易以特定的意识形态标准和特定的阐释模式来解读信息，具有更强的信息同化能力。因此，本文认为，在社交媒体环境和全球话语不平等的形势下，对社会共享信念体系的培育十分重要，是一种非常现实的应对复杂信息环境的路径。一个社会的共享信念体系，在广义上属于国家意识形态权力的范畴；在政治、经济、军事和意识形态四种国家权力中，意识形态权力是其他权力得以顺利实施的润滑剂，它决定了国家能否培养出民众共识和国家认同，进而决定着国家的稳定与繁荣。[②]而共享信念体系的培养，需要贯穿在各个教育阶段中，尤其要注重在高等教育中进行强化，并在广泛而持续的政治社会化过程中保持一致性。此外，根据已有研究，人们的阐释模式越是完整，其信念体系越是坚固，信息同化能力也会越强；因此，信念体系的培养需要改善说教模式，依托于哲学社会科学的学说来形成完整的、深入的说明性阐释体系。

[夏倩芳，南京大学新闻传播学院教授，武汉大学媒体发展研究中心、复旦大学信息与传播研究中心研究员；仲野，南京大学新闻传播学院博士研究生。本文系教育部人文社会科学重点研究基地重大项目"新媒体环境下中国媒体新闻传播创新研究"（项目编号：16JJD860003）的成果；本文同时得到南京大学新闻传播学院教师预研项目基金的资助。本文原载于《新闻记者》2022年第12期。]

---

① [美]杜威.新旧个人主义——杜威文选[M].孙有中，等，译.上海：上海社会科学院出版社，1997:8.

② 杨光斌.论意识形态的国家权力原理——兼论中国国家权力的结构性问题[J].党政研究，2017(05):5-14.

在理想与现实之间

——"职业锚理论"视域下财经记者职业流动分析

邓赵诚　龚彦方

【摘要】

媒体人的职业流动已成为热门话题，信息传播方式的变革与数据营销方式的逆转挑战着媒体人的生存空间与发展通道，不少媒体人选择了离职转型。随着我国财经领域愈加活跃，财经新闻行业也在不断吸引着人才流入，甚至被不少从业者称为"香饽饽"。本研究将借助"职业锚理论"视角，从才能型、需要型和价值观型三个层面阐释财经记者职业流动的主要影响因素，探讨"流入与流出"的同异性特征以及影响因素。

通过问卷调查、参与式观察与深度访谈等发现：1.财经记者看中该职业专业能力上的发展和资本的价值创造，但专业壁垒对其会产生就业压力，职业倦怠感也会随着就业期的增长愈加明显；由于行业规范不足，导致该职业社会的认可度不够，不少财经记者选择默默离开。2.泛财经领域的拓展给予了财经记者更多议程设置的空间，稳定、宽松的媒体环境让财经记者既可以相对自由地决定工作内容和计划，也可以实现个人、家庭、工作的平衡；财经记者的"高职业壁垒"激发了一群从业者的挑战欲望，也有不少财经记者将财经报道的公共价值作为职业价值的基础，财经记者的新闻理想与职业认同重叠。

【关键词】

职业锚理论；财经记者；职业流动

新闻从业者曾被称作"无冕之王"，新闻业是大众羡慕和社会尊敬的职业之一，有新闻理想的记者一直坚守本职，心怀"成名的想象"，不少新传学子也希望成为一名记者，有志于新闻事业①。2020年底，中华全国新闻工作者协会发布了《中国新闻事业发展报告》，报告显示，截至2019年底，全国新闻从业人员超过100万人。全国报业从业人员总数达到16.2万人，广播电视从业人员总数达到99.44万人，同比增长1.57%，人员结构呈现年轻化、高学历等趋势②。

但是近年来，移动互联网等平台来势汹汹，信息传播方式的变革与数据营销方式的逆转挑战着媒体从业者的生存空间与发展通道。张兰等学者认为，由于个人待遇下滑，发展空间、部门管理受阻等多种原因，不少优秀的新闻人才和传媒高管选择了离职或转型，"新闻民工"高度展现出媒体人的生存和工作焦虑，也象征着新闻记者"无冕之王"的职业荣誉感正在骤降和褪去，新闻相关的职业正遭遇从业者的认同危机。赵云泽等人也认为，社会对记者这一职业有了更多贬低的声音，降低了记者的职业认同，媒体从业者的职业流动和人才流失为行业的发展敲响了警钟③。

本研究对近年来财经记者职业流动的零散案例进行了整理和分析，发现：财经记者离职转型的案例不少，但与其他新闻领域稍有不同的是，从各行各业向内流入的案例也不在少数。

在职业流出方面，记者郎朗从21世纪经济报道离职，出任腾讯电商公关总监；王以超从财经杂志社离开后进入京东公关部，而后又转投乐视网；商业价值杂志社编辑夏勇峰成为小米产品经理；第一财经日报社记者徐洁云也加盟小米；中国经营报记者周远征入职宁波圣莱达电器并出任董事长一职；

① 刘迪.职业锚视域下市级党报从业者的职业流动——基于对Z日报多名记者的分层深度访谈[J].青年记者，2021(15):72-74.
② 新浪财经.中国记协发布中国新闻事业发展报告：全国新闻从业人员逾百万[EB/OL].(2020-12-21).https://baijiahao.baidu.com/s?id=1686673765813297029&wfr=spider&for=pc.
③ 张兰.新媒体环境下新闻从业者职业认同危机[J].青年记者，2020(36):79-80;赵云泽，滕沐颖，杨启鹏，等.记者职业地位的殒落："自我认同"的贬斥与"社会认同"的错位[J].国际新闻界，2014,36(12):84-97.

近日，前财经记者宋湘波"流浪街头"火遍网络，称挣钱之外还想经历不同故事……姜琳琳针对媒体人离职现象进行研究发现，财经记者是第三次传媒人离职潮中的主体之一[①]。

而另一方面，曾在券商、银行等机构从事资产管理、金融产品设计、系统开发工作的赵李南，选择进入了财经媒体，负责上市公司、财务分析等相关领域报道。每日经济新闻社记者陈鹏丽，曾公开发文将"财经记者"比喻成"一座无法企及只能仰望的高峰"，她称自己将坚定"走'财经记者'这条路"。某财经媒体记者公开表示，"将求职意向聚焦财经新闻领域，希望通过财经记者这一职业形成自己的职业壁垒"。王玥等人表示，随着中国市场经济的蓬勃发展，大众对财经新闻的需要不断增长，财经新闻的受众也不再局限于专业投资者、资深知识分子和资深财经爱好者，市场对财经新闻人才的需求与日俱增[②]……

这些现实案例在某种程度上显示，财经记者这一职业与其流动可能具有其独特的、还未被完全认识到的特质。众所周知，财经领域是目前社会生活中最活跃的一部分，而财经记者这一职业也一直走在社会的前沿。与社会新闻、时政新闻等领域相比，财经新闻是众多新闻形式中最专业的新闻类型之一，优秀的财经记者具有复合的知识结构以及良好的政策水平。

财经记者既是"离职潮中的主体"，也是"最抢手的从业人群"。这一职业的选择和流动背后，究竟有哪些因素的影响呢？本研究借助职业社会学中的"职业锚理论"视角，深入财经记者这一特定群体，考察这一群体的才能发展、生活需求、职业价值观等个体的主观能动性与组织间的互动，跳脱常规的新闻传播学研究视角，深入分析财经记者职业流动的影响因素，采用问卷调查与深度访谈的研究方法，从才能型、需求型和价值观型三个层面阐释财经记者职业流动的主要特征和差异，并探讨形成这些同异性的原因。

---

① 红星新闻.财经记者出任上市公司董事长，一个半月辞职，这家公司发生了什么 [EB/OL]. (2020-09-26).https://baijiahao.baidu.com/s?id=1678894629494662108&wfr=spider&for=pc.

② 澎湃新闻.前财经记者流浪街头：人生没有固定格式 [EB/OL].(2021-10-16).https://news.sina. com.cn/s/2021-10-16/doc-iktzscyx9949487.shtml.

一、职业流动的概念

我国劳动社会保障部对"职业"的定义是"职业，是指从业人员为了获取主要生活来源所从事的社会工作类别"。"职业流动"这一概念源于"社会流动"，因为职业流动是社会流动的一个重要方面。在社会学中，职业流动是指职业阶层中不同层次和类别的劳动者的变动，以及由此产生的劳动内容、地点、性质、职业声誉和社会地位的变动[1]。

有学者将职业流动分为代际流动和代内流动。代际流动指父母与子女之间的职业流动与差异；代内流动指同一代人当前职业与先前职业的差异。学者严善平对天津居民进行调查，发现父子之间存在同工同酬的趋势，即代际流动[2]。李路路在多次全国性调查数据的基础上，分析了中国代际流动的长期变化，认为中国的职业流动具有代际传承模式，且呈波浪式变化、趋势不明显等特点[3]。

国外Thomas W.H. Ng等学者整合和拓展了职业流动的各种研究，对其做了一次系统的归纳分析，职业流动指在一个人的工作生涯中组织内部和组织间的转变模式。当前大背景下，由于各种组织裁员、重组时常发生，因此各种职业的流动性都在变快[4]。而且，个人通过工作获得各种经验、知识变得更

---

① Becker G S, Capital H. A theoretical and empirical analysis with special reference to education[M]. Chicago:The University of Chicago Press,1964; 李强 . 农民工与中国社会分层 [M]. 北京：中国社会出版社，2004.143-160.

② 盛玲怡 . 流入与流出：私营小业主代际职业流动的现状与机制分析 [D]. 华东理工大学 ,2019；陆学艺 . 当代中国社会流动 [M]. 北京：社会科学文献出版社，2004；严善平 . 大城市社会流动的实态与机制 [J]. 中国社会科学 ,2000(03):104-114.

③ 李路路，朱斌 . 当代中国的代际流动模式及其变迁 [J]. 中国社会科学 ,2015(05):30-58.

④ Ng T W H, Sorensen K L, Eby L T, et al. Determinants of job mobility: A theoretical integration and extension[J]. Journal of Occupational and Organizational Psychology, 2007, 80(03): 363-386; Hall D T.Protean careers in the 21st century[J].Academy of Management Executive,1996,10(04):8-16；Sullivan S E. The changing nature of careers: A review and research agenda[J].Journal of Management,1999,25(03):457–484；Littler C R,Wiesner R,Dunford R.The dynamics of delayering: Changing management structures in three countries[J].Journal of Management Studies,2003,40:225-256.

加自主，越来越多的人愿意通过职业流动满足自身的发展①。

学者Nicholson、West等总结提出了基于三个维度的职业流动，细分为7种类型，包括：地位流动（如向上流动、横向流动、向下流动等），职能流动（相同流动或改变流动等），雇主流动（内部流动或外部流动等）②。

基于上述文献，为了便于本研究的讨论与展开，本研究界定财经记者的职业流动为财经记者在不同职业之间进行角色转换，其间伴随着地位、职能、雇主、地位、声望等层面的变动，主要可以分为以下两类：

1.职业流入：选择成为财经记者，包括：从其他身份/职业转行成为财经记者、从其他类型记者转变为财经记者等。

2.职业流出：不再做财经记者，包括：跳槽转行、创业等。

二、职业锚人才理论模型

20世纪60年代，美国麻省理工学院著名人力资源和职业指导专家Schein教授提出"职业锚理论"，强调个人在职业选择和发展时围绕的重心，即"我最看重这个职业（或下一份职业）中的哪些东西或者价值观？"，它是个人自省后达到的自我满足的稳定的职业定位和职业状态。他后续的大量研究表明，"职业锚理论"会对个体的职业满意度、职业稳定和流动产生显著影响。为此，Schein把职业锚分为8种类型:技术/职能型、管理型、安全/稳定型、创业型、自主/独立型、服务/奉献型、挑战型和生活型（见表1左侧）③。1996年，学者Feldman和Bolino对上述理论模型做了修正，他们将Shein的八种

---

① Bird A. Careers as repositories of knowledge ： considerations for boundaryless careers[C]//. In M B Arthur，D M Rousseau，et al.The boundaryless career ： A new employment principle for a new organizational era. New York：Oxford University Press，1996：150-168.

② Nicholson N,West M.Managerial job change: Men and women in transition[M]. Cambridge:Cambridge University Press,1988.

③ Schein E H. How career anchors hold executives to their career paths[J]. Personnel,1975,52(03):11-24; Schein E H. Matching individual and organizational needs[J].Reading, Massachusetts,1978; Schein E H.Career Anchors: Discovering Your Real Values[M]. San Francisco:Bass Pfeiffer，1990; Schein E H. Career anchors and job/role planning: The links between career pathing and career development[J].working papers,1990; Schein E H. Career anchors revisited: Implications for career development in the 21st century[J].Academy of management executive,1996,10(04):80-88.

职业锚又细分为：基于才能型职业锚、基于需要型职业锚和基于价值型职业锚三类（见表1右侧）[①]。

表1　Schein和Feldman & Bolino的"职业锚理论"汇总

Schein（1990）的八种职业锚及一些样本表述	Feldman&Bolino（1996）三类职业锚
技能型职业锚：该类型从业者看中职业在专业能力上的成长和提高，和应用这种专业能力的机会．他们对职业的满足来自他们的专业水平．如："当我能够将我的技术或功能技能发展到一个非常高的能力水平时，我会在我的职业生涯中感到满意．"	**基于才能型职业锚：**关注职业能否满足个人才能的发挥和成长，比如专业能力、创业能力、管理能力
管理型职业锚：希望工作有晋升空间，有朝一日能成为管理者，跨部门整合大家的努力成果，他们希望未来能承担整个部门的责任．如："我希望成为组织的管理者，做出有影响的决定．"	
创业型职业锚：希望通过能力创造自己的作品，甚至创建自己的公司．他们可能还在其他公司工作，但正在学习并评估各种机会．一旦时机成熟，他们也许会创建自己的事业．如："我在寻找可以让我创业的想法．"	
稳定型职业锚：这类人看中工作中的安全与稳定，主要关心工资、养老、环境背景等．如："自己在收入和就业稳定比较有保障时，我的满足感最强．"	**基于需求型职业锚：**关注职业能否满足个人的生活需求，比如稳定、独立、自由、能否平衡个人、家庭和生活等
自由型职业锚：这类人希望更自由、开放地决定自己的工作方式、习惯和生活，他们希望有充分发挥个人能力的环境，最大限度地摆脱组织的限制．如："我希望工作能更自由地按照自己的方式和时间表推进．"	
生活型职业锚：他们关注工作是否能平衡个人、家庭、职业三者的需要，他们喜欢有足够弹性的职业环境．如："当我能够平衡我的个人、家庭和职业需求时，我才会觉得比较成功的．"	
服务型职业锚：看中职业中的价值部分，比如通过自己的能力，改善人们的生活，服务社会．如："只有通过工作为社会做出了一些贡献时，我才会在事业上感到成功．"	**基于价值型职业锚：**关注职业能否满足自身的价值观，比如：服务他人、是否具有挑战性、能否不断挑战自我
挑战型职业锚：该类人喜欢克服各种困难障碍，有好奇心，追求变化和职业上的挑战性．如："当我解决了困难或战胜了看似不可能的情况下我感到最满足．"	

---

① Feldman D C, Bolino M C. Careers within careers: Reconceptualizing the nature of career anchors and their consequences[J].Human Resource Management Review,1996,6(02):89-112.

三、研究方法及样本分析：财经记者群体画像

（一）研究方法

本研究是关于财经记者职业流动的质化研究，下文中问卷调查与统计学分析将对财经记者群体的"职业认知"提供基础性的描述性研究，同时为深度访谈搜寻合适的访谈对象，深度访谈的内容也将在描述性研究的基础上展开。

1.问卷调查

本研究发放了《财经记者的职业锚调查问卷》，对财经记者的个人情况和职业锚情况进行描述性分析，包括以下两个部分：

（1）个人信息部分（13题）："性别""年龄""第一份职业是财经记者吗？""做财经记者几年了？""对财经记者是否感到满意？原因是什么？""如果跳槽，你会考虑什么职业？为什么？"等。

（2）职业锚测试量表部分（23题）：该量表采用里克特6点量表，要求受访者选择符合自己的程度，1=从不这样，6=总是这样，最后计算每种职业锚的平均得分，通过更直接的数据，对财经记者的职业锚进行描述性统计分析，问卷设计见附录1。

本研究在2022年2月至3月期间，采用分层抽样和滚雪球方式向财经新闻从业者发放问卷，这些从业者所在的媒体包括：各大部委、政府机构下的经济类媒体，如中国改革报社、中国经济导报社等；官方主流媒体下的财经媒体，如中国证券报、上海证券报等；市场化的财经媒体，如每日经济新闻、21世纪经济报道、第一财经日报、财经杂志社等；还有一些党媒下的财经新闻部门或经济新闻部门，如南方日报经济新闻部门、南方都市报财经新闻部门等。

在问卷正式公开发布前，本研究邀请了15名财经记者进行预调查，以此判断题目数量是否合理、语句表达是否准确，推测问卷中调查的有效性。根据15名被调查者的反馈，反复调整问卷的题目数量、题目顺序，修改问题表

达，最后得出正式的发放版本。这一个步骤保证问卷题项设计清楚易懂，提升所收集数据的稳定性，提高调查的科学性，改善问卷的调查效果。

问卷以问卷星作为平台进行网络投放，由于研究对象职业的专业性，本研究主要采用滚雪球方式进行问卷调查。同时，研究者通过部分财经媒体互联网平台，如"蓝鲸""看懂经济""华尔街日报"等，加入了十余个财经记者交流群，扩大了样本的范围和数量。

最终收取问卷243份，依据答案质量，剔除未完成的、填写时长小于120秒的问卷21份，最终回收有效问卷222份。

2.访谈设计

在"职业锚理论"的实证研究中，Schein与其学生主要采用了质化方法，或者质化与量化相结合的方法进行，其中量化部分旨在通过量表更精准测量个人的职业锚。鉴于此，本研究采用质化的深度访谈作为主要研究方法，问卷调查和参与式观察作为辅助研究方法。本研究通过深度访谈，让财经记者回忆其与媒体之间的互动和细节，可以从"职业锚理论"下的才能、需求、价值观三个视角深入了解财经记者的职业锚，了解其"当初为什么选择成为财经记者？""最看重财经记者这一职业带来的什么东西或价值观？"等。

2022年3月至4月，在公开招募的基础上，基于样本典型性和多样性的考量，本研究最终选择了17名受访者（见表2），包括在职的财经记者12名（A-L），以及从财经记者这一职业离开的受访者5名（M-Q），受访者涵盖了不同性别、口线、从业和媒介类型，具有一定的代表性，以微信和电话方式在线完成访谈。根据相关的学术伦理要求和事先的约定，本文对17位受访者进行匿名化处理。按照访谈时间排序，将英文字母作为受访者编号，访谈对象具体情况详见表2。

访谈时长最短34分钟，最长97分钟。在访谈进行前，本研究先告知受访者访谈的目的，并取得他们的同意，对访谈对话进行录音。在访谈结束的2天内，及时将录音记录梳理成文本，文本中有因表达不清晰或者与逻辑自相矛盾的地方，研究者都已通过微信或短信方式与被访者确认，最终整理出录音时长超过800分钟，文本记录10万余字（见表2）。

表2　深度访谈对象的基本信息汇总

编号	性别	财经记者从业年限	原身份/职业	现在职业
A（流入）	女	2年	学生	财经记者（党媒）
B（流入）	女	7年	金融行业	财经记者（市场）
C（流入）	男	4年	国企	财经记者（市场）
D（流入）	男	4年	建筑业	财经记者（党媒）
E（流入）	男	3年	机械业	财经记者（市场）
F（流入）	女	6年	金融行业	财经记者（市场）
G（流入）	女	8年	其它类型记者	财经记者（市场）
H（流入）	男	4年	其它类型记者	财经记者（党媒）
I（流入）	女	5年	会计行业	财经记者（市场）
J（流入）	女	4年	其他类型记者	财经记者（党媒）
K（流入）	女	8年	新媒体	财经记者（市场）
L（流入）	女	2年	会计行业	财经记者（市场）
M（流出）	男	5年	财经记者（党媒）	某国企
N（流出）	女	4年	财经记者（市场）	互联网公关
O（流出）	女	4年	财经记者（市场）	金融产品经理
P（流出）	男	3年	财经记者（市场）	互联网公关
Q（流出）	女	5年	财经记者（市场）	创业自媒体

注：括号内的党媒、市场表示该财经记者来自党媒或市场化财经媒体。

3.参与式观察

参与式观察侧重以参与者身份深入受访者生活和群体交往的日常环境中，详细了解受访者所处的文化环境对其态度和行为的影响。有学者认为，要考察组织内"人"的因素，单纯使用问卷调查、深度访谈不够，必须到现场对团队成员进行近距离观察，才能深刻体会文化与作为行动者的新闻人之间的互动模式。研究者先前在财经媒体、互联网公关部门各有过长达6个月的实习，和不少财经记者以及曾从事财经记者一职的人有过近距离、长时间的接触交流，因此选择参与式观察的研究方法，近距离感受财经记者个体与其组织、外部环境之间互动，有助于本研究。

（二）样本分析

1.超过一半的财经记者通过转型或跳槽而来

参与问卷调查的财经记者最小年龄24岁（9人），最大年龄58岁（3人），其中28岁（36人）、29岁财经记者居多（30人），平均年龄31岁。从学历层面来看，财经记者本科学历居多，占比62.16%，硕士及以上学历占比38.84%。大部分财经记者已经工作了3~10年，工作最久达16年，最短在1年以内，从事财经记者这一职业的平均年限为4.3年，较为稳定。

约43%（96名）财经记者的第一份职业就是财经记者；约57%（126名）财经记者的第一份职业并非财经记者，而是后期转型或跳槽进来，其中：约38%（84名）财经记者是从其他类型的记者，比如外媒记者、时政记者、社会记者、民生记者、评论记者等转型而来；约18.9%（42名）财经记者从外行跳蹭进来，他们的前一份职业来自金融、会计、新媒体、自媒体、企业公关、作家、机械、建筑等行当。

2.财经记者的"职业锚"：最看重职业价值，其次是个人需求和专业才能

均值最高的一类职业锚是职业价值型职业锚，为4.626，即参与问卷的财经记者认同这份职业中的社会服务价值、挑战价值等，这是他们选择职业流入十分看重的因素。

其次是个人需求型职业锚，均值为4.532。在个人需求型职业锚中，均值最高的是自由型职业锚，均值为4.862，在8种职业锚中排名第二，即"基本可以自由且不受拘束地完成工作"较为受到参与调查问卷的财经记者的青睐。均值次高的是稳定型职业锚，均值为4.441，具备稳定型职业锚的财经记者认为这份职业整体上是比较稳定的，在收入和养老上有一定保障，媒体和公司当前的环境也能带给自己一定的安全感和稳定感。均值最低的是生活型职业锚，均值为4.264，他们认为这份职业能够平衡个人、家庭以及职业需要三者

的关系，这种职业带来的"生活舒适感"是自己比较看重的。

最后是专业才能型职业锚，均值为4.426，较低的最主要原因在于管理型职业锚均值为3.716，拉低了专业才能型职业锚整体均值。参与受访的财经记者认为财经记者这份职业不存在"管理能力"上的提升和突破。在专业才能型职业锚中，专业技能职业锚在8种职业锚中均值最高，为4.865，即财经记者选择这份工作大部分考虑的因素是自身专业能力上比较对口。创造型职业锚的均值为4.698，在8种职业锚中排名第三，也比较靠前，即做一名财经记者可以创作自己的作品，甚至未来有机会能够实现自我创业，这是不少财经记者看重这份职业、选择职业流入的理由。（统计结果见表3）

表3 财经记者的职业锚平均值

Feldman&Bolino 三类职业锚	Schein 八种职业锚	财经记者职业锚平均值	
专业才能型职业锚	专业技能职业锚	4.865	4.426
	管理型职业锚	3.716	
	创造型职业锚	4.698	
个人需求型职业锚	稳定型职业锚	4.441	4.532
	自由型职业锚	4.862	
	生活型职业锚	4.264	
职业价值型职业锚	挑战型职业锚	4.613	4.626
	服务型职业锚	4.640	

三、职业流入与流出的差异及影响因素

（一）财经记者职业流入的原因分析

财经记者的职业流入在专业能力上的路径依赖主要存在两种情况：一是有采写或记者经验，且对新闻有一定的敏感性，希望转型成为财经记者；二是精通某一行业，对该行业有自己的理解和方法论，如来自经管、财会、建筑、地产等行业，通过跳槽转行成为财经记者。

1.财经报道领域的"学习效应"

美国经济学家阿罗提出"学习效应"，又称为"干中学"或"用中

学"。他认为学习效应所实现的收益递增主要来自两个方面:一是工作中知识和经验的积累;二是信息和知识的筛选、整合、累积、增值和传递效应①,这两者在财经记者这一职业中均表现明显。"作为财经记者,我们一定要持续不断地学习,向书本、前辈、业界专家、从业人士等不断学习,包括向自己所得的教训学习。"(受访者D)

财经作为社会领域最为活跃的一部分,它处于变动的世界中,产业的未来、体制的创新、政策的颁布、技术的变革,都具有不确定性和各种变数,因此,财经记者这一职业需要"新眼光、新思维"去拥抱变化,"社会学习能力"和"反思的能力"体现在对某一行业和某一领域连贯性和长久性的积累和观察上。某财经媒体编辑(受访者K)结合多年来编辑财经报道的经验总结称:"成熟的财经记者一定在每个结论背后去寻找尽可能多的证据支撑,他们会建立一套观察行业的坐标体系。这需要时间,厚积才能薄发。"

目前,不少财经媒体招聘记者开始把新闻外的专业知识背景作为硬性要求,可能以前只重视是否新闻传播专业毕业或名校出身,现在大部分媒体会在专业上进行一定的限制,比如金融、经济、会计、商务、营销等专业背景都是应聘中的"硬杠杠"。"财经记者经常和'复合型'记者挂钩,我觉得'复合型'可以体现在三个层面:复合型知识、复合型能力,还要有复合型思维。"(受访者M)

新闻记者的核心能力必须在新环境下不断变化。对财经记者而言,事实性知识可以由新闻实践完成,但原则性理论需要更多的财经知识作为支撑。"我们招聘财经记者是为了调查一个行业,而不是教会你一个行业,所以财经知识背景很重要。"(受访者C)"我曾经研究二级市场和做上市公司财务分析,对金融行业有足够的积累和分析就是我的求职优势。"(受访者L)

不少受访者谈到,相比普通的记者,财经记者拥有的复合型知识、复合型能力以及复合型思维的结合,会带给他们更高的职业壁垒,在未来跳槽时,也会有更广的市场需求。

---

① 纪玉山,江中蛟.知识经济与边际收益递增[J].经济评论,2000(04):16-19.

2.专业才能具有明显的社会边际收益

专业知识的边际收益体现在作为一种比较特殊的生产要素，知识投入生产中可以反复多次投入和使用，使用越多，传播越广，其价值也就越高，投入的成本也越低[①]。专业知识和能力的"无限增值性"意味着知识的聚合、借鉴、碰撞可以产生新的知识体系，创造出新的价值。"我主要负责政策解读类报道，这个领域只能靠专业知识的积累，知识是相互融通的、连贯的，你的报道会随着知识积累越来越深刻，也越来越有价值。"（受访者A）

对于财经报道而言，任何一篇财经报道会产生正向外部效应，以及与之相关联的社会效益。财经报道影响力的传递过程，可以实现内容价值的扩散，从而提高个人以及社会的"信息存量"和"知识存量"，降低"信息不对称"。"我们写的信息越有价值，在发达的信息传播时代，它传播肯定会越来越多，溢出效应和外部性更加明显。"（受访者C）

3.财经报道公共价值作为职业价值的基础

不少财经记者选择职业流入的原因正在于财经领域的泛化延伸可实现"报道主题选择上的自由多样化"以及"报道内容边界上的拓展"。当下大环境下财经报道主题存在些许限制，但相较于普通新闻，其在主题选择和内容写作发挥上的自主和自由性更强。"我从时政新闻转向财经新闻，可以明显感受在'泛财经'视角下，对新闻事件的切入角度很多，议题方向很丰富。"（受访者E）

事实上，受众范围小、受众圈层精、话题的专业性等也给了财经记者更多的报道空间，成为部分财经记者职业流入的理由之一。"财经新闻是一个小众领域，它的流量并没有社会新闻那么大，受到的关注度也有限，引起社会舆论的可能性很小。在专业领域内，大家探讨一个专业问题肯定是自由的，所以财经记者在议题选择上的自由度或许更高。"（受访者F）

访谈发现，财经记者的公共价值首先体现在，将专业、有价值的信息从行业专家准确、真实地传播到大众社会。"在信息爆炸的时代，专业、深度

---

① 赵明刚，刘冠军.论知识的边际收益递增与经济的持续增长[J].山东财政学院学报,2004(02):16-19.

的财经报道更是稀缺品，它们是读者了解真相的重要途径。"（受访者J）其次体现在，解决信息不对称性，让每一个"弱势群体"发出声音。"比起做社会新闻反映社会的现象，我觉得财经报道是在提供一种有价值的信息，而这种价值是针对特定人群的。在做报道的时候我会力求将价值提供给读者：第一是精准的数据，第二是数据背后的逻辑，第三是数据背后的影响和对将来的研判。"（受访者E）

对财经记者而言，其新闻理想集中表现为：财经记者依靠自身和媒体的力量，为利益相关者或整个社会实现他们的某个期望，从而感受到自身存在于社会中的价值，这也是财经记者职业认同的一部分。

"我认为专业与非专业最重要的差异之一就是职业身份的认同。一个专业的财经记者，不要试图与技术迭变、财经自媒体泛滥等抗衡，只要不遗失这份身份认同，我们就不会囿于焦虑中，放弃重塑价值的机遇。"（受访者A）"在财经新闻里，我能感觉到自己和行业一同成长。碳中和是一个很灿烂、很宏伟的目标，一个人的命运可以和这个国家的前途如此交织共振，作为见证者、亲历者甚至是推动者，这是一件幸运且有意义的事。"（受访者B）

（二）财经记者职业流出的影响因素

1.专业能力壁垒过高或职业倦怠

深度访谈发现：财经记者的专业门槛会成为部分财经记者的就业压力。"我经过一年的培养，发现自己无论如何也难以完成一篇高质量稿件，领导一直不满意，我感觉很失望，最终选择离开。"（受访者M）

职业倦怠也会随着就业期的增长而增加。财经记者的职业倦怠主要体现在：第一，随着就业期的增长，财经记者写作套路存在模版化；第二，大多数时候，付出与阅读量不成正比，社会支持和反响不足，丧失创作的激情；第三，阶段化的职业到达峰值，缺乏收入增长性的回报，才能发挥与收入增长见顶也是职业倦怠的另一因素。

"我做财经记者4~5年，前面几年写稿越来越流畅，业务越来越熟练，你的收入也越来越多，但是你发现5年左右，精力见顶了，稿件的数量和质量也见顶了，收入也无法提高，我选择了离开。"（受访者Q）

2.新闻生产流程固化降低财经记者职业发展预期

访谈发现，不少市场化财经媒体缺乏系统的财经记者个人发展的培养体系，包括业务划分和职业发展两方面的固化，从而导致职业流动，影响新闻活动的正常进行。"报社的老记者很介意踩线，也会采取一些措施去维护自己的线口，特别是线口和其他资源绑定了，更会介意外人触碰，他们在自己的单位呈现一个垄断趋势。"（受访者M）

在财经记者的成长空间与其职业规划上，存在多方面的矛盾冲突：第一，财经媒体都较为扁平化管理，媒体组织内部提供给财经记者的晋升岗位机会很少，上升渠道狭窄；第二，部分财经媒体对于员工的培训不足，虽然近年来对财经记者新媒体技能方面的培训明显增加，但课程设计和培训体系没有系统、也不成熟，缺乏"专业化记者"的培养模式；第三，大部分财经媒体只考虑自身的业绩和盈利，对财经记者自身的职业规划发展模块方面较为缺失。

"很多财经媒体带新人只需要一句话：多写多练，慢慢感受。大家潜意识都觉得财经记者的个人成长全靠自己'摸爬滚打'，我们也都是这样过来的，但是我感觉媒体本身的管理合理和系统性也非常重要。"（受访者B）

3.外界提供机会激发离职欲望

不少财经记者谈到"记者是吃青春饭的职业"。有学者认为，这一现象与中国新闻业人员刚性程度低有密切关系。职业社会学学者阿伯特从职业管辖权的角度提出了"人员刚性"的职业模式：如果一个职业现有规模和其再生机制能够避免未来大规模且迅速地扩张或收缩，那么这个职业人员刚性高，反之亦然[1]。相比医生、高校教授，新闻业是人员刚性程度较低的行业，训练过程要简短，新闻人整体的职业生涯略显松散，人员刚性模式较低[2]。

与此同时，当下"创业""风投""找项目""金融行业""研究

---

① [美]安德鲁阿伯特.职业系统:论专业技能的劳动分工[M].刘思达,译.北京:商务印书馆,2016.
② 吴翠萍.青年人口的职业流动与社会动员[J].重庆社会科学,2005(12):103-105.

员""董秘"等选择激发了部分财经记者的欲望，再加上财经记者本身就具有竞争力，越来越多具有"挑战型职业锚"的财经记者正试图抓住下一个风口，迎接更多的挑战。

与外界诸多机会形成呼应的影响因素即收入规模。访谈发现，大部分人承认财经新闻报道的收入较高，但仍然未达预期。访谈发现，财经记者对自身薪资的不满可以总结为以下几个方面：第一，基本工资并没有结合媒体属地或记者驻外地的经济情况、现状制定，工资存在"一刀切"情况；第二，绩效考核的奖金没有竞争力和吸引力，即付出与奖励不成正比；第三，稿件类型之间的稿费标准悬殊，导致各种类型记者感到不公平；第四，财经记者作为"新闻专业"和"财经专业"的复合型记者，工资的制定标准并没有符合社会行业环境考量，大部分财经媒体的稿费细则参考传统省市级媒体制定，不符合自身职业的特有价值。"我做了5年金融领域的财经记者，对金融产品和金融监管很了解，但是我一直拿的是媒体的工资，金融领域的工资是媒体的几倍，所以在外界抛出橄榄枝的时候，我就果断选择了离开。"（受访者Q）

访谈过程中发现，不少财经媒体近几年都进行了组织变革，随之而来的是发稿、薪酬、晋升、文化等制度的改变，在大的行业生态背景下，部分财经记者也会发生一些适应性选择，顺应自身对职业安全感和收入提高的需要。不少财经记者认为：全新的融媒体技术人才更能满足时代需要，更适合当下时代的生存和发展。"我从一线财经记者退居幕后做技术研究，包括视频剪辑、新闻产品生成、大数据分析等，我觉得这是时代需要的人才，当然其工资也会更高，可以让自己生活得更好，不会被时代很快淘汰。"（受访者H）

四、流入与流出，存在哪些同异性？

通过前期深度访谈和问卷调查，本研究对"职业锚理论"视角下财经记者职业流动同异性进行比较分析（见表4）。

表4　职业锚理论视角下财经记者职业流动同异性分析

三类 职业锚	八种 职业锚	职业流入	职业流出
专业 才能型	专业 技能型	1.高职业壁垒有竞争力 2.专业资本的边际收益递增	1.能力不匹配 2.能力导致的职业倦怠
	管理型		组织流程固化
	创造型	"认知盈余"可实现创收	/
生活 需求型	稳定型	内部环境相对安稳	1.薪酬不达预期 2.自身安全感的匮乏
	独立型	泛财经下议程设置的自由	/
	生活型	内部环境的相对宽松	/
职业 价值型	挑战型	职业高专业壁垒激起挑战欲	外界领域激起挑战欲
	服务型	职业价值认同和 新闻理想的期待	职业规范和 社会认可度不够

1.财经记者职业流动共通性的影响因素

专业才能型职业锚中的"专业技能"、生活需求型职业锚中的"稳定"，以及职业价值型职业锚中的"服务型"与"挑战型"这四种职业锚对财经记者的职业流动的影响具有共通性。

专业能力的对口和匹配是吸引财经记者职业流入的重要因素，资深财经记者的"专业能力"是"复合型知识、复合型能力和复合型思维"的结合，体现一种"高专业复合度"，这种专业资本也会带来递增的边际收益。但"高专业复合度"也转化成了不少财经记者的就业压力，不少财经记者随着就业期的增长和精力、专业能力、收入上的回报见顶，职业倦怠愈加明显，从而选择流出。

财经媒体内部的稳定会吸引记者流入，由于财经媒体的受众群体黏性较强，业务范围广，很少会裁员，办公灵活且弹性，不少"追求稳定、宽松环境"的财经记者选择流入或一直坚守。但是部分财经记者认为薪资未达到预期，薪酬竞争力较弱，便选择了离开；也有不少财经记者自身缺乏安全感，便会在行业生态变化下做出一些适应性选择，比如流向新业务、满足更深层次的需要。

不少财经记者选择职业流入是因为有"新闻理想",访谈发现,财经记者将公共价值作为自身职业价值的基础,新闻理想与职业认同在实践中不断融合重叠,他们希望挑战自我,依靠自身和媒体的力量,为利益相关者或整个社会实现某种期望,感受记者的价值。但目前,财经记者行业规范不足,导致社会对该职业的认可度较低,有财经记者认为这是一种"行业摆烂",对行业存在"一种失望的感觉",于是选择了离开,迎接外界的挑战。

2.财经新闻记者职业流动差异性的影响因素

从管理型职业锚层面看,大多数受访者认为财经记者这份职业并不存在"管理能力"上的优势,一是因为财经媒体扁平化的管理方式导致晋升通道有限,二是因为不少财经媒体在新闻生产流程管理上固化,没有发展的空间。因此,具备管理型职业锚的财经记者多半会选择职业流出。

从创造型职业锚层面看,财经记者可以通过个人才能和知识进行创作,还能带来一定的价值收入,即"专业劳动的商品化",不少在职的财经记者也具有"创业想法",但是否付诸实践取决于对行业赛道、商业模式等足够的积累,这一切需要时间考量。

从生活需求型职业锚下的"自由型""生活型"层面看,具备"自由型职业锚"的财经记者往往会选择流入,因为财经记者大部分可以按照自己的方式、计划展开工作和业务,比较灵活自由。同时,由于财经记者无需坐班、打卡、签到签退,不少财经记者能够较好地平衡工作、家庭和事业,满足自身的"生活型职业锚",这也是吸引财经记者职业流入的理由。因此,具备"自由型""生活型"职业锚的财经记者多半会选择职业流入,很少流出。

五、媒体如何培养财经新闻人才

1.提高能力:校企联手,财经记者的继续教育

"成为财经记者后,我去了北大财经班进修上课。我发现金融知识通过纯自学是没法完全掌握的,要么在金融机构实践,要么找专业的人讲解。"

（受访者D）

研究发现，部分财经媒体已经尝试"校企合作"等方式，尝试媒体"订单式"的"社会需要模式"，解决不少财经记者对"继续教育"的需要。比如前些年清华大学新闻与传播学院与环球资源公司合作，推进清华"全球财经新闻"的硕士项目，该项目主要针对全国在职记者进行财经报道高级培训。清华大学还和日本经济新闻社成立了"清华日经研究所"，共同培养高层次财经新闻人才。

这种"订单式"的培养具有以下三个特点：一是面向具有一定实践经验的新闻记者编辑；二是校企联手，发挥双方资源优势；三是具有较强的针对性，切实提高了人才培养的有效性。

2.满足需求：合理且有优势的薪酬制定

调查发现，薪资收入不高、福利待遇不满意是财经记者离职的重要原因。薪酬不合理、薪酬水平无市场竞争力是大部分财经记者的"心头病"。财经媒体需要建立与当下媒介生态环境相适应的媒体绩效薪酬制度，适应新媒体时代的发展。

当下，主流的财经媒体主要分布在北京、上海、广州、深圳等一线大城市。一般情况下，记者的收入大致包括底薪、奖金、稿费、车马费、年终奖等。财经记者收入的影响因素除个人能力之外，其所在地的城市发达程度和消费水平也需要考虑进去[①]。

可降低各类财经记者的薪酬落差，建立一个有效的绩效考核标准。受访者M说："要明确各类稿费的制定和稿件的划分。日常稿件要求快但数量多，深度报道质量高但数量少，两类稿件稿费差距很大，但都缺一不可，如何让两类记者感到公平，或者如何合理划分深度稿和快讯的数量，都需要考虑。"

奖励机制比绩效惩罚更能提高财经记者的主动性和积极性。受访者D回忆道："现在很多财经媒体招聘广告会标注比较高的薪资，但高薪资背后是高

---

① 纪玉山,江中蛟.知识经济与边际收益递增 [J].经济评论,2000(04):16-19.

绩效，倘若你完不成招聘标明的绩效，你的工资相应减少，这是典型的绩效惩罚机制，给很多财经记者带来很大的压力。"

3.盘活"存量"：实现财经记者价值的最大化

财经媒体要把现有的"存量"最大限度盘活，包括让新入职的财经记者迅速上路，让老一批的财经记者减少职业的倦怠感。

新记者需要老记者进行"传帮带"。很多新入行的财经记者干一段时间会面临困惑，好的财经媒体和好的财经记者是一面镜子，他可以指导新记者如何努力。

"除了带新记者跑线，老记者也可以帮新记者确定长远的发展：是深耕某一领域，还是研究制度改革，或者致力于商业创投等。财经媒体可以将老记者这种'传帮带'折算成考核激励，让新记者看到方向，也让老记者有动力。"（受访者G）

老记者需要更多的自由去给自己充电，减少职业倦怠。

"除了提高薪酬，可多让咱们做感兴趣的事。比如我们的业务板块就分得很粗，具体划分到每个产业就是各种兴趣交流小组，记者可以自由加入，自由安排选题，我有兴趣，我也能完成更好。"（受访者B）

严苛的考核制度和审核制度也应该稍微调整。受访者M认为，现在这个时代谈新闻理想可能不太实际，但是媒体内部严苛的报道审查会使大家感受到一些束缚，财经媒体的上层管理者在对报道进行合理监管的同时也应该适当减少不正当的干预，让财经记者感受到自身价值的最大化。

最近几年，新闻从业者的职业流动引起了业界和学界的广泛关注，财经记者作为行业内分工细化的领域之一，在一定程度上能代表并反映出业态内的变化和存在的问题。在"职业锚理论"的指导下，本文对财经记者职业流动的因素做了初步探索，期望对中国（财经）媒体、高校培养高层次的、复合型的财经新闻专业人才有一定借鉴价值。

从"职业锚理论"视角看"才能发展"：对财经记者或者高校培养财经人才而言，"才能发展"意味着需要不断地学习赋能。这种学习既有新闻职业素养的提高，也包括财经专业能力的进步。当然，随着互联网大数据的发展，如何利用科技赋能财经报道也值得逐步探索；对财经媒体而言，财经记者的"才能发展"意味着需要满足财经记者的继续教育，这可以通过校企联手，发挥双方资源优势，切实提高人才培养的有效性。此外，财经媒体如何设置可行的、可靠的人才晋升通道也是值得探讨的话题。

从"职业锚理论"视角看"个人需求"：不少财经媒体近几年都进行了组织变革，随之而来的是发稿、薪酬、晋升、文化等制度的改变，在大的行业生态背景下，部分财经记者也会做出一些适应性选择，顺应自身对职业安全感和收入提高的需要。因此，对财经媒体而言，这意味着需要制定合理且有优势的薪酬标准，既能促进财经记者个人的积极性、主动性，也能消除记者的不公平、"新闻民工"之感。

从"职业锚理论"视角看"职业价值观"：尽管不少财经记者将新闻的公共价值作为自身职业价值的基础，新闻理想与职业认同也明显重叠，但是纵观整个行业，行业的良性循环发展大都依靠记者自律，整个行业的他律和监管其实较为薄弱。因此，健全行业的发展，盘活老记者的"存量价值"，发挥新记者的"新生力量"，实现财经记者价值的最大化，也是行业未来不得不思考的方向。

（邓赵城，中山大学新闻传播学院2020级新闻与传播研究生；龚彦方，中山大学新闻传播学院副教授。）

研究述评

2022年全球新闻业研究趋势：
多重危机与未来想象

郭　靖　方可成

【摘要】

基于2022年全球新闻传播学顶级期刊发表的新闻学研究论文，本文从"危"与"机"两个方面，综述在社会变革和冲突下新闻业的变迁及未来展望。一方面，学者们对传统新闻业的衰退做出多重警示，例如虚假信息滋生、媒介信任下滑、市场份额收窄、数字平台垄断等；另一方面，新技术赋予新闻报道多元性和参与性，也给年青一代新闻工作者和受众提供了更广阔的平台和方向，来自全球南方的新案例进一步丰富了人们的想象空间。

【关键词】

虚假信息；媒介信任；过滤气泡；人工智能；Z世代

2022年，世界经历了双重危机——新冠疫情尚未结束，俄乌战争却已爆发，全球经济复苏遭受了巨大挫折。在充满不确定性、日益复杂的世界格局中，我们的社会更需要专业的记者和媒体人为公众提供即时、高质量的信息。然而令人担忧的是，脆弱的经济基础和动荡的政治环境对新闻媒体行业也造成了巨大的冲击。虚假信息、媒体控制等问题导致受众对媒介的信任普遍下降，公众愈发回避新闻，或者将自己禁锢在信息回音室之中。面对生存压力和身份认同危机，新闻记者在夹缝中艰难地坚守新闻专业性和价值观。不过，新闻业的现状和未来也并非一片黯淡——新的技术、新的项目、新一代的年轻受众，都带来了新的想象空间。

我们梳理了*Journalism*、*Journalism Studies*、*Digital Journalism*、*Journal of Communication*、*Communication Research*、*Political Communication*和*New Media & Society*等新闻传播学顶级期刊在2022年发表的新闻学研究论文，以被引次数等影响力因素综合考虑，梳理出理解2022年全球新闻业研究的几条线索，并提出对新闻业未来发展的思考。

一、衰退的新闻业

虽然早就有学者、媒体人和普通受众发出"新闻已死"的悲叹，但是，走入21世纪的第三个十年，新闻业似乎并没有死去。比如，《纽约时报》等大报通过数字订阅获得了新生，在数字新闻领域，也一直有新的创业项目涌现。

然而，新冠疫情后的经济衰退，让广告市场再次陷入困境，甚至连曾经被视为未来希望的知名网络媒体BuzzFeed也在2023年年初关闭了旗下新闻部门。路透新闻研究所于2022年年底调研了53个国家和地区的303名新闻机构高层人员，结果显示，仅有不到半数的受访者（44%）对新闻机构的商业前景有信心，而19%的受访者明确表示信心不足。①

（一）从业者的困境

除了灰暗的商业前景，新闻从业者同时面临着人身安全、骚扰、政治审查等多方面的威胁。近年来，随着社会冲突加剧，针对记者的骚扰、逮捕和人身暴力事件不断增加。例如，Charles②聚焦中美洲国家哥伦比亚泛滥的"反新闻暴力（anti-press violence）"，发现对记者的暴力实则是一种企图维持社会秩序（或混乱）的治理工具。有意思的是，研究者发现，施暴者尽管会使用暴力攻击记者，但这并不代表他们不尊重新闻行业本身。在冲突与暴乱四

---

① https://reutersinstitute.politics.ox.ac.uk/journalism-media-and-technology-trends-and-predictions-2023#header--12.

② Charles M. Why are journalists threatened and killed? A portrait of neo-paramilitary anti-press violence in Colombia's Bajo Cauca[J]. Journalism, 2022, 23(04):841-857.

起的社会环境中，出现了"尊重新闻业"与"暴力攻击记者"共存的矛盾图景。这是因为施暴者多被政治团体利用，企图通过暴力在乱世中掌握自己的话语权，那些在前线工作的新闻记者更容易成为目标。

比起男性同行，女性新闻从业者面临的威胁更加严峻。Miller和Lewis[①]访问了美国地方电视台女性播音主持受骚扰的情况，发现她们不仅会受到面对面的性骚扰，还会在网络上频繁遭遇性骚扰、人身攻击和诽谤。这些都要求女性主播付出额外的情感劳动（emotional labor），以承受压力、抵抗负面影响，并继续微笑面对观众。而高压的工作强度迫使小型电视台的女主播们独自完成诸如采访、拍摄、编辑、播音等所有工作，将她们置于更多的风险暴露之下。这也是性别不平等现象在新闻业的一项重要表现。

除此之外，政治审查也是全球新闻业难以摆脱的阴霾。Corduneanu-Huci和Hamilton[②]收集了2001年至2015年间196个国家和地区的新闻审查事件数据，发现那些拥有广泛受众、报道社会集体运动、归国家所有的媒体，面临着更严峻的被审查风险。如果受众群体对政治的影响力很有限，该媒体则可能享有更高的报道自由度。这两位学者认为，从全球范围内的案例来看，新闻审查是有选择性的，而影响这种选择的关键因素是"受众"。

面对危险的处境，当代新闻记者也在不断反思和重新定义自己的角色。例如，Cancino-Borbón等学者[③]通过对报章内容的质化分析，发现记者面对不安全和复杂的社会环境（如暴力冲突和战争）时，很多情况下无法亲身走进现场，无法接触到更多的消息源，也难免会自我审查。在这样的过程中，记者会对自己的角色认同进行协商和调整，并对新闻专业主义赋予新的意涵。这种新的意涵包括四个维度：有韧性的守门人、聪明的专业人士、捍卫和平的士兵，以及社群的一分子。

① Miller K C, Lewis S C. Journalists, harassment, and emotional labor: The case of women in on-air roles at US local television stations[J]. Journalism, 2022, 23(01): 79-97.
② Corduneanu-Huci C, Hamilton A. Selective control: The political economy of censorship[J]. Political Communication, 2022, 39(04):517-538.
③ Cancino-Borbón A, Barrios M M, Salas-Vega L. When Reporters Make the News: Narrated Role Performance During Colombia's Post-Conflict with the FARC Guerrilla Group[J]. Journalism Studies, 2022, 23(01):89-107.

可见，在社会冲突和危机之下，新闻学研究持续关注着新闻工作者的处境。而专业的新闻人及其生产出的高质量资讯，正是新闻业健康可持续发展的重要一环。新闻记者所面临的问题，对资讯的内容质量及受众的态度会产生直接的影响。

（二）被遮掩的真相

在持续三年的全球健康危机下，公众不断陷入恐惧、忧虑、不确定和疲惫之中。向公众提供即时、高质量的信息对于他们理解和应对这场危机至关重要。然而，错误信息和虚假信息已经成为信息作为公共产品的主要威胁。而在其中，社交媒体平台又充当了虚假信息滋生和传播的助燃剂，使得谎言比真相传播得更远、更快、更深、更广。[1]因此，虚假信息的产生、传播和影响机制，以及如何有效进行信息核查，遏制虚假信息的扩散，成为健康和政治危机下新闻学研究关注的一大主要议题。

虽然在多元的研究取向上，学者对当前虚假新闻浪潮的形成原因和传播机制提出了不同的解释，但虚假信息的危害性是不容争辩的共识。真相的缺席会降低公众对信息的信任。Luo等人[2]通过两项在线实验，发现人们普遍对社交媒体新闻标题的真实性存疑。然而，如果一篇新闻在社交媒体上被多数人认可，标题的可信度就得到显著提升。换言之，获得高赞，或者被广为转发的虚假信息非常易于误导公众。

虚假信息的蔓延不仅在认知层面误导公众，导致媒介信任度下滑，也阻碍了良性的新闻互动和参与。"新闻回避"（news avoidance）的现象近年来被越来越多的学者关注。Villi等人[3]基于对阿根廷、芬兰、以色列、日本和美国新闻用户的深度访谈数据，探讨了在数字化时代，新闻回避的驱动因素

---

[1] Vosoughi S, Roy D, Aral S. The spread of true and false news online[J]. Science, 2018, 359(6380): 1146-1151.

[2] Luo M, Hancock J T, Markowitz D M. Credibility perceptions and detection accuracy of fake news headlines on social media: Effects of truth-bias and endorsement cues[J]. Communication Research, 2022, 49(02):171-195.

[3] Villi M, Aharoni T, Tenenboim-Weinblatt K, Boczkowski P J, Hayashi K, Mitchelstein E, Kligler-Vilenchik N. Taking a break from news: A five-nation study of news avoidance in the digital era[J]. Digital Journalism, 2022, 10(01):148-164.

和实践方式。该研究认为，新闻回避不仅取决于用户自身个性，也受时间背景和社会文化因素的影响。研究者们非常有创见地提出，新闻回避的驱动因素可分为情感和认知两个维度。在情感层面，新闻回避是出于用户的自我保护，以避免被新闻带来的负面情绪所影响。这种情感驱动因素并不会受到社会文化因素的影响，在全球新闻用户中具有普遍适用性。而在认知层面，不同地域、文化造成了人们对新闻回避的不同理解。比如，在以色列和芬兰，新闻回避备受批判，因为即时掌握新闻资讯被认为是公民应尽的义务；而在日本，新闻回避具有正面的意涵，因为民众认为他们回避的是耸动的内容和观点。

"假新闻"对社会民主进程的危害不仅在于自身的"病毒式"传播，它也成为遏制言论自由的话语工具。Neo[①]采用批判性话语分析研究了四个东南亚国家（柬埔寨、马来西亚、新加坡和越南）关于"假新闻"的话语，发现"假新闻"被社会主流定义为一种直接威胁基本社会价值观的安全问题，并与恐怖主义、生化危机等其他安全威胁相提并论。"假新闻"的标签也被用作政府限制言论自由和广泛立法的工具。

一些学者也注意到，政治传播领域对misinformation、disinformation等概念缺少系统性的认识。Hameleers等人[②]通过分析欧洲民众的调查数据，发现新闻受众虽能大体上区分这两个概念，但很多人认为disinformation是misinformation下的子概念。而实际上，disinformation与misinformation不是从属关系，misinformation是并非有意图造成伤害的"不实的信息"，而disinformation则是以刻意欺骗或蓄意伤害为目的而制造的错误信息。学者认为，对这两个概念的细化和区分有助于了解公众对信息的认知，并建议推出适当的新闻工具来提升公众媒体素养，使他们能够有效识别信息的真伪。

面对虚假资讯的挑战，事实核查和信息更正被视为最为直接有效的手段

---

① Neo R. A cudgel of repression: Analysing state instrumentalisation of the "fake news" label in Southeast Asia[J]. Journalism, 2022, 23(09):1919-1938.

② Hameleers M, Brosius A, Marquart F, Goldberg A C, Van Elsas E, De Vreese C H. Mistake or manipulation? Conceptualizing perceived mis-and disinformation among news consumers in 10 European countries[J]. Communication Research, 2022, 49(07):919-941.

之一，也是各地政府广为推崇的方式。然而，Vinhas和Bastos①系统性地梳理了信息核查相关文献和实证研究结论之后，发出警示：相关研究可能高估了信息核查在更正虚假资讯、纠正受众认知方面的积极作用。在当前媒介资讯的环境下，社会共识往往是个人层面的"现实"所叠加而成的，信息核查能够在一定程度上对抗虚假资讯。然而，信息核查在认识论、客观性、有效性和实施等方面都存在一系列亟待解决的问题。认识论层面，所谓"事实"，实则是人们对社会事件的诠释和解读，尽管坚持"透明""客观"的原则，信息核查本身也是一种带有政治意味和主观色彩的活动；客观性方面，在党派对立，特别是政治极化日益严峻的环境中，偏见和敌意让信息核查的积极效果非常有限；而在操作实施上，信息核查是一项费时费力的劳动，这也为及时的、持续性的核查工作带来了困难和挑战。

二、新技术的牵制与赋能

科学技术的飞速发展将新闻记者置于一个快速变化的环境中，促进了前所未有的信息交流，助力新闻的跨国界传播，使媒体接触受众的形式实现了前所未有的多样化，但也颠覆了传统新闻业的价值链和商业模式。2022年年末，美国人工智能（AI）研究公司OpenAI基于大语言模型研发的聊天机器人ChatGPT刷新了人类对于"AI+内容"的应用认知。AI 聊天机器人的威胁迫使新闻媒体重新考虑吸引读者的策略，并更加专注于新闻的创作、调查和评论。人工智能等新技术对新闻业的影响持续受到学界的关注，一方面，学者们意识到在新技术的加持下，数字平台霸权削弱了专业新闻的影响力；另一方面，新闻业也在积极拥抱新技术，试图在变化的网络生态中找到新的出路。

---

① Vinhas O, Bastos M. Fact-Checking Misinformation: Eight Notes on Consensus Reality[J]. Journalism Studies, 2022, 23(04): 448-468.

（一）平台霸权下的顺应与抵抗

在算法的加持之下，平台霸权是过去十几年互联网的一个主题。Simon[①]认为，在过去，平台主要控制了新闻的传播渠道，但人工智能的普及可能将这种控制拓展到新闻从生产到分发的各个阶段，进一步增加新闻行业对平台的依赖，限制新闻机构的自主权。平台不仅控制了新闻记者在线搜索到的消息源，也主宰了新闻用户的信息流，牵制着他们的注意力和新闻视野。

在Sehat[②]的参与式研究中，学者发现新闻记者所看重的新闻价值，包括客观性、可靠性、服务社区的能力等，都与平台的推荐机制存在鸿沟。算法作为一种以系统为中心的委托技术，即用户将个人数据交给算法，委托其代理自己做出最佳的决定。而这种代理模式天生具有专制性，它倾向于控制，而不是赋能。那么，新闻推荐算法如何融入更多新闻专业人士的见解，又如何与受众的喜好达到平衡？就此，Møller[③]提出，记者和算法工程师之间应当有更高层次的理解和互动，个性化新闻推荐算法应当融入对新闻价值的评判，增加多样化的内容，提升算法的反思性和透明度，从而调节新闻价值与受众偏好和品位之间的紧张关系。

面对不可逆转的技术变革，记者如何看待算法这种东西？de Haan等人[④]通过对荷兰记者的访谈发现，虽然搜索引擎和社交媒体是新闻记者寻找、选择和验证信息的重要工具，但记者并没有认可算法的积极作用，他们对自己的专业仍抱有强烈的权威感，对算法的印象大多是负面的。

不过，也有许多新闻记者开始采取相关策略来适应平台逻辑，同时坚守新闻价值。Walters[⑤]深度访谈了16家美国报业的记者，发现记者与平台的互

① Simon F M. Uneasy Bedfellows: AI in the News, Platform Companies and the Issue of Journalistic Autonomy[J]. Digital Journalism, 2022, 10(10): 1832-1854.

② Sehat C M. Journalistic Values and Expertise in Platform News Distribution: The Possibilities and Limitations of Participatory Panels for Algorithmic Governance[J]. Journalism Studies, 2022, 23(10):1225-1246.

③ Møller L A. Between personal and public interest: how algorithmic news recommendation reconciles with journalism as an ideology[J]. Digital Journalism, 2022, 10(10):1794-1812.

④ de Haan Y, van den Berg E, Goutier N, Kruikemeier S,Lecheler S. Invisible Friend or Foe? How Journalists Use and Perceive Algorithmic-Driven Tools in Their Research Process[J]. Digital Journalism, 2022, 10(10): 1775-1793.

⑤ Walters P. Reclaiming control: How journalists embrace social media logics while defending journalistic values[J]. Digital Journalism, 2022, 10(09):1482-1501.

动已经发生了变化。最初，记者在平台上分享新闻依靠传统的新闻直觉。如今，他们与平台互动的方式更有战略性，更顺应平台的逻辑，并重视算法的作用和受众的喜好。不过，即便新闻记者把一部分"守门人"的权力让渡给了数字平台，他们仍在坚守着速度、客观性和平衡性的传统新闻价值观，并采取新的方式（如付费墙）来重获对内容生产的控制。

Mellado和Hermida①试图将社交媒体时代新闻记者的身份构建理论化。他们提出了一个模型来探讨在平台霸权和利润下滑的背景下，新闻记者如何实现自我价值和专业性，并构建身份认同。如图1所示，在社交媒体场域中，新闻记者面对专业性要求与个人价值的矛盾（横坐标），也受到了出版机构和内容生产本身的内外压力（纵坐标）。记者的身份构建是在多重压力和牵制的坐标系中不断协商而完成的。

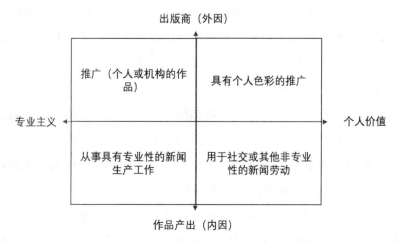

图1　社交媒体空间中新闻记者的身份认同重塑
（翻译自Mellado & Hermida, 2022）

诚然，人工智能的发展对新闻业产生了深远影响，但与此同时，新闻对人工智能的解读也影响了公众和社会对新技术的认知。Brennen等人②采用批

①　Mellado C, Hermida A. A conceptual framework for journalistic identity on social media: How the personal and professional contribute to power and profit[J]. Digital journalism, 10(02): 284-299.
②　Brennen J S, Howard P N, Nielsen R K. What to expect when you're expecting robots: Futures, expectations, and pseudo-artificial general intelligence in UK news[J]. Journalism, 2022, 23(01): 22-38.

判性话语分析方法研究了2018年英国报纸对AI的报道。他们发现，新闻报道主要通过两个手段来构建公众对AI的认知和期待：一是选择合适的信源，例如采访谷歌高管和员工来为AI唱赞歌，而这些精英化的信源往往是具有说服力的；二是通过比较的方法来体现AI的"无所不能"。特别是，记者擅于在报道中加入趣味故事来吸引读者。而值得警惕的是，过分强调AI的作用可能会让我们迷失在对新技术的崇拜和依赖中。作者认为媒体报道应当适度走出对AI的膜拜，其实还有许多非技术的手段可以解决现代社会的棘手难题。

综上，新媒体技术与传统新闻业的冲突与融合仍是新闻业研究的一大议题。Simon[1]在文章的最后提出了平台、人工智能和新闻生产的研究框架：一是要系统性地梳理新闻生产中，平台、新闻机构的角色和各方所参与的活动；二是从新闻机构的角度出发，理解AI工具、服务和基础设施在新闻生产中的作用；三是要关注使用人工智能进行内容生产的先决条件，以及可能产生的问题，特别是对记者自主性的负面影响；四是关于"动机"的研究，如新闻机构使用AI的动机，以及数字平台提供相关服务的目的；五是要从政策的角度，探讨怎样的平台治理模式更有助于公众利益；六是要思考AI辅助新闻生产或将带来的更深远的影响，尤其是对新闻记者技能和专业性的削弱。

（二）算法策展下的受众

另一类研究关注的是人工智能背景下的媒介效果，探讨算法策展（algorithm curation）和过滤气泡对新闻受众，特别是社交媒体新闻用户的影响。例如，算法推荐和过滤气泡会增强虚假信息"以假乱真"的能力。Rhodes[2]通过实验法证实了那些沉浸于阅读与自己意识形态相近内容的用户，更容易相信虚假信息。如果同质化的媒体环境被打破，将用户置于多元观点中，他们则更容易识别虚假信息。

在西方语境中，多元的信息接触是民主实践的重要一环。那么，社交

---

[1] Simon F M. Uneasy Bedfellows: AI in the News, Platform Companies and the Issue of Journalistic Autonomy[J]. Digital Journalism, 2022, 10(10):1832-1854.

[2] Rhodes S C. Filter bubbles, echo chambers, and fake news: how social media conditions individuals to be less critical of political misinformation[J]. Political Communication, 2022, 39(01): 1-22.

媒体和算法策展是有助于民主健康发展，抑或阻碍了民主的进程？这个话题是过去十几年新媒体研究的一大焦点，学界尚未就此达成共识。也可以说，在不同的时间和空间框架中，我们很难找到放之四海而皆准的答案。例如，Jürgens和Stark[1]对10000名德国社交媒体用户的使用足迹进行了追踪，发现了算法策展对用户资讯多元性的长期、短期效果并不相同，不同平台之间也有所差异。具体而言，短期的数字平台新闻使用能够拓展受众的信息广度；而长期来看，这种单一的平台新闻消费模式，特别是对Twitter和搜索引擎的依赖，会使用户接触到的资讯越来越局限，形成同质化的信息回音室。而Ohme等人[2]根据一项在荷兰进行的调查发现，在算法的支持下，用户的新闻筛选和管理能够促使他们阅读到更多的新闻，减少新闻回避，提升对公共事件的了解。当然，快餐式的新闻浏览可能会起到反向效果。

媒介素养较高的青年受众已经意识到社交媒体新闻的局限性。Oeldorf-Hirsch和Srinivasan[3]对2000年后出生的60名"互联网原住民"进行了焦点小组访谈，发现青年受众对社交媒体和数字新闻的态度是辩证的，他们一方面认可其便利性，明白数字新闻是不可避免的趋势，另一方面也意识到了社交媒体无法提供一个完美的新闻阅读环境。因此，他们往往选择当被动的看客，而较少公开地参与到新闻评论中。社交媒体是他们了解时事新闻的重要工具，却无法使他们深入学习事件的本质。Heitz等人[4]建议在算法推荐中融入更"多元化"的推荐机制，这样更易于增强民众的政治包容度和扩展知识面，有助于削弱政治极化。

①　Jürgens P, Stark B. Mapping exposure diversity: The divergent effects of algorithmic curation on news consumption[J]. Journal of Communication, 2022, 72(03):322-344.

②　Ohme J, Araujo T, Zarouali B, de Vreese C H. Frequencies, drivers, and solutions to news non-attendance: Investigating differences between low news usage and news (topic) avoidance with conversational agents[J]. Journalism Studies, 2022, 23(12): 1510-1530.

③　Oeldorf-Hirsch A, Srinivasan P. An unavoidable convenience: How post-millennials engage with the news that finds them on social and mobile media[J]. Journalism, 2022, 23(09):1939-1954.

④　Heitz L, Lischka J A, Birrer A, Paudel B, Tolmeijer S, Laugwitz L, Bernstein A. Benefits of diverse news recommendations for democracy: A user study[J]. Digital Journalism, 2022, 10(10):1710-1730.

（三）拥抱新科技的新闻业

新闻业与数字平台的主权之争仍在持续。早有学者关注到，科技与新闻业存在互利共生的可能性，媒体行业也在不断探索拥抱科技的新出路。

首先，大数据的发展能够优化新闻机构的管理和工作流程。例如，Rolandsson等人[①]对瑞典公共广播电台的民族志研究发现，算法不仅能够辅助记者进行数据收集，还能为广播用户制定出个性化的节目单。这种数据化的管理（datafied managerialism）或能为传统媒体注入新的活力。在对技术持有乐观态度的同时，他们也强调，媒体从业者在使用大数据的同时，要兼顾新闻价值，并制定内部的使用规范。

除了Facebook和Twitter等大型社交媒体之外，TikTok这样的短视频平台在全球范围内异军突起，以更密集的算法推送、生动的音视频内容吸引了大量用户。为了迎合新生代用户的喜好，新闻机构也开始学习和运用TikTok的逻辑。Vázquez-Herrero等学者[②]选择了TikTok上19个专业媒体账号（如《华盛顿邮报》《今日美国》等），并对其2019—2020年的内容进行了分析。结果显示，这些媒体在TikTok上的呈现方式脱离了传统的范式，将更轻松、活泼的创意元素融入内容生产和媒体品牌的推广中。比如，《今日美国》的账号主页介绍就是"USA Today, TikTok Tomorrow"。此外，它们也非常善于利用hashtag（#标签）、丰富的音效以及意见领袖的影响力来吸引年轻观众，获得更高的点击率，并在TikTok平台占据了一席之地。

除了短视频流媒体的风行，音频播客也成为青年受众所偏爱的选择。Chan-Olmsted和Wang[③]从动机与使用的角度出发，基于对美国播客用户的调查数据，总结了播客用户的动机和行为特点。研究发现，与其他音频媒体（广播和音乐）相比，播客具有其独特性。播客以内容为王，并通过一种独特的

① Rolandsson T, Widholm A, Rahm-Skågeby J. Managing Public Service: The Harmonization of Datafication and Managerialism in the Development of a News-Sorting Algorithm[J]. Digital Journalism, 2022, 10(10):1691-1709.

② Vázquez-Herrero J, Negreira-Rey M C, López-García X. Let's dance the news！How the news media are adapting to the logic of TikTok[J]. Journalism, 2022, 23(08): 1717-1735.

③ Chan-Olmsted S, Wang R. Understanding podcast users: Consumption motives and behaviors[J]. New media & society, 2022, 24(03): 684-704.

方式传达给听众。用户的播客使用动机是多元的、动态的，会随着具体的使用场景而变化。例如，在家听播客的用户是为了满足信息搜寻的需求，这种信息消费带有工具性；而在办公场所或通勤过程中听播客，更多是一种仪式性的消费，为的是消磨时间和娱乐。与广播节目的使用相比，播客的使用更多是一种个人化的、自我反思性的媒介使用，用户更希望与主播进行连线和互动，而不是在更广的范围内进行社交分享。研究也发现，播客正在吸纳传统广播的听众。

除了拥抱新平台、新渠道，也有研究关注到沉浸式新闻的传播效果。网络视频直播、虚拟现实（VR）和增强现实（AR）等新技术可以从不同方面推动新闻用户在新闻事件中的"临场感"或"进入感"。特别是VR和AR，可以营造出让用户在三维空间里直接"到达"现场的沉浸式体验。不过，沉浸式技术在新闻生产的应用还处于起步阶段。de Bruin等人[①]研究了全球189个被标记为"沉浸式"的新闻产品，包含360度视频、VR、互动式新闻网页等，发现沉浸式技术的应用非常有限。

我们还应关注的是技术发展背景下用户扮演的新角色。就此，Aitamurto等人[②]通过实验将用户随机分为三组，引导他们阅读AR视觉新闻、非AR但可以互动的新闻、无法互动的静态新闻。结果显示，AR带来的沉浸式体验确实能够提升用户的新闻参与度。然而，这项技术并不能更好地使受众学习新闻内容，也无益于帮助他们识别信息的真伪。因此，沉浸式的阅读体验或许是一把双刃剑，因为新闻参与度的提高并不意味着公共知识的增加。是否要鼓励将AR这种耗费时间和成本的技术广泛应用到新闻报道中，还有待商榷。

目前的智能技术及平台的过滤机制，更多的是在提升信息传播的"效率"。但是，效率并不是好新闻最重要的关切。更重要的是，在危机、战争、冲突之下，媒体要充当好"守门人"的角色，并帮助人们充分全面地了

---

① de Bruin K, de Haan Y, Kruikemeier S, Lecheler S, Goutier N. A first-person promise? A content-analysis of immersive journalistic productions[J]. Journalism, 2022, 23(02): 479-498.

② Aitamurto T, Aymerich-Franch L, Saldivar J, Kircos C, Sadeghi Y, Sakshuwong S. Examining augmented reality in journalism: Presence, knowledge gain, and perceived visual authenticity[J]. New media & society, 2022, 24(06): 1281-1302.

解信息，以做出相关抉择。个性化的新闻服务、流量的商业逻辑，在很多方面是与"有深度的好新闻"背道而驰的。新闻学研究也在关注：如何在谋求精准个性化推送的同时，优化公共性的信息服务；如何在拥抱互联网思维的同时，坚守媒体的专业性，履行监督社会的职责；如何在迎合公众喜好的同时，培育公民媒介素养，为公共话语空间的形成铺设道路；如何在驾驭机器、技术的同时，用道德和伦理制衡好人工智能和人类社会的关系。

三、重塑与未来

面对复杂的生存环境、崩坏的媒介信任、蔓延的假新闻、平台的侵蚀和垄断，以及人工智能的挑战，衰退的新闻业能否突破困境？从一个积极的角度来看，技术的革新对于新闻业来说，并非打击和摧毁，而是恰恰帮助新闻人和学者认识到了传统内容生产和分发模式的局限，并思考如何借助新技术探寻新闻业的未来之路。在这个被诟病为"后真相时代"的年代，仍有学者在探索新闻业的韧性和希望，特别是年青一代能在其中发挥的积极作用。也有研究关注着在社会经济发展较为落后的非西方社会，新闻业是如何在探索中前行的。

（一）"全球南方"（global south）的新闻探索

Medeiros和Badr[①]跳出美国语境，关注到巴西和埃及的"参与式新闻"（engaged journalism），特别是记者在面对极右翼政府的限制时，如何通过话语来协商他们的专业立场。学者们从场域理论出发，对2015年至2020年在巴西和埃及媒体上发表的部分社论和专栏文章进行定性内容分析，提出了一种另类的（alternative）"参与式新闻"概念。这种报道模式强调目的性，凸显了民主和威权之间的矛盾，记者在新闻实践中建立自己的合法性。投入参与式报道的记者大多对媒介现状持批判的态度，但他们仍然将自己定位为新

---

① Medeiros D, Badr H.Strengthening Journalism from the Margins: Engaged Journalism in Brazil and Egypt[J]. Digital Journalism, 2022, 10(08): 1342-1362.

闻行业的一员。这个概念的提出为研究全球南方，特别是威权社会体制下，新兴媒介和参与式新闻的发展提供了理论化的基础。

将目光转移到中国，孟婧和张世欣①认为，从全球语境来看，数字新闻平台给传统新闻业带来了巨大的挑战。然而在中国，特别是新冠疫情暴发之后，传统新闻似乎找到了回归专业主义的机会。他们的话语研究聚焦《财新》对新冠疫情早期的报道，发现市场化专业媒体在报道中展现出了足够的自主性、合法性，在数字新闻中融入了自省和透明度。

Chasi和Rodny-Gumede②则关注了非洲"去殖民化新闻"（decolonial journalism）的发展和意义。这是一种运用传统非洲道德哲学来推动非殖民化，并与种族隔离做斗争的新闻模式。这种模式以自由、正义、尊严为标志，能够最大化地赋予公民能动性，并为公共利益服务。

此外，Harlow③通过对新闻用户的调查和对记者的访谈，探索了在拉美日渐兴起的数字本地化媒体（digital-native media）。研究认为，这种数字本地化媒体可能是区别于主流媒体和自媒体的一种"杂交"或"另类"。这种报道方式受到当地民众的喜爱，因为在本地化新闻的报道中，记者也是社区的参与者。他们独立地报道社区新闻，敢于对抗不公，为正义发声。

对于边缘化的群体而言，本地化的资讯服务更加至关重要。Tsai等人④探索了公民新闻对部落原住民的积极作用，特别是能够提升他们对媒介的信任，增强归属感和对本地的认知。他们认为在新闻事件中，亟须纳入被边缘化的土著居民的观点。

21世纪以来，全球新闻传播学界出现了更多关于学术研究要去西方化、去殖民化的探讨。综观2022年主流期刊发表的新闻学研究文章，虽然对西方

---

① Meng J, Zhang S I. Contested Journalistic Professionalism in China: Journalists' Discourses in a Time of Crisis[J]. Journalism Studies, 2022, 23(15):1962-1976.

② Chasi C, Rodny-Gumede Y. Decolonial Journalism: New Notes on Ubuntu and the Public Interest[J]. Journalism Studies, 2022, 23(13): 1625-1637.

③ Harlow S. A New People's Press? Understanding Digital-Native News Sites in Latin America as Alternative Media[J]. Digital Journalism, 10(08), 2022:1322-1341.

④ Tsai J Y, Bosse R, Sridharan N, Chadha M. Reclaiming the narratives: Situated multidimensional representation of underserved Indigenous communities through citizen-driven reporting[J]. Journalism, 2022, 23(10):2132-2152.

语境的研究仍占主导地位，但我们也看到了不少对"南方"国家新闻业探索和转型的研究。从本地化的视角开展新闻学研究，并进行跨文化的比较，不仅能够将不同的社会情境纳入对新闻业发展的思考，更可以将来自全球南方的认识论、理论和经验数据纳入全球新闻学研究的体系之中。

（二）Z世代和新浪潮

在新冠疫情、政治动荡和重大气候事件的不断冲击下，全球千禧一代和Z世代身处其中，并将在不远的将来承担起解决社会问题的责任。因此，好的新闻不能失去年轻受众。新闻业也需要充分理解年轻人的需求和媒体使用习惯，因材施教，摆脱新闻"老龄化"的趋势。

Tamboer等人[①]通过对12—16岁青少年的焦点小组访谈发现，这个年龄层的用户对新闻的定义非常宽泛。他们认为新闻很重要，但也抱怨新闻大多无聊、重复，与他们的兴趣存在鸿沟。虽然他们对新闻的真实性存疑，却没有转化为对新闻的批判性思考。如何让这些青少年成长为具有高媒介素养的消费者？研究者认为，对青少年新闻使用动机的了解至关重要。这些年轻人深知好的公民需要保持对时事的追踪，对社会有更深入、专业的理解。他们的新闻使用受内在因素所驱动，而非外在压力（如家长的期待和学校的要求）。例如，有的年轻人希望通过阅读新闻来拓宽知识面，塑造更好的世界观。而他们承认，自己对新闻的兴趣随着年龄的增长而提升。

Peter等人[②]的研究则以18—24岁的青年为研究对象。他们发现这个年龄层的新闻用户主要可被分为五种类型，即线上的传统主义者（online traditionalist）、追求深度的发烧友（depth-seeking audiophile）、数字新闻搜寻者（digital news seeker）、人际关系构建者（interpersonal networker）和非新闻类信息搜索者（non-news information seeker）。而无论属于哪个分类，在年青一代对新闻的话语体系中，传统新闻往往被避而不谈，新媒体则占有主

① Tamboer S L, Kleemans M, Daalmans S. "We are a neeeew generation": Early adolescents' views on news and news literacy[J]. Journalism, 2022, 23(04):806-822.

② Peters C, Schrøder K C, Lehaff J, Vulpius J. News as they know it: Young adults' information repertoires in the digital media landscape[J]. Digital journalism, 2022, 10(01): 62-86.

导地位，特别是社交媒体脱颖而出。这代青年受众的社交更新、人际沟通、游戏、活动策划、重要信息的搜索都通过Facebook来完成。Facebook也被大多数受访者描述为他们访问新闻和信息的"地方"，因为新闻会在这里"弹出"。虽然许多受访者认为Facebook的使用有些无聊，而且浪费时间，但这些弊端都可以被它的便利性、可及性，以及在社交网络中的中心地位所抵消。该研究还探讨了如何提升这一代人对新闻的热情，并培养他们对公民身份的积极认知。作者认为，社交和面对面的线下互动对于青年至关重要，因此新闻的生产可以融入一些更贴近他们生活的公共事务和议题。

作为互联网时代的原住民，Z世代虽然热衷于娱乐、游戏和短平快的新闻消费，但他们身处全球化的浪潮中，保持着对周围世界的好奇心，也密切关注着重要的政治、社会议题。根据德勤全球《2021年千禧一代与Z世代调研报告》[1]，千禧一代和Z世代关注的首要问题是气候变化。医疗、疾病预防和失业成为他们的关注焦点。同时，他们对歧视和不平等问题也表示严重担忧。因此，作为一种公共信息产品的新闻，需要为年青一代提供可信的、基于事实的资讯，同时充当独立的监督机构和议程制定者，培养他们的公民意识和社会担当。新闻业的未来也同样需要年青一代的参与，注入新鲜血液，探索在平台化时代、人工智能时代做新闻的实践创新。无论是青年记者还是青年受众，都是值得未来新闻学研究思考的重要方向。

四、结语

在全球疫情和政治冲突的双重夹击中，社会的韧性强弱取决于高质量的新闻、信息获取以及媒体和信息素养。近年来，尽管新闻来源和消费渠道数量激增，但在许多方面，新闻业却变得越来越弱了。2022年的全球新闻业研究一方面从不同的维度描绘了新闻业衰退的现状，另一方面也在积极思考：如何更全面地了解当代受众的需求？如何适当地拥抱新技术，转危为机，让

---

[1] https://www2.deloitte.com/cn/zh/pages/about-deloitte/articles/millennialsurvey-2021.html.

坚守专业价值的新闻业找到新的盈利模式？

从社会学的角度出发，"新闻"是对社会现实的"双重阐释"，它不仅反映了社会现实，也在建构着公众的社会认知，并在潜移默化中改变着社会。在早期的新闻学研究中，记者和编辑由于在新闻生产中发挥着重要的作用而被推到前台。而如今，随着社会冲突的加剧、新媒体技术的飞速迭代，新闻业被嵌入了更多复杂的因素和多元的角色。新闻专业主义、商业利润、政治势力、平台霸权、AI入侵，还有难以取悦的年轻受众，都在新闻生产的过程中互动、合作、牵制、角逐，呈现出一条危机四伏但也充满可能性的曲折进路。新闻研究学术界需要保持对这条进路的观察和思考。

（郭靖，香港中文大学新闻与传播学院博士研究生；方可成，香港中文大学新闻与传播学院助理教授。）

2022年中国新闻业优秀研究论文评述

徐桂权　伍夏锐　吴奕贤　彭雯珺

自2014年以来，《中国新闻业年度观察报告》每本都从当年的新闻传播学权威学术期刊中遴选出具有代表性的新闻业研究论文，并分主题进行梳理和评述。今年，本书编写组从2022年刊载于《国际新闻界》《新闻记者》《新闻与传播研究》《新闻大学》《现代传播》《新闻界》《新闻与写作》《全球传媒学刊》与《传播与社会学刊》等国内权威学术期刊的论文中挑选出32篇新闻业研究优秀论文，分"数字时代新闻观念的再思考""组织视角下的新闻生产研究""技术视角下的新闻业转型与创新研究""新闻从业者的话语与实践""数字用户与新闻消费"五个主题，对2022年中国新闻业研究年度观点进行综述，以展现当下我国新闻业研究的趋势和图景。

一、数字时代新闻观念的再思考

2022年，学界对于新闻理论的思考进行了延伸，新旧观念的结合以及对传统概念的重构是新闻观念研究的重点。技术的加入使得数字新闻业高速革新，在此背景之下，学者们对新闻学理论的更新以及数字新闻实践中的观念融合等问题进行了深入思考和讨论。陈昌凤和黄家圣在《"新闻"的再定义：元宇宙技术在媒体中的应用》中将"元宇宙"中的虚拟现实技术与新闻定义相结合，认为元宇宙时代所催生的"沉浸式新闻"改写了新闻的定义，将"沉浸式新闻"定义为用户对重构的事实的临场感知。沉浸式新闻并不突出"事实"的客观存在，而是通过虚拟身体的存在、合理性和挪用的错觉的综合组合，积累了引发"身处真实地方，重温真实故事，与真实身体在一起"的感觉的能力。但沉浸式新闻具有滞后性，因为它是由新闻与其用户之间的关系定义的，突出用户的参与感和体验感，适合于不强调时效性的报道内容。因此，沉浸式新闻的特性和功能也随之发生改变，与告知功能相比，更强调共情体验。虚拟现实技术使用户的自我感知、存在感强化了，同时将用户的记忆调动起来。但是，对于在沉浸式新闻中看到环境危机，是否会导致更强烈的情绪反应、对危机的更深理解以及潜在的应对策略和行动这三个同理心维度的问题，目前学界还没有统一的定论。[①]

学者们还基于当下新闻业的运作逻辑，对新闻价值进行再诠释。孙嘉宇和陈堂发在《理解新闻价值的两种逻辑：商品主导与服务主导》中借鉴管理学"商品主导逻辑""服务主导逻辑"概念，将关于新闻价值的考察归入商品主导与服务主导两类。从商品主导逻辑出发，将新闻视为商品，关注新闻的交换价值。这种逻辑下，新闻价值要素的划分更多是以新闻产品或新闻生产为中心的，新闻受众则被看作价值的消耗者。在服务主导逻辑下，新闻是通过服务提供的使用来获取价值的，新闻价值研究主要聚焦于新闻的使用价值。这一逻辑下的新闻价值研究边界具备较高的开放性，聚焦新闻服务的易用性、有用性和有效性，更多考察用户在进行新闻消费时的使用情境、使用体验与使用实践。互联网时代新闻业逐渐完成了从"训话式新闻"（journalism as a lecture）到"对话式新闻"（journalism as a conversation）的过渡，新闻流通也从B2C（business-to-consumer，企业对客户）模式转变为A2A（actor-to-actor，参与者对参与者）模式，新行动主体的出现对新闻业既有的组织架构、话语权力和社会地位造成巨大影响，也对传统新闻价值的指导性和有用性造成冲击。当下，商品主导下的新闻价值对新闻实践的有效性渐趋弱化，以受众为中心深挖新闻价值内涵、考察新行动主体扩充新闻价值外延、关注跨媒介叙事对新闻价值的影响或成为新闻价值研究图景。[②]随着"后新闻业时代"的开启与展开，杨保军和余跃洪认为人类关系网不

---

① 陈昌凤，黄家圣."新闻"的再定义：元宇宙技术在媒体中的应用 [J]. 新闻界，2022(01):55-63.
② 孙嘉宇，陈堂发. 理解新闻价值的两种逻辑：商品主导与服务主导 [J]. 国际新闻界，2022,44(02):6-19.

再局限于"前新闻业时代"所形成的物理空间，也不再局限于自现代新闻业诞生以来所形成的信息空间，社会空间和意义空间的编织联结才是"后新闻业时代"新闻的重要价值所在。新闻在构建人与事实世界的关系、人与人的关系中表现出更为丰富、更为复杂的功能作用。他们在《关系价值：新闻价值论的新维度》中提出了"新闻关系价值"，并说明新闻关系价值意在揭示新闻价值的新维度，即新闻作为中介系统、中介物在人与事实世界、人与人之间相互关系的构建中显示出的独特中介价值。新闻关系价值的典型特征为中介性与构建性，"新闻"不再仅是对客观事实世界的反映和呈现，而是在"人—新闻—世界"的结构中"桥接"了人与世界之间的关系。①王润泽、李静将新闻价值置于中国特色新闻实践语境中进行探讨，在《中国特色新闻价值体系的基本内涵与历史构建》一文中认为中国共产党新闻事业的核心价值和党的属性密切相关，其新闻工作的宗旨始终是为了党和人民的事业，中国特色新闻价值体系的构建是伴随着中国特色新闻事业的发展形成的，这也决定了中国特色新闻价值体系以"沟通"为核心、具有"教化"功能及坚持本土化的"真实、自由、客观"的基本内涵。②

数字媒体时代的来临使传统的新闻真实性开始消解，新闻透明性则逐渐兴起。涂凌波和张天放从新闻透明性的历史脉络开始梳理，指出当前传统新闻业正在经历数字转型，新闻工作已被数字新闻语境所重塑。他们结合新闻透明性自西向东的"理论旅行"，在《数字时代如何理解新闻透明性？》一文中提出以下三点值得注意的地方：一是客观性与透明性的关系并非简单"替代"关系；二是考虑到不同国家和地区在新闻职业伦理规范上的差异，透明性是否可以嵌入中国的新闻职业伦理规范体系，这一关键问题在研究中被忽视；三是新闻透明性概念在自西向东的移植中，其生成的文化社会语境问题被忽略。此外，在数字新闻语境下，新闻透明性观念与实践的双向互动，使新闻实践创新中浮现新闻透明性观念，作为规范的新闻透明性又影响

① 杨保军，余跃洪.关系价值：新闻价值论的新维度[J].新闻与写作，2022(12):45-54.

② 王润泽，李静.中国特色新闻价值体系的基本内涵与历史构建[J].国际新闻界，2022,44(11):39-60.

数字新闻实践。①白红义与雷悦雯也对新闻透明性进行了讨论，在《作为策略性仪式的新闻透明性： 一种新职业规范的兴起、实践与争议》中以"策略性仪式"为核心概念讨论新闻透明性与新闻实践的关系，认为在新闻透明性从理念向实践的转化过程中，新闻应该如何透明成为当下必须厘清的问题。文中指出新闻透明性在实践过程中呈现出技术外包、新闻机构主导、有限透明的特征，使其成为新的策略性仪式，用于恢复新闻业的可信度、维护新闻工作者的职业权威，但公众仍被排除在专业新闻生产以外，新闻机构内部也存在着关于透明性的分歧。②以上对于透明性的研究推动了新闻透明性在理论层面的进一步探讨与反思。

新闻真实虽然是老话题，但也和新闻透明一样具理论旅行的意义探讨。周海燕和张舜杰在《"新闻真实"在中国的意义旅行》中认为在其意义旅行的每一个阶段，新闻真实性都曾被转译以呼应时代的需要，也都在社会中扮演过不同的重要角色。多方行动者的实践合力决定了新闻真实性的走向：它始终因应时代变迁，不断被各方行动者转译和整合进当时的社会实践之中。③这是一个动态过程。白红义和王嘉怡则在《数字时代新闻真实的消解与观念重构》中考察新闻真实性话语引入中国后的言说主体、修辞策略、话语组成、叙事的主题模式以及相关新闻生产实践，并由此讨论它是如何在特定历史和社会情境中被不断再生产意义，并提出了三个分析新闻真实在当下如何被消解的维度。第一个维度侧重于新闻文本和元话语中真实主张的表达：传统新闻业内部关于真实的宣称被重新塑造，"何为真实"也不再由新闻业或者记者单方面决定。此外，数字时代，"抵抗派"记者出现，为了达成具有最大影响力的"真相"，不惜以牺牲一些真实为代价。第二个维度侧重于新闻记者如何制作、验证和证明具有真实性的新闻：核实那些具有新闻价值的信息来自何处、是否具有可靠性，对新闻记者来说是一项特别的挑战。一些记者只能无奈地选择推迟甚至删除无法核实和有争议的信息，以减少受到批

① 涂凌波，张天放.数字时代如何理解新闻透明性？ [J].全球传媒学刊，2022,9(01):146-162.

② 白红义，雷悦雯.作为策略性仪式的新闻透明性：一种新职业规范的兴起、实践与争议 [J].全球传媒学刊，2022,9(01):129-145.

③ 周海燕，张舜杰."新闻真实"在中国的意义旅行 [J].新闻记者，2022(06):3-16.

评的风险。第三个维度侧重于受众如何理解和看待新闻真实：一方面，真相在需求端失去了往日的吸引力；另一方面，受众对媒体的评价日益降低，出现了"信任赤字"。新闻业内部出现了"寒蝉效应"——记者选择远离有争议的问题，同时对群众的反应更加敏感。因此，在新闻真实面临危机的当下，新闻业既不能抱持一种垄断"真相"的幻想，也不要轻易地放弃自己担当"真相讲述者"的追求。这需要在新环境下对新闻真实进行更具建构性而非单纯解构性的反思，在新的历史情境下重新理解、阐述这一规范，同时倡导新闻业重建公信力，并继续承担起引导各方主体协调对话的社会责任。①

值得一提的是，新闻权威的研究也体现了学者对于传统新闻理论体系的完善。李拓和白红义从概念的形成、逻辑和议程三个维度出发，对新闻权威的起源和入场进行分析。他们在《新闻权威：一个经典概念的形成、逻辑与议程》中提出理解新闻权威的三把钥匙在于主体、客体与场域。首先，在主体逻辑中，新闻权威被视为传统新闻业的专属权力，有着显著的排他性。其次，在客体逻辑中，更加强调层出不穷的技术如何改变新闻从业者的立场、态度和价值，并如何进一步改变新闻业。最后，在场域中，更加强调不同类型、不同层级、不同目的的行动者如何碰撞以及产生了何种后果，特别是强调对场域内部既有格局产生的影响。当然，伴随着中国新闻业的不断发展和外来力量的冲击，新闻权威的内涵正在不断演进，不同学者对新闻权威的解读正在日趋多元化。尽管学者们对新闻业"危机"的概念、标准、叙事有着不同的判断，资本和技术正在改变新闻业的生存逻辑，并使"社会中最重要的知识生产机构之一"的新闻业深陷营收困境之中，也已成为不争的事实，但新闻权威的跨文化使用仍在散发活力。②

此外，新闻时间对于新闻业运作也有着强力影响，同样也是一个基础理论问题。涂凌波和赵奥博以"新闻时间"为分析工具，在《新闻时间研究：基本概念、运作逻辑与制度化结构——兼论数字时代新闻业的"加速"及其异化》中指出，新闻活动（系统）中的"时间"究竟意味着什么尚缺乏充分

---

① 白红义，王嘉怡.数字时代新闻真实的消解与观念重构 [J].新闻与写作，2022(07):14-25.
② 李拓，白红义.新闻权威：一个经典概念的形成、逻辑与议程 [J].新闻界，2022(08):49-57.

的理论解释。虽然新闻时间在类型上仍然主要是一种社会时间，但与一般意义上的社会时间的不同之处在于，新闻时间除了协调社会行动、将复杂的社会系统进行简化之外，还是一种标准化、时序化的结构和稳定的时间秩序，它不是自然而然形成的，而是在新闻机构和新闻业发展过程中历史地生成的。而现代新闻业逐渐成为一个超负荷的"加速新闻业"，实质就是新闻时间逻辑的异化，这将对人们的日常生活时间、主体与社会世界之间的连接关系、主体的社会互动与社会行动等产生深远的影响。面对加速生态导致的一系列危机，我们亟须对现代新闻业运作的时间逻辑进行重置。[①]

二、组织视角下的新闻生产研究

新媒体环境下中国机构媒体正在进行转型，媒体与行政系统的关系是理解中国新闻业的关键。组织视角下的新闻生产研究是当下众多学者聚焦的问题。尹连根和王海燕在《组织社会学视角下的中国新闻业转型研究》中，从组织社会学的视角来诠释我国媒体在转型过程中对地方性行政力量的依赖现象。我国新闻业转型表现出由公共性向公关性转变的合法性重构，这一重构以对地方性行政力量的市场化依附为典型特征，可称之为"依附性转型"，具体表现为以下三点：市场合法性的重构、效率优先和混合型新闻文化的形成。市场合法性表现在：机构媒体在转型前表现为对大众诉求的迎合，但在新媒体勃兴带来市场合法性危机之后，部分机构媒体与地方性行政力量一拍即合，由公共性转向公关性。效率优先表现在：在市场衰退而致生存危机后，效率机制被赋予优先性，以至于采编经营为了保证效率机制的充分作用，边界日趋模糊。新闻文化表现在：机构媒体在转型前主要诉诸公共性，对地方性行政力量构成监督之势。转型后，随着媒体市场合法性由公共性向公关性转变，通过边缘化调查性报道、绩效管理制度变迁、办公室氛围等途

---

① 涂凌波，赵奥博.新闻时间研究：基本概念、运作逻辑与制度化结构——兼论数字时代新闻业的"加速"及其异化 [J]. 国际新闻界，2022,44(10):24-49.

/ 333 /

径，媒体的专业性文化发生转变。①

融合式新闻生产正成为数字时代新闻业的一大趋势。但理解融合式新闻生产不应仅仅停留在数字技术方面，还可以从组织社会学的理论框架层面进行研究。张寅在《融合式新闻生产：一个媒体式的"面子工程"？——基于组织社会学视角的考察》中指出，新闻业的数字化变革不仅受到技术环境的制约，还深受制度环境的影响：媒体机构的融合式新闻生产的出现是一种顺从现象，按照上级主管部门的意图开展融合式新闻生产；也是一种"搭便车"，采取业内承认的"合法化"机制——先有中心，再谈融合。媒体的融合式新闻生产也受到"超稳定"架构的制约，媒体组织并没有彻底打破其原有的架构格局，而是采取一种"相对稳定"的、不彻底的融合路径。在技术环境与制度环境之间的矛盾中，新闻业率先服从于制度层面的"合法性"机制。此外，融合式新闻生产的数字化实现程度深受组织结构稳定程度的影响，越是沉溺于过去的新闻生产环境，越难朝着数字化的方向变革。②这对未来数字媒体的融合新闻生产路径提供了很好的启发。

技术的不断革新也推动着新闻的不断创新，从业者不断在对新闻创新进行实践，转型是新闻组织因应数字传播技术变革开展的创新实践。但中国学者对本土创新实践的考察甚少结合组织外因素加以考虑，而在关注组织对新技术、新理念、新叙事形式的采纳时，亦不能忽视体制、制度等宏观因素对中观实践层面可能产生的影响。周睿鸣在《转型中的中国新闻业视频创新与行动策略研究》中尝试从制度层面理解新闻组织内外视频创新活动的内在一致性。他认为摆脱对融合报道诉诸路径依赖的两套行动策略应当是调适和逸出。"调适"指的是：新闻组织吸纳新技术、推广视频这一新型叙事形式不是纯粹的内部行动，它依赖从业者在专业导向的产品评价和精确量化的用户反馈之间进行平衡与妥协。路径依赖与否呈现了从业者在专业和受众两种导向之间的偏向。"逸出"指的是：实践主体不是新闻组织，行动场所不在

① 尹连根，王海燕.组织社会学视角下的中国新闻业转型研究 [J].新闻大学，2022(09):29-44+118.

② 张寅.融合式新闻生产：一个媒体式的"面子工程"？——基于组织社会学视角的考察 [J].新闻大学，2022(04):29-41+120.

新闻场域，但由于新的实践主体在视频创新中保有了新闻创新理念和行动的延续性，试图在新闻场域外继续作为市场主体提供严肃内容这种公共服务，回应公众关切、推动社会发展与进步，同时明晰自身的行动自主性。他也指出，在特定的制度环境下，调适和逸出所彰显的创新理念有共通之处：一是继承20世纪90年代中期以来中国媒体市场导向改革理念，二是调和大众媒体的专业导向逻辑和数字媒体的网络化逻辑。[①]

媒介社会学路径下的新闻业研究关注焦点在于中观、微观的媒介组织和新闻实践层面，凸显出机构权威、奖惩制度、专业主义等编辑室内部控制因素对从业者新闻生产的影响。"控制"是媒介社会学的一个经典问题，传统上尤其注重对"组织内控制"的研究，互联网促进了编辑室控制研究的变化。王敏在《数字新闻生产中的编辑室控制——基于对媒体从业者微信使用的田野观察》中通过新闻民族志考察数字编辑室日常互动的微观情境，发现：互联网环境下尽管传统的组织权力结构依然存在，但伴随着机构权威和新闻行业"奖赏性权力"的弱化，以及弹性工作制下从业者"面对面互动"的大幅减少，编辑室控制更多是在网络互动中实施，并在互动中不断协商和改变，因而组织结构与个体能动性之间的张力更为凸显。一方面，新技术条件下工作群作为虚拟编辑部强化了基于互联网特性的新型控制，并驯化了媒体从业者工作场所微信使用的礼仪和规范；另一方面，从业者也发展出一套适应微信互动特点的博弈和协商方式。[②]王敏又从民族志的理论与实践两个维度切入，通过回溯民族志与新闻传播研究相勾连的知识图谱，试图跳出组织社会学的学科框架，更多地引入媒介人类学的学术资源，探寻民族志与新闻生产研究"深度互嵌"的理论建构。她在《"空荡荡的编辑室"：互联网时代新闻民族志的重思与改造——基于对一家省级党报的田野研究》中，以"新闻是被建构的产物"为基础，从理论和实践两个层面探讨了"新闻为什么会被构建"这一核心问题。

① 周睿鸣.转型中的中国新闻业视频创新与行动策略研究[J].新闻大学，2022(10):27-37+119.
② 王敏.数字新闻生产中的编辑室控制——基于对媒体从业者微信使用的田野观察[J].现代传播（中国传媒大学学报），2022,44(08):1-10.

从理论维度来看：由社会学家开创的新闻生产社会学，与主要由人类学家推进的媒介人类学或民族志传播研究，形成了两条似乎并不交叉的学术路径。在新的时代背景下，这两条路径出现了碰撞和交流的契机，借以充分挖掘人类学的学术资源和方法论视角，寻求民族志与新闻传播学的深度共鸣与融合。从实践维度看：面对"空荡荡的编辑室"，互联网时代的新闻民族志应以线上、线下穿梭，"时刻在场、整体浸润"的参与观察为核心，形成整体的、批判的、多点的研究取向，并综合使用访谈、新闻产品内容分析、从业者日常会话分析等方法，动态追踪新闻生产、传播、消费的全过程，打通原本割裂的媒介内容生产与效果研究领域，在此过程中将原本在新闻场域之外的新行动者纳入研究视野。[①]

除了新闻组织内部的变动，新闻生产的环节中被注入了社交媒体逻辑以及不同的受众观。社交媒体逻辑是指：社交媒体如何引导社交流量。韩德勋和黄杰探讨了社交媒体逻辑对新闻生产的影响。他们在《社交媒体逻辑对新闻生产影响研究——基于"财新网"和"南方都市报"微信公众号的内容分析（2013—2020）》中，对 2013 年至 2020 年"财新网"和"南方都市报"微信公众号的 607 篇报道进行内容分析，有以下三点发现：一是"新都市媒体"对于社交媒体逻辑进行了有限的接纳，南方都市报的接纳程度要高于财新网；二是"标题党""煽情议题""煽情表达""人情味"对于传播效果的提升作用存在一定差异；三是议题是否煽情同煽情表达的运用之间不存在确切关联。[②]陈阳与周子杰在《从群众到"情感群众"：主流媒体受众观转型如何影响新闻生产——以人民日报微信公众号为例》中认为，人民日报的受众观由传统媒体时代的群众观转向情感群众观。情感群众观，意指媒体在众多与受众进行连接的方式中强调情感这一维度，这里的情感不仅指喜怒哀乐等作为内在感受（inner feelings）的情感（emotion），还是一种作为动员策略的情感（affection）。在内容层面，情感群众观影响新闻生产，体现在微信公

① 王敏."空荡荡的编辑室"：互联网时代新闻民族志的重思与改造——基于对一家省级党报的田野研究 [J]. 新闻记者，2022(06):30-40.
② 韩德勋，黄杰.社交媒体逻辑对新闻生产影响研究——基于"财新网"和"南方都市报"微信公众号的内容分析（2013—2020）[J]. 新闻记者，2022(08):47-58.

众号文章标题多用人称代词、正文采用对话叙述风格、新闻故事个人化、新闻写作模板化。①

新闻业进入"后工业化"时代，催生了创业媒体这一组织形式。白红义和施好音在《"中间地带"的边界工作：基于创业媒体 J 播客的案例研究》中研究关注创业媒体成为媒体职业生态中合法主体的过程，以及其与传统媒体、自媒体之间的互动关系，认为创业媒体是一类新兴边界工作主体，其边界工作的特点为过程性和双重性。首先，过程性是指不同于媒体生态中既有的、保有职业声望的职业主体，创业媒体的边界工作并不是在"抵御入侵"和"回应冲击"的逻辑中完成的。其次，双重性是指创业媒体处于传统媒体和自媒体的"中间地带"，面临"两重边界"。他们指出，作为传统媒体的颠覆者和专业内容的生产者，创业媒体需要在这两重身份之间进行平衡，面临持续的、双重的边界工作，而这一边界工作又呈现出分界与合界相复合的机制。②这一研究补充了边界工作理论在新闻学领域的应用。

三、技术视角下的新闻业转型与创新研究

由于技术的赋能和组织结构的变迁，新闻传播业发生了极大的改变，并增加了转型与创新的复杂性。21 世纪以来，信息传播格局的重组，使得传统新闻业的 "封闭系统"被打破，也使其配置性资源和权威性资源日渐弱化，此前形成的稳态、可持续的结构化再生产模式遭遇重创，这是当前传统新闻业危机的深层根源所在。姜华和张涛甫在《论传统新闻业的危机及其结构化根源》中，从历史的视角，以结构化理论为分析框架，探讨造成传统新闻业危机的内在动因。从信息传播结构的演变层面看，中外新闻业的发展，大致经历了从"闯入者"到"封闭传播系统"的演变。基于此，他们认为传统新闻业的危机，是以往相对稳固的配置性资源和权威性资源出现松动甚至是急

---

① 陈阳，周子杰.从群众到"情感群众"：主流媒体受众观转型如何影响新闻生产——以人民日报微信公众号为例 [J].新闻与写作，2022(07):88-97.
② 白红义，施好音."中间地带"的边界工作：基于创业媒体 J 播客的案例研究 [J].新闻记者，2022(12):16-29.

剧弱化的表现，也是社会不断重新联结与快速重组的必然结果。在既有研究中，传媒经济、传播技术与职业理念，成为探讨新闻业危机与未来的三要素。从现实看，通过经验数据，这些研究一定程度上揭示了新闻业面临的困境，自有其价值。但有两个方面的缺失值得关注：第一，缺乏历史的视角；第二，对新闻传播活动、新闻业危机缺少结构化理论的视野。从历史经验看，这增加了当代新闻业尤其是传统新闻业发展的不确定性，但未必是绝对的危机。在表面的危机之下，传统新闻业的权威性资源（新闻观念丛）依然具有不可替代的优势，与新闻业相比处于弱势地位的配置性资源（用户、技术革新与市场）也并非全无拓展空间。所以，保持自身历史形成的结构性要素优势，是应对"陌生人"闯入和维系结构化再生产活力的关键所在。传统新闻业必须立足结构化再生产乏力的现实，才能真正找到破解结构化危机的路径。①

数字平台的迅猛发展促进了平台社会的形成，平台已然作为一种基础设施渗透在各个社会领域，随着近年来数字平台的发展携带着技术和资本双方进入新闻场域，平台与新闻业关系也成为新闻学研究平台的核心问题。白红义以"平台逻辑"为中心概念，搭建起平台与媒体之间的桥梁。他在《"平台逻辑"：一个理解平台——新闻业关系的敏感性概念》中认为平台与新闻业之间存在非对称关系，即"新闻业对平台的依赖要甚于平台对新闻业的倚重"。因为二者不仅有利益上的博弈，且存在运作逻辑的不同。而在这种不对称关系之下，"平台逻辑"作为理解二者动态关系的敏感性概念，在媒体逻辑和社交媒体逻辑的基础上进行了更新和强化，具有了技术、市场和关系三个关键特征。作为一种关系逻辑，平台逻辑的形成包含着两个相互关联的过程：一是平台本身的平台化过程，二是平台进入新闻业的过程，这方面的发展过程往往被遮蔽在上一个平台化过程里，较少被单独呈现和分析。②

新闻业的转型与创新离不开技术的参与，AI新闻技术使新闻领域发生

---

① 姜华，张涛甫.论传统新闻业的危机及其结构化根源 [J].新闻与传播研究，2022,29(01):30-47+126-127.

② 白红义."平台逻辑"：一个理解平台——新闻业关系的敏感性概念 [J].南京社会科学，2022(02):102-110.

深刻变革，而如何在新技术情境中自处成为新闻从业者亟待解决的问题。李子甜将研究目光放在新闻从业者对AI新闻技术的认知上，其在《工具性收益与系统性风险：新闻从业者的人工智能新闻技术认知》一文中有以下几个发现：一是受访者在对AI技术的风险和收益感知中表现出明显的主题偏好。收益感知的相关主题围绕日常新闻实践与媒介组织运营展开。在风险感知中，从业者观照的主题相对宏大且更为抽象，涵盖新闻生产和一般性的社会主体与社会系统；二是在AI新闻技术的收益上，受访者表达出更多的工具性收益感知，而在风险方面，却偏向社会性或者说是系统性的风险感知；三是受访者对以AI为代表的新信息技术在认知上存在一定的滞后性，即他们尚不能主动反思技术对新闻业态的整体影响。她指出，新闻从业者在技术认知上的复杂性需成为新技术决策沟通的重要关切。[①]

四、新闻从业者的话语与实践

随着新兴传媒技术的发展，技术创新和在地性实践持续推动新闻记者研究的议题进展。中国新闻业存在着"改革开放一代"与"数字一代"的代际差异，他们分属于不同的"现实世代"，呈现出各具特色的独有世代样态。因此，王海燕以曼海姆的世代理论为视角，在《中国新闻业的代际变迁——以曼海姆的世代理论为视角》中指出，"改革开放一代"中存在一个相当"主动"的"世代单元"，调查性报道赋予他们独特的历史标记。而"数字一代"更多以"日常记者"的世代样态存在。在这两个世代之间，居中层次记者的缺失，导致新闻机构中坚力量的不足以及编辑部代际冲突的日常化。作者提出，曼海姆的世代理论对分析当代社会文化变迁仍具有持续的价值，能够阐明人类社会在传播活动中的一些重要特征，不过，曼海姆世代理论目前主要运用于对西方社会的分析，原有框架要经过适当扩展和修正，才能更好地用于分析中国新闻业和记者文化的变迁，这也对未来新闻业研究提供了

① 李子甜．工具性收益与系统性风险：新闻从业者的人工智能新闻技术认知 [J]．新闻大学，2022(11):29-42+117.

方向。①

考察新闻记者的职业认同与人生故事是对新闻记者话语研究的重点。张洋在《志趣与使命的交光互影：中国国际新闻记者职业生涯叙事研究》中采用职业生涯叙事研究的路径对国际新闻记者进行了叙事研究，提出国际新闻记者的职业认同可以从两个层面展开：普遍性层面和特殊性层面。普遍性层面认为"传播者"角色在国际新闻记者职业生涯叙事中很少被提及，只是作为一种基础性工作被铺垫在背景中，也难以支撑起记者对这份职业的认同感。真正构成国际新闻记者职业认同核心的，是目击者、解释者和动员者三种角色身份，而这也是国际新闻从业者确立自身职业文化权威的主要方式。特殊性层面认为：国际新闻记者的内部差异主要表现在认识论和价值观双重维度，其中认识论层面的差异与记者的学科背景高度吻合，新闻传播学出身的记者会更倾向于"新闻职业导向"，而有着国际关系、语言文字、人类学等专业背景的记者则会倾向于"国际文化导向"。在价值观维度，差异体现在对于国家利益的理解和诠释上。持"国家利益导向"的记者怀有浓厚深沉的家国情怀，强调国家利益之于国际新闻生产的优先地位，在选取报道主题和报道框架时会自觉以国家利益为导向；持"世界主义导向"的记者则会强调自身实践不受狭隘的国家利益观念和激进的民族主义情绪的影响，认为自己在报道国际议题时只需恪守专业标准报道事实，向中国民众呈现客观真实的世界图景。②这既展现了国际新闻从业者确立自身职业文化权威的主要方式，也说明了国际新闻记者职业认同中两个主要的差异维度。但新闻生产常规的束缚和职业社会化的塑造并未消除国际新闻记者的异质性，这两个层面上的主要差异维度，共同塑造出了富有内在张力的国际新闻实践。

除了正在进行新闻实践的记者研究，许多学者将研究目光聚集在对离职新闻人的话语研究上。离职媒体人的职业转型话语在互联网新闻业环境下具有诠释和反思的双重实践特征。冯强和孙璐璐在《中国离职媒体人职业转

① 王海燕.中国新闻业的代际变迁——以曼海姆的世代理论为视角 [J].新闻记者，2022(03):24-34.
② 张洋.志趣与使命的交光互影：中国国际新闻记者职业生涯叙事研究 [J].新闻记者，2022(03):35-46.

型话语研究》中提出三点发现：首先，离职媒体人职业转型话语是对新闻业"危机话语"路径的延伸。在离职媒体人的转型话语中，新媒体和传统媒体在职业管辖权方面的冲突与争夺带来了传统新闻职业的生态困境，传统媒体转型并未取得预期成功。职业生态困境也迫使媒体人离职流动到新行业单位；其次，与职业生态变化相伴随的是技术革新下的媒体组织文化和劳动过程的变迁。在新技术等力量塑造的传统新闻业危机下，绩效制度下掩藏的媒体人与单位组织以及单位编制内外从业者的矛盾被激化；最后，劳动资本的现实考量以及新职业的持续创新等话语建构，折射出离职媒体人职业选择的现实理性。一方面，传统媒体行业持续衰落；另一方面，媒体人劳动资本增殖存在天花板效应。①

唐铮和林子璐、严云依也关注到了媒体人离职现象，他们在《资本的转换与行动：场域理论视阈下的媒体人离职现象》中聚焦近年来出现的媒体人离职现象，考察一家主流传统媒体 9 年间 98 人次的离职现象，对涉及其中的媒体人进行离职路径分析，并对其中 10 名代表性人物进行深度访谈，剖析媒体人离职的行动逻辑。他们主要采用媒体人离职模型进行分析，提出对于离职者有三种力量：内部推力、内部拉力、外部拉力。内部推力是指斗争的失败和幻象的消逝。以"成名的想象"为职业入口的媒体人更容易受到幻象消逝的打击，从而因职业成就感的灭失或削减做出离职决定。内部拉力是指媒体行业资本积累的优势和独特的符号资本的感召。这也能够解释为何新闻业离职人员在离职后仍能保持高度职业认同和身份认同，并将认同感作用于新的职业场域或再度被认同感拉回媒体领域。外部拉力指的是更丰厚的社会资本和更多元的符号资本的召唤。这一点用以凸显经济资本在社会生活中不可取代的作用。所以，在媒体人做出离职决定的动因中，经济力量并不是最核心的因素，媒体人职业生涯的存续或终止，需要在经济资本、社会资本、文化资本三股力量交织作用的力量矩阵中达成表面张力上的平衡。如果力量矩阵始终保持均衡，将会支撑媒体人继续其职业进程，而当其中的某一项或几

---

① 冯强，孙璐璐．中国离职媒体人职业转型话语研究 [J]．新闻大学，2022(02):56-70+119．

项拉力或推力突然增大或减少，进而打破整体平衡时，将造成媒体人做出离职决定。①

陈立敏的《职业角色的延伸：媒体精英离职后的身份认同建构》一文也对离职媒体人的职业身份认同进行了讨论，文章指出，离职后的媒体精英主要通过如下三种方式建构身份认同：在更直接的社会互动中寻求认同；在"正式"与"非正式"的身份转换中寻求认同；在基于反思的身份调适中寻求认同。在更直接的社会互动中寻求认同主要体现在媒体创业以及公益行动中。除带有一定理想色彩的创业活动外，从事公益事业也是媒体精英选择与社会直接进行互动的重要方式。在"正式"与"非正式"的身份转换中寻求认同主要体现在他们会通过技术便利，以"随机参与"的方式继续扮演"新闻人"角色，并在此过程中建构新的认同。在基于反思的身份调适中寻求认同表现在行动主体经过反思后，重新回归内容行业，以一种更为创新的姿态进行泛内容领域的创业。因此，媒体精英并没有完全"逃离"新闻业，而是仍以各种"可见"和"不可见"的方式进行积极的行动，并在此过程中重建身份认同。虽然其中有诸多矛盾、张力与艰难，但媒体精英的角色扮演体现了较为明显的"积极行动者"特征。这种以积极行动为导向的"新闻人职业角色的延伸"具有多重启发意义。②

当今的社会形态逐渐呈现一种永久在线的状态，这对新闻工作的工作形态也产生极大影响。王昀和张逸凡在《即刻联结与流动"办公"：通勤情境中的新闻从业者及其生产实践》中探讨了基于移动设备中介的空间再造及从业者的在场生产，以移动性为特征的新闻生产过程，为探讨数字化语境下新闻业面临的公共性和专业性问题提供了新的视角。他们认为通勤情境的新闻工作有以下特点：新闻编辑部可移动化、记者可在线坐班、移动情境的物质中介架构工作空间。通勤情境呈现的潜在劳动趋向投射出数字环境下新闻从业者的行动样态，为检视新闻生产活动的日常化线索提供了可窥之径：首

---

① 唐铮，林子璐，严云依.资本的转换与行动：场域理论视阈下的媒体人离职现象 [J].新闻记者，2022(05):24-35+57.

② 陈立敏.职业角色的延伸：媒体精英离职后的身份认同建构 [J].新闻记者，2022(03):58-69.

先，移动化的新闻工作无疑提升了新闻机构生产效率，并塑造了新的组织关系网络；其次，即刻联结的日常生活状态带来了新闻记者主体性的失序风险。值得注意的是，面对日常化新闻劳动施加的影响，从业者同样以其策略抗争，也带来了内容生产实践一些新的自主空间。面对当下永久在线的社会生态，新媒介技术与流动空间的新闻生产实践密不可分，背后呈现的是劳动生活的媒介化，映射出快速变化的行业命运和新闻业的结构转型。①

在"在线化"特点的加持下，流量成为互联网商业媒体领域的主要指标，这对传统新闻从业者是一种新的挑战，也在新闻生产中规训了其劳动过程。余沐芩和宋素红于《流量指标意味着什么？——数字时代新闻从业者的劳动控制与自主性研究》中，以"流量"为研究切口，聚焦互联网商业媒体的新闻从业者，借助劳动过程的理论视角和深度访谈的质化分析方法，认为从业者对流量指标"客观性"和"工作能力"的理解实则是流量"制造同意"的结果，"客观性"和"工作能力"的内化背后是商业媒体的控制手段。为了摆脱困在流量的境地，从业者利用迂回式的自我争取、寻求同行之间的心理认同以及流量造假的共谋，实现自主性的探索，但这种自主性只是为在精细化的数字指令下争取更大的生存空间，大部分从业者既无力对抗也不愿逃脱，在不断的博弈过程中维持着动态的平衡。一旦从业者将流量指标内化为专业标准并接受流量指标的考核，就意味着数字时代互联网商业媒体生产具有病毒式传播潜力的故事将成为主流。互联网商业媒体以流量为导向的内容生产，无疑对新闻生产的专业标准提出了新的挑战。②韩晓宁和王军则在《技术转向与在地性实践：媒体融合语境下新闻记者研究的进路与展望》中，以数字技术作为时代背景，分别从个体层面、职业层面和组织层面对新闻记者相应的工作生活状况、职业观念文化以及组织态度行为等问题进行了总结。个体层面的议题主要是对新闻记者的工作生活状况的研究；职业层面的议题主要是对新闻记者的职业观念文化的研究；组织层面主要是对新闻记

---

① 王昀，张逸凡.即刻联结与流动"办公"：通勤情境中的新闻从业者及其生产实践[J].新闻记者，2022(07):33-44.
② 余沐芩，宋素红.流量指标意味着什么？——数字时代新闻从业者的劳动控制与自主性研究[J].新闻记者，2022(06):17-29.

者的组织态度行为的研究。新媒体技术作为技术工具与新闻记者的互动关系研究方面主要包含两类议题：一是关注数字技术对新闻记者的影响，二是关注新闻记者对数字技术的认知态度等。可以发现，目前对于新闻记者研究的问题日益关注数字技术及本土化问题；在研究视角上，日益凸显技术创新的重要影响；在具体论证上，学者对待数字技术的态度尚未形成共识。①

在媒体融合的大背景下，数字新闻业行动者的边界工作实践也不可避免地陷入"液态化"。朱春阳和毛天婵以《甘柴劣火》事件为考察出发点，在《"洗稿"该当何罪：数字新闻业共同体的消解与建构——基于〈甘柴劣火〉事件的考察》一文中聚焦这样的问题：行动者网络替代机构媒体成为数字新闻业实践主体的行业现实面前，新闻业的共识正面临被消解的危险，如何才能修复裂痕，重建新型行业共同体？研究者认为，如果作为实践共同体的各方借此契机发出争取行业共享的信息权益的建议，例如扩大自媒体的信息采集权边界范围等，自媒体"洗稿"这一顽疾会在很大程度上得到解决。但在这一点上，行动者网络大多保持了沉默，维持了这一中国新闻业特有的新闻生产规制方案。因此，解决数字新闻业的新型"新闻人"的归属感问题也是行业组织面临的紧要任务。②

五、数字用户与新闻消费

在数字时代的动态化、去中心化的媒介环境中，用户消费习惯、接受信息的习惯以及对新技术的认知都与现实情景具有紧密联系。算法塑造着我们的数字生活方式。如何认识和理解算法已经成为一种新的媒介素养。陈逸君和崔迪在《用户的算法知识水平及其影响因素分析——基于视频类、新闻类和购物类算法应用的实证研究》中，将算法知识视作特定技术领域的事实性信息，从效果角度考察不同个体对算法技术的实际理解，并探究用户算法

---

① 韩晓宁，王军. 技术转向与在地性实践：媒体融合语境下新闻记者研究的进路与展望 [J]. 新闻记者，2022(11):43-55.
② 朱春阳，毛天婵."洗稿"该当何罪：数字新闻业共同体的消解与建构——基于《甘柴劣火》事件的考察 [J]. 新闻大学，2022(08):61-77+123.

知识水平的影响因素，考察不同社会经济地位群组间算法知识差距的调节变量，研究证明了不同教育程度的群组之间存在算法知识沟。并且，研究揭示了一系列影响算法知识的因素（内生因素与外生因素）：媒体报道、用户卷入度和算法编辑能力正向影响用户的算法知识及算法自我效能。该研究还认为，算法出错率遭际不仅可以有效提高用户的算法知识水平，还成为弥合高低教育群组间算法知识差异、缩小甚至逆转算法自我效能差距的显著因素。①面对公众碎片化、舆论冲突化、社会心理激烈化和极端化的现实境况，人们信息行为的自由性和高度能动性显然不再具有天然的正义性。正是在这样的问题意识中，信息茧房作为网络空间中一种具体的、常见的、产生实际政治效应的信息实践形态，需要认真予以考察。

夏倩芳与仲野在《中国网民的新闻消费习惯与信息茧房状况——不同教育人群的素描和比较》中，针对当前中国网民的信息茧房状况以及与之相关的新闻消费习惯展开了描述性研究，②有以下几个发现：首先，中国网民中信息茧房现象是普遍存在的；其次，总体来看，新闻消费习惯对信息茧房的影响是显著的；最后，最重要的发现是在不同教育人群的比较上，教育不仅未能有效避免或降低信息茧房的程度，反而可能产生强化作用。据此，他们提出建议：在社交媒体环境和全球话语不平等的形势下，对社会共享信念体系的培育十分重要，这是一种非常现实的应对复杂信息环境的路径。

六、总结

通过以上综述，可以看到，2022年的中国新闻业研究无论在理论还是实践维度上都相当丰富，取得了一定的成果。数字时代的新闻观发生了许多新的变化，学者在互联网发展与理论变迁的双重推动下对数字时代的新闻观进行再思考，同时组织视角的加入，使新闻生产的研究视野变得开阔。此外，

---

① 陈逸君，崔迪．用户的算法知识水平及其影响因素分析——基于视频类、新闻类和购物类算法应用的实证研究 [J]．新闻记者，2022(09):70-85.
② 夏倩芳，仲野．中国网民的新闻消费习惯与信息茧房状况——不同教育人群的素描和比较 [J]．新闻记者，2022(12):3-15+96.

学者们也从技术视角上逐渐发掘新闻业的创新，并以此作为以后转型探索的基础。值得一提的是，学者们回归个体，又将个体与组织、环境相联系，立足于新闻从业者的话语与实践，展现他们的生存现状以及职业认同观。接下来如何跳出新闻中心的视角，对数字时代的新闻观念与新闻实践进行系统考察，仍需要进一步研究。

（徐桂权，中山大学新闻传播学院副教授；伍夏锐、吴奕贤、彭雯珺，中山大学新闻传播学院硕士研究生。）

迈向实践的中国特色新闻学

白红义　马锦辉

【摘要】

本研究对2022年刊发于CSSCI来源期刊上的新闻学论文进行了文本细读，提炼出新闻学范式变更的四类"征兆"——走向后人类、走向后现代、走向社会关系网络、走向意识形态，并展示了上述征兆如何体现在理论和实践两个研究维度。这些征兆既显示了中国新闻学内部的动荡与危机，也预示着其将要走上的新突破道路，而中国特色新闻学要想真正走向新时代历史唯物主义的实践，则要深刻地从这些"征兆"的内部逻辑对其做出回应。

【关键词】

中国特色新闻学；历史唯物主义；后人类；后现代

一、引言

自20世纪80年代学科恢复和重建以来，中国新闻学凭借其在认识和改造新闻实践方面的智识贡献逐步确立了学科身份与地位。只是当前中国新闻学科发展仍不够理想，这一方面表现为新闻学的知识体系依然十分薄弱，对其他人文社会科学产生的影响相当有限；另一方面表现在学术研究与新闻业界有隔膜，难以对鲜活的新闻实践发挥有效的指导作用。中国新闻学理论只有敏锐地捕捉到研究客体的变化，通过创新有效地回应社会关切，才能不断提升自身在学术场域中的合法性，而创建卓有成效的新闻学理论范式则是题中应有之义。新闻学理论范式的创新意味着新闻学的发展已经从学科建制的

"形式"发展迈向新闻知识认知论的"内容"发展。

当前的中国新闻学研究展现出了与以往明显不同的特质。首先，大量的研究者根植于传统新闻业，通过对传统新闻业变化和新闻从业者变化的分析，揭示出新闻学理论范式的新动向、新变化，在这个过程中越来越多社会学、政治学、哲学等其他学科的概念，以及新的研究方法、研究路径、研究体系被运用。其次，学者们对新的行动者、新的技术客体的关注度越来越高，这些新主体、新客体正在成为新闻学研究中的重要组成部分，对传统新闻业和新主体、新客体的研究正在呈现出"平分秋色"的局面。最后，新闻学理论范式的本土化声音日趋加强。尽管长期以来，新闻学理论范式研究都存在着东西、中外的差异，也一直都有学者主张构建中国特色的中国新闻学理论范式，但是这种声音在互联网语境下正在日趋明显。

从新闻学研究的诸多新趋向可以看出，当代中国新闻学理论范式的主要内核在于具有中国特色的马克思主义新闻观，主要时代特征在于立足中国本土新闻业当前所面临的剧烈的数字化转型。因而，历久弥新的马克思主义新闻观研究与方兴未艾的数字新闻学研究构成了当代中国新闻学理论范式的两大思想源流，并摹刻着当代中国新闻学理论范式构建的主流方向。因此我们应以马克思主义新闻观与数字新闻学研究为基础坐标，以理论、方法与实践为主要方向，对具有中国特色的当代新闻学理论范式进行学理上的探索。本研究的目的正是为了呈现过去一年中国新闻学界为此做出的努力，通过对刊发于CSSCI来源期刊上的新闻学论文的文本细读，尝试从中概括出中国新闻学目前所探讨的核心议题，并试图从中看到中国新闻学正在发生的变化，进而对中国特色新闻学的未来发展做出研判。本研究首先梳理过去一年中国新闻学界所显示的范式变革的"征兆"，由此从整体上对中国新闻学的发展进行整体描摹，然后分别呈现新闻学理论研究、实践研究的主要议题和大致内容，最后则基于本研究的梳理，对未来中国特色新闻学如何走向实践发表些许见解。

二、新闻学研究范式的变革 "征兆"

本研究首先借用哲学家齐泽克所讲的 "征兆" 一词来阐释当下中国新闻学总体所出现的结构性变化。在齐泽克笔下, "'征兆' 是一个特殊因素, 它颠覆了自身的普遍根基", 它与既定场域 "大异其趣", "同时又是这个场域寻求解脱、获得圆满所必不可少的"①。中国新闻学也已经产生了若干征兆, 它们颠覆了新闻学已有的本体论基础, 意味着新闻学从根本上面临困境, 但它们也预示着新闻学走出危机的可能性和自我挣扎的方向。过去一年中国新闻学呈现的范式更替征兆可以概括为四类。

第一, 新闻学研究正在从人文主义价值取向走向后人类、后人文, 这可谓新闻学正在发生的最关键的转变, 而这一类征兆主要体现在新闻学界对媒介物质性、技术可供性以及行动者网络等理论的探讨。

近年随着人工智能技术越来越深入地搅动整个新闻传播实践的格局, 媒介哲学中的 "后人类"、后人文主义视野开始进入新闻传播学的研究领域, 这种理论对传统的自由人文主义理性与精神进行了根深蒂固的质疑②, 强调技术和物质的主体性, 对人类中心主义进行了根本的挑战。而这几乎颠覆了新闻学的根基, 因为新闻学科本身深刻建立在自由人文主义基础之上。2022年的中国新闻学对媒介物质性进行了大量探讨, 既有借相关理论宏观地探索学科和行业转型路径的, 比如李玉媛、佘文斌以ANT、STS理论为视角梳理了数字新闻学研究的科学技术学路径③, 常江、何仁亿从物质、情感、网络三个维度讨论 "数字新闻业流程再造"④; 也有在具体的经验研究中将唤起行业对媒介物质性的广泛关注作为突破新闻业危机的方法的, 如胡翼青、郭静就在探讨记者面临的边界危机之时, 认为解决问题的关键在于推翻新闻专业主义

---

① [斯洛文尼亚] 斯拉沃热·齐泽克. 意识形态的崇高客体 [M].2 版. 季广茂, 译. 北京: 中央编译出版社, 2017:17.

② 姚富瑞. 感性生成与后人类理论进路中的美学问题 [J]. 文艺争鸣, 2021(08):72-79.

③ 李玉媛, 佘文斌. 数字新闻学研究的科学技术学路径——基于行动者网络理论和技术的社会建构理论视角 [J]. 新闻界, 2022(07):4-11+23.

④ 常江, 何仁亿. 物质·情感·网络: 数字新闻业的流程再造 [J]. 中国编辑, 2022(04):29-35.

背后的人本主义预设，以媒介所建构的物质体系为出发点重新追问新闻媒体的角色与边界①，而曾培伦、朱春阳则在评估一县级融媒体发展时，认为要以"可供性"来重新评估县级融媒体传播效果，"聚焦用户和融媒体中心技术特点之间的互动关系"②。从这些研究来看，新闻学者已经将新闻学导向了后人文的视域里。

第二，新闻学研究正在从理性人文主义走向后现代语境，这一类征兆在新闻学界主要体现在对"真实"的解构、对"新闻情感"的关注和对新闻"不确定性"的承认上。

正如卡普托在《真理》一书中谈到，在后现代语境中，"真理"的含义正在被"解释学""语言游戏""范式"这三组理论重构，结果是"真理"的存在被怀疑、"真理"的标准被解构、理性之于"真理"的地位被质疑。③"真实性"一向被视为新闻的生命，"客观性"也一向被视为新闻的一大重要原则，然而在今天，新闻学也不得不面对后现代语境的挑战，对"真实"与"客观"做出再解读。比如李岩、丁旭就对"新闻真相"概念进行了解构，认为并不存在绝对的真相，凡"真相"都受到语言的"窃掠"，而重视情绪和个人信念的"后真相"概念和"真相"事实上一样有价值。④与之相关的新闻真实则受到了更多探讨，成为2022年中国新闻学界的一个热点话题。此外，中国新闻学界对新闻情感的探讨也相当丰富，俨然成为一个显著议题。常江、何仁亿指出，数字新闻生产的"物质条件对新闻行动者行为和观念的改造主要是以情感为基本逻辑完成的"⑤。蔡雯、周思宇也指出，"随着后情感社会的来临，……情感转向客观上已经在我国新闻业实践中兴起，……我国主流媒体也开始重新衡量情感性因素在新闻中的价值"⑥。这些

① 胡翼青，郭静. 专业新闻媒体的边界悖论：基于媒介本体论的视角 [J]. 西北师大学报（社会科学版），2022(04):85-93.
② 曾培伦，朱春阳. 可供性框架下县级融媒体中心建设效果评估体系创新 [J]. 新闻与写作，2022(09):100-110.
③ [美] 约翰·卡普托. 真理 [M]. 贝小戎，译. 上海：上海文艺出版社，2016:197-240.
④ 李岩，丁旭. "事实—真相"与"后真相"的叙事之辨 [J]. 现代传播（中国传媒大学学报），2022(02):9-16.
⑤ 常江，何仁亿. 物质·情感·网络：数字新闻业的流程再造 [J]. 中国编辑，2022(04):29-35.
⑥ 蔡雯，周思宇. 主流媒体新闻传播的情感转向与风险防范 [J]. 中国编辑，2022(10):4-8.

关注正在挑战"新闻价值"的理性人文主义取向，并展示了更多具体的关于"新闻价值"和"新闻情感"的研究。还有学者注意到新闻业在现代社会中已经逐渐体现为"不确定性知识生产"，相对于传统新闻，如今的新闻知识生产体现出"复杂性、突发性、破坏性、高关注度，以及具备的可能性、多样性等"特征。[①]常江、何仁亿也在谈及数字新闻网络时指出，数字新闻生态是"充满不确定性"的，已经成为构成新闻学"危机"话语的一个重要源泉。[②]这些研究无疑已经将新闻学带入了后现代语境，这将与后人类转向一道摇撼新闻学的人文主义基础。

第三，新闻学研究正在打破以专业媒体的新闻生产为中心的研究范式，而这进一步体现在新闻学对社会网络、社会生活的探讨上。李泓江认为，新闻学研究范式正在从"生产范式"转变为"交往范式"，"新闻"这一概念正在回归其"连接人与现时世界之间的中介性要素"的本体论[③]，从而打破原先以新闻职业的生产为核心研究对象的研究取向而转往"生活世界"[④]。在经验研究中的一个典型案例是徐笛等人的论文，作者基于对澎湃新闻湃客频道、郑州暴雨救命文档和丁香医生三个主体进行分析，将中国当下的数字新闻生产协同网络分成媒体主导型协同网络、节点状动态协同网络以及共享社区型协同网络三个类型[⑤]，显然，在这里作者们已然把泛化主体所生产的共享文档也纳入新闻生产网络。这类征兆显示，对"新闻"的讨论正在泛化成对一个社会所共享的"知识"或"讯息"的讨论，这无疑对"新闻"这一概念本身的边界与权威构成了威胁。

第四，新闻学研究正在将新闻生产、新闻职业泛化为广义的话语实践，从而将对新闻的探讨泛化为对社会话语实践的结果——意识形态的探讨。在这方面探讨中，张涛甫在《基于意识形态视角的马克思主义新闻观》一文中

[①] 陈刚，解晴晴. 不确定性传播的新闻表征、"传播之痛"与知识再生产 [J]. 新闻与传播研究，2022(02):36-57.

[②] 常江，何仁亿. 网络：理解数字新闻实践的核心概念 [J]. 新闻与写作，2022(03):5-14.

[③] 李泓江. 新闻学交往范式的出场：历史逻辑、时代语境与知识根基 [J]. 新闻与写作，2022(03):57-66.

[④] 李泓江. 走向生活世界的新闻学 [J]. 国际新闻界，2022(02):20-36.

[⑤] 徐笛，许芯蕾，陈铭. 数字新闻生产协同网络：如何生成、如何联结 [J]. 新闻与写作，2022(03):15-23.

进行了详尽的阐释，并对仅从新闻职业、专业出发进行探讨的狭隘新闻观进行了批判，推崇泛化的新闻观即"社会主体所具有的新闻经验、知识以及观念"，并表明"新闻观则是意识形态的重要构成"，认为新闻观的作用在于"通过媒体，将社会系统中结构化的意识形态翻译、内化为社会个体的主观社会现实和意义框架，从而实现意识形态与广义社会网络的联结和联动"①。赵月枝、陈鸥帆则具体地从意识形态斗争视角出发，将矛头指向了西方新闻传播"线性历史观"中的"西方中心主义""资本主义中心主义""城市中心主义"的问题，因而提出了新闻学和新闻实践理应结合中国实际深入农业文明，走打破西方霸权的、中国特色的可持续发展道路。②在这样的论述过程中，"新闻"被抽离出了具体的新闻样态，化约为抽象的话语实践，纳入意识形态框架，并与政治、文化乃至人们的日常生活接轨。而这实际上也从另一个方面泛化并挑战了新闻的概念以及新闻学研究的边界，但也为马克思主义哲学、政治经济学深入到新闻学研究中开辟了可能的道路。

以上四类"征兆"从总体上反映出中国新闻学至少在过去一年中所反映出来的变化趋向，而这些趋向则通过一个又一个具体的"征兆"预示着新闻学的"危机"，预示着范式的变换。接下来，本研究将针对过去一年的中国新闻学的研究内容，从理论和实践两个维度进行具体综述，在这个过程中可以不时看到"征兆"的显现。

三、中国新闻学的理论进展

理论在社会科学中具有多重含义，中国新闻理论也大致体现为规范性理论和经验性理论两种类型：前者以马克思主义新闻观为代表，后者则以勾连宏大理论与经验现实的中层理论为主。据此，可以把2022年的新闻理论研究分为三类。

---

① 张涛甫.基于意识形态视角的马克思主义新闻观 [J].新闻与传播研究，2022(08):5-19.
② 赵月枝，陈鸥帆.反"线性历史观"启示的中国新闻理论方向与路径 [J].现代传播（中国传媒大学学报），2022(07):9-18.

（一）马克思主义新闻观研究

2022年马克思主义新闻观研究仍旧呈现出史、论二分的格局。在历史类研究中，有些学者对马克思主义新闻观的发展史进行了系统梳理，如支庭荣经过对百年马克思主义新闻观发展的梳理，认为其以"嵌入型视角"强调"生活在人民之中""与人类共命运"的理念，包含了宣传与组织互渗、政党与群众互通、事实与价值统一、鼓动与引导同心四组内在逻辑；①刘勇探索了中国共产党人在百年党报实践中宣传观的流变，并提出"信息模式""用事实说话"是党的宣传范式在当代的体现。②有些研究则分析了具体的历史事件或人物，例如：2022年适逢毛泽东《在延安文艺座谈会上的讲话》发表80周年，丁柏铨对这篇文章进行了重新解读；③倪延年则通过梳理革命战争年代中国共产党的新闻话语体系，认为革命战争年代中国共产党不仅一直根据时局调整着新闻宣传策略，并且难能可贵地始终坚持"劳动阶级重建国家"的初心，发扬着"彻底革命"的精神，值得我们今天继续传承；④郑保卫则以习近平从党的十八大以来针对新闻舆论事业发表的讲话内容为出发点，系统梳理了习近平对马克思主义新闻观的创新发展。⑤

理论研究中，除了上文在探讨"走向意识形态"的"征兆"之时已经谈及张涛甫和赵月枝、陈鸥帆的相关研究之外，还有涂凌波将"马克思主义新闻观"从具体的历史语境悬置出，探讨了作为"元概念"的马克思主义新闻观——中国人通过新闻这一中介改造客观世界的新闻观念；⑥沙垚重新挖掘"群众路线"这一概念，将之与西方的专业主义、参与式新闻、社区新闻

① 支庭荣.马克思主义新闻观：理论视角、内在逻辑和价值关怀[J].新闻与传播研究，2022(01):11-29.
② 刘勇.作为宣传的新闻：范式锚定与逻辑演进——基于中国共产党百年党报实践的考察[J].现代传播（中国传媒大学学报），2022(02):43-50.
③ 丁柏铨.论《在延安文艺座谈会上的讲话》与新闻舆论工作的关系[J].新闻与写作，2022(08):62-69.
④ 倪延年."不忘初心"和"与时俱进"的辩证统一——革命战争年代中国共产党新闻宣传话语体系的演变及启迪[J].人民论坛·学术前沿，2022(03):68-75+111.
⑤ 郑保卫.论党的十八大以来习近平创新发展马克思主义新闻观的理论贡献[J].国际新闻界，2022(09):6-22.
⑥ 涂凌波.作为元概念的马克思主义新闻观：论中国新闻学元问题的一种基本阐释[J].南京社会科学，2022(10):93-104.

学、用户新闻学等概念对话；①陈鸥帆借用当今我党弘扬的"红绿融合"发展的理念，提出新时代中国特色新闻学应该积极从中国传统农耕文明时代的人与自然和谐共生的理念中汲取资源，创建起以乡村传播和生态文明构建为引领的新闻体系。②

总体而言，过去一年的大部分马克思主义新闻观研究旨在从历史中和官方话语中挖掘对"新闻观"的解读。在平稳的研究中也可以看到征兆的显现：一方面，可以看出马克思主义新闻观语境中的"新闻""宣传""媒体"等概念并未得到泾渭分明的区分，这实际上使得"新闻"成为泛化概念，是一个"概念网络"③，它天然是实践的，是处在社会关系网络中的，是意识形态的，这实际上暗合了"走向社会网络"和"走向意识形态"的征兆所昭示的"新闻"本体论的范式变化；另一方面，由于马克思主义新闻观承载了探索中国本土特色新闻理论的使命，使得它天然将西方的，甚至资本主义意识形态的新闻观的固有缺陷作为靶子，而这个过程中必然包含对于自由人文主义的消解。因此，可以看到马克思主义新闻观有着相当的潜力成为一个"大舞台"去承载新闻学的范式转型，有研究者就此指出，要将新闻理论创新和自主知识体系的构建放在马克思主义的整体视野下进行。④⑤而这个"大舞台"如何能够继续承载"后人类""后现代"的挑战，可能是该领域未来发展与突破的关键。

（二）新闻学传统议题与理论的重访

在过去一年新闻学的理论研究中，一些传统的议题和概念在当下语境中被重新阐释，其中"新闻真实"和"新闻价值"是被探讨最多的两个话题。

对"新闻真实"这一新闻学的经典命题的探讨是2022年中国新闻学界的

---

① 沙垚. 群众新闻路线：基于中国特色社会主义新闻实践的启示 [J]. 编辑之友，2022(01):5-10.
② 陈鸥帆. "红绿"融合发展与中国特色新闻学构建 [J]. 当代传播，2022(01):34-38.
③ 涂凌波. 作为元概念的马克思主义新闻观：论中国新闻学元问题的一种基本阐释 [J]. 南京社会科学，2022(10):93-104.
④ 张垒. 数字时代马克思主义新闻理论的自主创新 [J]. 新闻与传播研究，2022(11):5-16.
⑤ 杨保军. 构建当代中国新闻学自主知识体系的根据与必要 [J]. 国际新闻界，2022(11):25-38.

一个热点。有的学者对"新闻真实"的概念历史进行了考证;①②有的学者结合其他概念来进一步阐释新闻真实,如王辰瑶将新闻真实这一概念与"新闻权威""媒体公信力"两个议题相勾连,谈论新闻真实如何能以一种关系实践与公众建立信任;③还有一些学者站在新的时代背景,对新闻真实进行重新解释,例如:杨保军认为当下中国的新闻真实,应该从"报道真实""有机真实"全面转向"全程真实","将传播真实观与收受真实观统一起来";④白红义、王嘉怡也谈到,新闻真实在数字时代应该延伸到生产、分发和消费全阶段,应该以"参与式逻辑"与公众持续展开对话;⑤姜华则指出,从意义生成的角度看待杂合体新闻业的新闻真实是更契合新闻实践的路径。⑥从这些探讨来看,学界对于"新闻真实"的转向有一个基本共识,那就是要从狭隘的新闻文本真实中抽离出来,关注到新闻如何取信于受众、构建公共理性的实践问题,显现出"走向社会关系网络"这一征兆。

另一个经典概念"新闻价值"也成为被探讨很多的话题。在这些探讨中既可以看到后人类理论的影响——如吴璟薇基于技术可供性理论,指出新闻时效性和相关性价值随着技术发展而变动,进而认为对新闻价值的客观判定要避免以人为中心,将人与技术视为共同主体,看到媒介技术对新闻价值的客观决定作用;⑦也能看到"走向意识形态"这一征兆的显现——如张涛甫、翁之颢从广义的"价值"概念出发,认为新闻价值观应从职业操作规范向社会化"文化、道德、伦理"理念迈进,在塑造共享意义、公共伦理、共同责任上起到建设性的作用,⑧以及郝雨在马克思主义新闻观视角下主张将"新闻价值"从狭隘的新闻生产过程中抽离出来,融入新闻人的价值观、人生观、

① 周海燕,张舜杰."新闻真实"在中国的意义旅行 [J].新闻记者,2022(06):3-16.
② 杨奇光.新闻真实观的历史流变、数字面向及其研究进路 [J].新闻与写作,2022(07):5-13.
③ 王辰瑶.真而有信:新闻真实的关系实践与数字时代的公众信任 [J].新闻与写作,2022(07):26-36.
④ 杨保军.当代中国新闻真实观的变迁、走向及内在规律 [J].新闻大学,2022(01):59-71.
⑤ 白红义,王嘉怡.数字时代新闻真实的消解与观念重构 [J].新闻与写作,2022(07):14-25.
⑥ 姜华.复杂真相与意义生成:论杂合体新闻业的新闻真实及其实现 [J].新闻界,2022(05):15-26.
⑦ 吴璟薇.基础设施与数字时代的新闻价值变迁:对媒介技术、新闻时效性与相关性的考察 [J].西北师大学报(社会科学版),2022(04):94-102.
⑧ 张涛甫,翁之颢.新闻业如何再结构化:基于广义价值的思考 [J].中国编辑,2022(07):29-34.

世界观之中，①王润泽、李静则强调了以"沟通"为核心、具有"教化"功能、坚持"真实、自由、客观"的具有中国特色的新闻价值体系；②还能看到"走向社会关系网络"这一征兆的显现——如杨保军、余跃洪主张将"关系价值"视作新闻价值在数字时代的又一新维度，③再如徐剑、黄尤嘉在对东京奥运会微博热搜榜进行实证分析后，提出社交媒体时代的"新闻价值"应当从可讨论性、易参与性和话题延伸性三个层面进行思考。④

除此之外，还有学者对"新闻人本主义"⑤、"新闻权威"⑥、"新闻条线"⑦等经典概念、议题或观念进行了阐释。值得注意的是，杜骏飞认为，在数字时代新闻生产的理论重构，只能是对于"新闻的人本理性"价值的坚守，他对数字新闻业的人本主义发展提出了两点预测：一是新闻业应回归为高度理性的知识分子行业，致力于"人的全面发展"；二是"泛新闻业持续扩散，弥漫而成社会信息业，并进一步将未来社会改造为基于广义传播或'泛传播'规则的社会"，二者"相反相成"⑧。在新闻学当下所寻求的范式更新可能会消解掉新闻学人文主义价值内核的情况下，这样的声音代表了一些秉持理想主义情怀的学者，对理性人本主义，也就是新闻学本原的理想价值内核的坚守。

（三）新闻学前沿理论的探索与建构

在前沿议题中，2022年中国新闻学理论研究领域最着重关注的议题可以分为三组：第一组着重从物质—网络的视角审视新闻；第二组关乎"建设性新闻"概念；第三组关乎对"新闻时间"的探讨。

① 郝雨.马克思主义新闻价值观：结构、意义、实践性 [J].中国出版，2022(12):17-21.
② 王润泽，李静.中国特色新闻价值体系的基本内涵与历史构建[J].国际新闻界，2022(11):39-60.
③ 杨保军，余跃洪.关系价值：新闻价值论的新维度[J].新闻与写作，2022(12):45-54.
④ 徐剑，黄尤嘉.社交媒体之于新闻价值的发现与重构——基于奥运会热搜榜的分析 [J].现代传播（中国传媒大学学报），2022(02):17-24.
⑤ 杜骏飞.公正传播论(1)：新闻人本主义的兴起[J].当代传播，2022(01):44-50.
⑥ 李拓，白红红.新闻权威：一个经典概念的形成、逻辑与议程[J].新闻界，2022(08):49-57.
⑦ 张洋.约束与赋能：作为结构的新闻条线——基于国际新闻生产的考察[J].新闻界，2022(06):4-13.
⑧ 杜骏飞.公正传播论(1)：新闻人本主义的兴起[J].当代传播，2022(01):44-50.

从物质—网络视角审视新闻体现了新闻学界对物质性问题的关注。常江和何仁亿在2022年有三篇合写的文章专门对之进行理论探讨，其中一篇将物质、情感、网络视作"数字新闻业流程再造"的三个维度①；另一篇主张将"网络"视作理解数字新闻实践的核心概念、摒弃传统的线性思维观，并指出了数字技术的"物质力"在数字新闻网络中的作用②；还有一篇对"新闻生态"这一西方新闻学学术前沿概念进行了梳理，认为新闻生态理论具有三个基本内涵：以网络和关系为基本分析单位，为人、技术和机器赋予平等的认识论地位，秉持生态主义的进步性假设③。除此之外，黄文森从"关系可供性""扩散网络""流通秩序"三个概念入手对"数字新闻流通"的方法论进行了梳理④；彭兰将机器作为新闻生产的物质性主体，系统地梳理了数字新闻生产中的人—机主体间的相互关系⑤，等等。

"建设性新闻"是近几年的学术热点。这个源自西方新闻学界的词语与我国对主流媒体"正面宣传为主"、对新闻对经济社会发展的建设作用的强调不谋而合，因此也受到了诸多学者的青睐。关于建设性新闻的讨论，沈正赋、韦茜将之与国家治理挂钩，指出中国特色建设性新闻与"舆论监督"有内在关联，借"建设性"概念强调了监督报道应该发挥媒介化治理、监督与建构的功能；⑥曾丽红、李萍则以新闻学的情感转向切入，探讨了建设性新闻通过"态度介入、情感介入、责任介入"等方式联结社会公共价值的可能性，⑦后现代征兆在此显现；而刘婵君、沈玥晨以人民日报微博官方账号新冠疫情报道为例，认为中国建设性新闻除了更加注重新技术视觉呈现手段的运用，还具有三个特点：一是注重国—民利益的统一，二是倚重政策解读和宏

---

① 常江，何仁亿.物质·情感·网络：数字新闻业的流程再造[J].中国编辑，2022(04):29-35.
② 常江，何仁亿.网络：理解数字新闻实践的核心概念[J].新闻与写作，2022(03):5-14.
③ 常江，何仁亿.新闻生态理论：缘起、演变与前景[J].江西师范大学学报(哲学社会科学版)，2022(02):101-110.
④ 黄文森.可供性、扩散、秩序：数字新闻流通的网络[J].新闻与写作，2022(03):24-34.
⑤ 彭兰.数字新闻业中的人—机关系[J].新闻界，2022(01):5-14+84.
⑥ 沈正赋，韦茜.中国特色建设性新闻与舆论监督报道的关系建构[J].中国出版，2022(18):16-21.
⑦ 曾丽红，李萍.介入与连接：数字时代建设性新闻的操作理念与实践路径[J].中国编辑，2022(07):51-55.

大叙事，三是更加突出"集体大爱"与家国情怀①——"走向意识形态"征兆在此显现。

对"新闻时间"的讨论也是数字新闻时代新闻学研究的重要议题。时间问题或者说"加速"问题本就是现代性批判的重要议题，从新闻学2022年对"新闻时间"的探讨可以看出，这一议题与后现代式的"现代性"反思有着脱不开的关系，如：刘楠看到了当下新闻界普遍"加速"的困境，呼吁对一种可被称为"民族志新闻"的"减速新闻"的关注，以应对加速社会带来的新闻异化的威胁②；杨保军、孙新则从理论上对现代新闻时间的构成和发展规律进行了梳理，试图通过对不同时代的时间观念的对比探索出新闻时间观念演变的规律，同时对当今新闻时间的"加速""同时化"做出解释③；涂凌波、赵奥博同样将加速视为数字时代新闻时间的本质，对其带来的一系列异化现象进行了深入批判④。

除了以上议题，还可看见新闻学和其他学科领域的尝试性结合，例如：姬德强从政治经济学的角度将数字新闻学视作基于数字经济的一种信息产业，主张从数字资本主义、数字平台、数字劳工等方面为新闻学研究提供新视角⑤；还有学者从现象学视角对新闻学与现象学的结合历史进行了梳理，并从现象学出发提出了新闻学的变革之道⑥。

四、中国新闻学的经验对象

除了进行理论建构，新闻学研究的另一个重要组成部分是对新闻业进行经验性考察。纵观2022年中国新闻学研究中针对新闻业的经验研究，较为热

① 刘婵君，沈玥晨.共识兼顾与集体取向：中国主流媒体建设性新闻实践——关于人民日报微博官方账号新冠肺炎疫情报道的分析 [J].新闻与传播研究，2022(04):21-37.
② 刘楠.数字时代"民族志新闻"的协商实践与价值建构 [J].南京社会科学，2022(02):111-121.
③ 杨保军，孙新.论新闻时间观念的构成与变迁规律 [J].新闻与写作，2022(06):60-70.
④ 涂凌波，赵奥博.新闻时间研究：基本概念、运作逻辑与制度化结构——兼论数字时代新闻业的"加速"及其异化 [J].国际新闻界，2022(10):24-49.
⑤ 姬德强.数字新闻业的政治经济学：基于比较体制与数字经济的视角 [J].新闻界，2022(04):4-10.
⑥ 李泓江，涂凌波.现象学新闻研究：从胡塞尔到塔克曼的理论旅行及其未来 [J].新闻界，2022(08):27-37.

门的议题大致可以分为以下四类。

（一）媒体融合与转型研究

媒体融合与转型、打造新型主流媒体、建设县级融媒体是我国主流媒体的重要工作，也自然是学界追逐的热点。除去一些抽象谈理论的文章，2022年还有许多研究都实地对媒体融合工作现状进行了考察与反思。

县级融媒体是近年讨论非常火热的一个议题，其现状与困难受到了许多学者关注。郑雯等人关注到超大城市中心城区的融媒体中心这一特殊县级融媒体的发展困境，认为超大城市中心城区的融媒体中心在纵向上遭遇来自市政府、中央/地市级媒体的顶层压力，横向上直面市场化主体和各委办局的"左右挤压"[①]；付晓光、方静对10个县级融媒体抖音账号及20名从业者进行了研究，展示了地方媒体在尝试走出地方、融入平台的过程中所做出的种种调适，尤其是适应平台流量的算法黑箱的努力[②]；黄伟迪、王钰涵则基于对59家县级融媒体的考察，探讨了在全球化浪潮冲击之下媒体如何重建地方性这一理论问题，并认为县级融媒体要和当地人的社会交往、民生服务、政治参与积极结合，打造"可见""可交往""可参与"的地方[③]——在此可以明显看到"走向社会关系网络"的征兆。

除了县级融媒体以外，地方和中央的各大媒体集团媒体融合与转型的实践也非常重要。张寅对某省级广电媒体机构进行了参与式观察和深度访谈，并揭示该媒体所实践的融合式新闻生产很大程度是为回应行业内外诉求所展开的"面子工程"，由于其组织架构有着来自传统新闻生产的"超稳定"结构，以至于难以展开彻底的数字化变革；[④]尹连根、王海燕对全国共九家报业集团进行了调研，并认为我国新闻业转型以对地方性行政力量的市场化依

---

① 郑雯，万旭琪，施畅."螺蛳壳里做道场"：城市中心城区融媒体中心深度融合的双重路径[J].新闻与写作，2022(08):84-93.

② 付晓光，方静.平台化语境下地方融合新闻实践的观念变革与反思[J].现代出版，2022(05):32-40.

③ 黄伟迪，王钰涵.重返"大地"：融媒体实践中的"地方"再造——以H省59家县级融媒体为例[J].现代传播（中国传媒大学学报），2022(06):37-43.

④ 张寅.融合式新闻生产：一个媒体式的"面子工程"？——基于组织社会学视角的考察[J].新闻大学，2022(04):29-41.

附为典型特征，也就是说，在新闻业面临着新媒体冲击所导致的市场合法性危机的当下，新闻业的社会角色正在逐渐向地方行政机构的公关机构靠拢①；周睿鸣则以澎湃新闻的视频创新与行动策略为例，对中国新闻业转型进行了研究，认为在中国新闻业转型的职业实践中存在调适和逸出两种策略，前者表现在新闻业内部对新形态的接纳，后者则表现在新闻业超越自身的职业边界，以互联网"内容创业"为名义的创新延伸②。

（二）新闻业的情感实践研究

正如之前谈论"走向后现代"征兆时谈到过的，对新闻业的情感实践研究已然成为新闻学界一个热门的议题。关于新闻业情感的研究，主要可以分成三类。

第一类也是最主要的一类，分析新闻文本中所体现的情感。如：陈阳、周子杰以人民日报微信公众号为例，认为主流媒体新闻生产的受众观已经转向"情感受众观"③；詹恂、祝丹文对获得第28—31届中国新闻奖媒体融合奖的作品进行分析，认为当下的中国新闻作品主要使用了"沉浸式"情感叙事、多元叙事拓宽情感想象以及搭建文本情感框架三种策略④；韩德勋、黄杰通过对财新网、南方都市报微信公众号进行实证分析，发现两家媒体对"标题党""煽情表达""人情味"等社交媒体逻辑的"有限接纳"对阅读量和点赞量的提升有显著的帮助。⑤

第二类则对新闻工作者的情感劳动进行研究，例如戴利朝、张晨对江西省四县县级融媒体的工作人员进行了民族志研究，探访了他们在职业选择、

① 尹连根，王海燕.组织社会学视角下的中国新闻业转型研究 [J].新闻大学，2022(09):29-44.
② 周睿鸣.转型中的中国新闻业视频创新与行动策略研究 [J].新闻大学，2022(10):27-37.
③ 陈阳，周子杰.从群众到"情感群众"：主流媒体受众观转型如何影响新闻生产——以人民日报微信公众号为例 [J].新闻与写作，2022(07):88-97.
④ 詹恂，祝丹文.数字新闻学域下主流媒体融合新闻的情感话语建构——基于第 28—31 届中国新闻奖媒体融合奖项的叙事研究 [J].新闻界，2022(04):15-22.
⑤ 韩德勋，黄杰.社交媒体逻辑对新闻生产影响研究——基于"财新网"和"南方都市报"微信公众号的内容分析 (2013—2020)[J].新闻记者，2022(08):47-58.

职场工作、媒体作品等三个领域的情感实践①。

第三类则从情感维度研究新闻产品，例如何天平、付晓雅指出，在各类新闻网站、客户端、内容聚合订阅（RSS）、流媒体等新闻产品的设计上，情感已经成为一个核心考虑要素②。

（三）新闻从业者与共同体研究

在新闻从业者研究方面，有的学者基于新的技术社会环境对新闻从业者的新工作形态进行了研究。如：王昀、张逸凡注意到线上沟通、即时沟通、流动办公已经成了新闻从业者的常态，并进一步揭示了现代记者工作生活一体化、编辑室权力深入到记者日常生活的现状③，类似的还有王敏对媒体从业者的微信使用所进行的民族志研究④，以及周子杰关注到记者足不出户进行线上采编、远程报道的现象，并对记者远程报道常规的产生原因与影响进行的讨论⑤。而有的学者致力于对新闻从业者的职业身份认同和代际变迁进行研究，如：张洋对中国的国际新闻记者的从业动机、职业认同进行了研究⑥；王海燕以曼海姆的世代理论为视角，研究了中国新闻从业者从"改革开放一代"到"数字一代"的代际变迁⑦。此外，离职媒体人的身份认同和转型话语依然是研究新闻职业的重要维度⑧⑨。

值得注意的是一些批判社会科学的视角也出现在这类研究里。如余沐芩、宋素红通过对新闻从业者的访谈，从数字劳动视角探讨了流量逻辑如何

---

① 戴利朝，张晨.县级融媒体中心新闻工作者的情感实践初探——基于江西省四县的田野调查 [J].江西师范大学学报（哲学社会科学版），2022(03):129-137.
② 何天平，付晓雅.用户体验设计情感化转向：互联网新闻产品交互创新趋势 [J].中国出版，2022(14):9-14.
③ 王昀，张逸凡.即刻联结与流动"办公"：通勤情境中的新闻从业者及其生产实践 [J].新闻记者，2022(07):33-44.
④ 王敏.数字新闻生产中的编辑室控制——基于对媒体从业者微信使用的田野观察 [J].现代传播（中国传媒大学学报），2022(08):1-10.
⑤ 周子杰.足不出户做新闻：远程报道的常规与新闻业的地方性困境——基于对S报的田野调查 [J].新闻记者，2022(07):45-57+70.
⑥ 张洋.志趣与使命的交光互影：中国国际新闻记者职业生涯叙事研究 [J].新闻记者，2022(03):35-46.
⑦ 王海燕.中国新闻业的代际变迁——以曼海姆的世代理论为视角 [J].新闻记者，2022(03):24-34.
⑧ 陈立敏.职业角色的延伸：媒体精英离职后的身份认同建构 [J].新闻记者，2022(03):58-69.
⑨ 冯强，孙璐璐.中国离职媒体人职业转型话语研究 [J].新闻大学，2022(02):56-70.

主导新闻工作，展现了新闻从业者们所实践的"逆流量化生存"的抗争策略①。此外，女性主义文化研究的视角也有出现，如何映霏基于对12位女性和12位男性记者进行的访谈，以布尔迪厄的场域和资本理论出发，探讨了女性记者的性别化资本如何作用于职业生涯之中②。

（四）新闻接受研究

受众研究仍然是新闻学研究里的一类重要议题。和许多传统的受众研究一样，效果研究仍旧是非常重要的一部分内容，这部分研究致力于弄清影响受众信息接收的机制。廖圣清等人基于澎湃新闻新浪微博账号关于"长春长生疫苗"的30篇报道及其数千条网友评论，对新闻回帖的网络群体结构进行了分析，认为网络新闻回帖的传播网络结构的同质性对群体极化的形成具有重要影响③；田浩则将数字时代的新闻接受路径分为原子化的个体路径与反思性的社群路径两种，而两种路径都展现了情感力在当今新闻接受过程中所扮演的核心角色④；邓依林等人对新闻用户的行为贯序进行了实证研究，认为用户对阅读文章的选择不仅取决于标题和内容，更取决于该用户到达该文章的路径，由此他们建议，在新闻产品设计上要更加着力于对用户复杂的信息获取行为序列加以考虑⑤。

值得关注的是，在新闻接受研究中，有一部分研究关注到了受众消极接受新闻的现状，如新闻回避、偶然新闻接触、倾向于相信假新闻等——这颇有后现代意味。例如万旋傲、刘丛敏锐地注意到现在存在诸多受众并不主动在社交媒体上寻找新闻，而是依赖于"新闻找到我"，并认为高"新闻找到

---

① 余沐芩，宋素红.流量指标意味着什么？——数字时代新闻从业者的劳动控制与自主性研究 [J].新闻记者，2022(06):17-29.

② 何映霏.新闻场域中女性记者的资本优势：事实还是想象？ [J].新闻记者，2022(03):47-57.

③ 廖圣清，程俊超，于建嵘，等.新闻回帖的传播网络结构对群体极化的影响 [J].新闻界，2022(07):24-33.

④ 田浩.原子化认知及反思性社群：数字新闻接受的情感网络 [J].新闻与写作，2022(03):35-44.

⑤ 邓依林，张子恒，张伦，等.移动新闻参与路径研究：一种贯序的视角 [J].新闻与写作，2022(05):70-82.

我"感知对政治知识学习具有负面影响[1]；强月新、孔钰钦关注到受众"回避新闻"的现象，并分析了其原因与影响[2]，同样关注到这一现象的还有常江、李思雪，他们认为新闻回避现象是数字新闻业面临着严重合法性危机的表征，新闻业应当注意到这类现象，努力重建公众信任[3]；万旋傲关注到社交媒体时代"偶然接触新闻"成为受众接触新闻的主要模式，并对西方大量相关研究进行了梳理，总结出受众"偶然接触新闻"模式的机制与影响[4]；李艳红、刘佳诺则使用认知心理学理论中的"动机论"和"思维论"，对为什么很多受众会相信假新闻这一问题进行了分析[5]。

五、结语

尽管新闻学界围绕理论和实践问题展开了全面而富有成效的探讨，但这一繁荣的局面下始终存在着三个隐忧：第一，系统性理论研究的稀缺导致既有研究高度经验化、案例化，缺少统合性阐释框架，且难以在不同研究传统间凝结共识；第二，根深蒂固的工具论技术观始终极大制约着理论范式的发展，令这一领域的大量研究琐碎化、内卷化；第三，少有研究能够突破自身的微观阐释逻辑，对当代中国新闻业所面临的中观乃至宏观的社会变迁规律进行有效的摹刻与思考，这使得该领域内的诸多理论难以回应社会现实问题。对此，亟待研究者突破传统新闻研究的认识论框架，构建新的历史经验体系和历史叙事，提升当代中国新闻学研究对中国新闻业实践的解释力。

无论中外学界，对当代新闻业的研究都有着明确的现实关怀，学者们基本也都认可，新闻和新闻学应当走向实践。然而我们应该如何理解"实

---

① 万旋傲，刘丛.不主动寻找新闻也能保持消息灵通吗？——"新闻找到我"感知对微博知识效应的影响研究 [J].新闻与写作，2022(02):77-88.
② 强月新，孔钰钦.后真相时代下的回避新闻及其现实影响：基于一种辩证视角 [J].编辑之友，2022(01):38-43.
③ 常江，李思雪.数字媒体生态下的新闻回避：内涵、逻辑与应对策略 [J].南京社会科学，2022(09):100-109.
④ 万旋傲.偶然接触新闻的再流行：理论延展及其知识限度讨论 [J].新闻界，2022(05):4-14.
⑤ 李艳红，刘佳诺.人们为什么相信假新闻：对"假新闻信念"的认知心理学解释 [J].新闻界，2022(08):14-26.

践"？卢卡奇认为，马克思的辩证法之所以超越了古典哲学，就是因为他将历史的、实践的观点引入了辩证法中，使得辩证法彻底打破了古典哲学想摆脱却未能彻底摆脱的理性独断主义僵局，而之所以马克思构想出众所周知的无产阶级革命，正在于无产阶级被马克思认为是"异化中感到自己是被毁灭的"一类人①，意味着资本主义世界的"断裂"，因此他们可以通过革命颠覆资本主义世界，成为掌握历史的、实践的辩证法的主体。本研究借用的齐泽克所讲的"征兆"概念显然也受到这种辩证法的影响，"马克思通过发现裂缝、非对称和'病理性失衡'，'发明了征兆'"②，而在今天，要想理解"实践"，从根本的认识论上讲，关键在于认清这个时代现实中的"裂缝"所在，即那个"颠覆了自身普遍根基"的"征兆"所在，并深刻地掌握它，以挑动现存结构寻求革新。

因此，新闻学要真正"走向实践"，问题的突破口仍然要从前文中概括的新闻学范式变换的四类"征兆"说起。第一类征兆是"走向后人类"，它对于新闻学的挑战在于颠覆了新闻学所固有的人本主义预设；第二类征兆是"走向后现代"，它对于新闻学的挑战在于挑战了理性、真实、客观、专业等新闻学根深蒂固崇尚的价值观；第三类征兆是"走向社会关系网络"，这挑战了专业媒体作为唯一的甚至是主要的社会信息生产机构的地位，而新闻和信息、社会知识等概念开始混杂，"新闻"概念被消解；第四类征兆是"走向意识形态"，"新闻"被抽象化约为"话语实践"，与"宣传"等概念混杂，"新闻"概念从另一个方面被消解。

这四类征兆显示的是新闻学面临概念、价值甚至自身被消解的危机，但同时也预示和指引了新闻学走向新的实践的方向和可能性。实际上，应对冲击基本已经成为当下新闻学研究的主流底色，未来一定会有越来越多的"走向后人类""走向后现代""走向社会关系网络""走向意识形态"的研究出现，而在这个过程中，新闻理想主义、人文主义、呼唤新闻机构高度专业

①　[匈牙利] 卢卡奇. 历史与阶级意识——关于马克思主义辩证法的研究 [M]. 杜章智，任立，燕宏远，译. 北京：商务印书馆，1992:229.

②　[斯洛文尼亚] 斯拉沃热·齐泽克. 意识形态的崇高客体 [M].2 版. 季广茂，译. 北京：中央编译出版社，2017: 17.

化的声音也不会消除，因为这实际上是捍卫新闻学边界与权威的本原所在，甚至正如杜骏飞所言，两种声音"相反相成"①。因此，未来的中国新闻学会长期处于人文—后人文，理性、客观—后现代的挣扎当中，而在这个过程中是否能产出真正"走向实践"的作品，关键还是在于新闻学界能否对学科所面临的范式更替"征兆"有清晰认知，并迎着"征兆"的深层逻辑去做出回应。

［白红义，复旦大学信息与传播研究中心研究员，复旦大学新闻学院教授、博士生导师；马锦辉，复旦大学新闻学院博士研究生。本文系国家哲学社会科学基金重点项目"中国特色新闻学话语体系建构研究"（项目编号：2019AZD046）的阶段性成果。本文原载于《全球传媒学刊》2023年第1期。］

---

① 杜骏飞. 公正传播论 (1)：新闻人本主义的兴起 [J]. 当代传播，2022(01):44-50.